ENGLISH G

access 2

HANDREICHUNGEN FÜR DEN UNTERRICHT

mit Kopiervorlagen und
methodisch-didaktischem Glossar
www.englishg.de/access

Cornelsen

Online Angebot

English G Access • Band 2

Handreichungen für den Unterricht

Im Auftrag des Verlages herausgegeben von
Jörg Rademacher, Mannheim

Erarbeitet von
Till Backfisch, Hockenheim
Dr. Andreas Sedlatschek, Esslingen
Marcel Sprunkel, Köln
Birgit Trefz, Backnang
Friederike von Bremen, Hannover

sowie
Jörg Rademacher, Mannheim (Vorwort)

Redaktion
Dr. Christiane Kallenbach (Projektleitung);
Gwendolyn Düwel, Renata Jakovac
(verantwortliche Redakteurinnen);
Stefan Höhne (Bildredaktion);
Michael Dills, Bonnie Glänzer, Katrin Gütermann

Illustrationen
Carlos Borrell, Berlin
Tobias Dahmen, Utrecht/NL
junge meister*
Bernd Kissel, Überherrn-Berus
Eva Muszynski, Berlin
M.B. Schulz, Düsseldorf
Jane Smith, London

Umschlaggestaltung
kleiner & bold, Berlin

Layoutkonzept
Eric Gira, Rosendahl Berlin

Technische Umsetzung
eScriptum, Berlin: Silvio Patzner
zweiband media, Berlin: Sina Merten (Kopiervorlagen)

www.cornelsen.de
www.englishg.de/access

Die Internetadressen und -dateien, die in diesem Lehrwerk angegeben sind, wurden vor Drucklegung geprüft. Der Verlag übernimmt keine Gewähr für die Aktualität und den Inhalt dieser Adressen und Dateien oder solcher, die mit ihnen verlinkt sind.

Dieses Werk berücksichtigt die Regeln der reformierten Rechtschreibung und Zeichensetzung.

1. Auflage, 1. Druck 2014

Alle Drucke dieser Auflage sind inhaltlich unverändert und können im Unterricht nebeneinander verwendet werden.

Druck: Orthdruck, Białystok

ISBN 978-3-06-033224-3

Inhalt gedruckt auf säurefreiem Papier aus nachhaltiger Forstwirtschaft.

Inhalt

Vorwort

Kommentar zum Schülerbuch

1 Einleitung

English G Access setzt die lange Cornelsen-Tradition bewährter Englischlehrwerke für das Gymnasium fort.

Einerseits sind es fachdidaktische Weiterentwicklungen, die diese Neuentwicklung geprägt haben, wie zum Beispiel eine stärkere Betonung der fremdsprachlichen Handlungskompetenz oder auch des selbstgesteuerten Lernens.

Andererseits gibt es schulpolitische Veränderungen, die in hohem Maße die Arbeit im Englischunterricht am Gymnasium prägen:

Lernwege müssen flexibilisiert bzw. individualisiert werden, da heterogene Lerngruppen ein differenzierendes Lernangebot notwendig machen. Auch die Veränderung der Schullandschaft allgemein durch die Einrichtung neuer Schulformen, die im Mittleren Bildungsbereich eine Vielzahl alternativer Bildungswege ermöglichen, verlangen nach einer Flexibilität im Übergang zwischen den einzelnen Schularten. Die Inklusion, d. h. die Aufnahme von S mit unterschiedlichen Lernausgangslagen in Klassengemeinschaften der Regelschulen, stellt neue und hohe Anforderungen an die Lehrer und Lehrerinnen sowie an Inhalte und Lernangebote auch im Gymnasium. Nicht zuletzt verlangt die neueste Entwicklung, die Dauer des gymnasialen Ausbildungsgangs wieder zu verlängern, ein passgenaues und flexibel einsetzbares Lehrwerk.

Für diese Herausforderungen bietet *English G Access* neue Lösungswege an, ohne dabei auf bewährte Elemente aus den Vorgängerlehrwerken *English G 2000* und *English G 21* zu verzichten.

2 Die Konzeption von *English G Access:* Didaktisch-methodische Grundlagen

English G Access hat sich dem Konzept der Kompetenzschulung in allen Bereichen der Fremdsprache im Rahmen eines ganzheitlichen Englischunterrichts verschrieben. Die dabei besonders im Vordergrund stehende kommunikative Handlungskompetenz wird durch einen konsequent schüler- und handlungsorientierten Unterricht angelegt. Die stärkere Berücksichtigung binnendifferenzierender Lernarrangements bildet dabei eine sinnvolle Ergänzung im Spracherwerbsprozess und wird gemeinsam mit einigen grundlegenden Gestaltungsprinzipien im Weiteren näher erläutert (s. Schaubild n. Seite).

2.1 Umgang mit Heterogenität, Differenzierung und Individualisierung

Als eine der größten Herausforderungen an Unterricht allgemein, und damit auch an den gymnasialen (Fremdsprachen-)Unterricht, gilt die zunehmende Heterogenität von Lerngruppen ab Klasse 5. *English G Access* enthält viele Möglichkeiten der Differenzierung.

Differenzierung wird in *English G Access* zuallererst als Binnen- oder innere Differenzierung verstanden, die sich sowohl auf die Leistungs- als auch die Neigungsdifferenzierung erstreckt. Die unterrichtliche Individualisierung von Lernprozessen ist im Regelunterricht angesichts von noch immer großen Lerngruppen problematisch. Durch die zunehmende Einrichtung von Ganztagsschulen und Förderstunden bzw. -unterricht erscheint aber die Realisation von Individualisierung nicht mehr unmöglich. *English G Access* schafft mit einer engen Verzahnung zwischen Schülerbuch (HRU-Seite 12), Workbook (HRU-Seite 16), Vorschlägen zur Leistungsmessung (HRU-Seite 15) und völlig neu konzipierten Förder- und Fordermaterialien (HRU-Seite 15) Grundlagen, Individualisierung im Kontext von ergänzendem Englischunterricht zu ermöglichen.

2.1.1 Differenzierende Übungsformate

Im Rahmen des Schülerbuchs werden immer dort Angebote zur differenzierten Behandlung von Unterrichtsstoff gemacht, wo zusätzliche Unterstützung im Lernprozess helfen könnte oder unterschiedliche Neigungen und Interessen Berücksichtigung finden sollen:

More help zeigt Aufgaben an, zu denen es Hilfsangebote (*Scaffolding*) gibt. Parallel zur Aufgabe innerhalb der Units findet sich die gleiche Aufgabe, mit einer vereinfachten Aufgabenstellung, mehr grammatischer Hilfe oder durch Redemittel bzw. Wortschatz ergänzt, noch einmal im Anhang des Schülerbuchs. Die Aufgabe mit Hilfestellung ist dabei stets im Anhang zu finden, um allen S zuerst die Möglichkeit zu geben, die Aufgabe ohne Hilfe zu lösen.

Englischunterricht mit *English G Access*

Fachkompetenz

Kommunikative Kompetenzen
- Hörverstehen
- Hör-/Sehverstehen
- Lesen
- Sprechen, insbes. in Alltagssituationen *(Everyday English)*
- Schreiben
- Sprachmittlung

Sprachkompetenz
- Grammatik
- Wortschatz
- Rechtschreibung
- Aussprache

Kulturelle Kompetenz
- soziokulturelles Wissen
- Themenwissen

Personalkompetenz

- Selbstgesteuertes Lernen
- Selbstreflektierendes Lernen
- Selbsteinschätzung
- Entdeckendes Lernen
- Interkulturelle Handlungskompetenz
- Empathie

mit Hilfe von …
- Differenzierung
- Individualisierung
- Portfolio *(MyBook)*

Sozialkompetenz

- Soziales Lernen
- Kooperatives Lernen
- Perspektivenwechsel

mit Hilfe von …
- Prozessorientierung
- Handlungsorientierung
- *Partner check*

Methodenkompetenz

Methodenkompetenz
- Lern- und Arbeitstechniken
- Umgang mit Texten
- Präsentationskompetenz
- Umgang mit komplexen Lernaufgaben
- Projektarbeit

Medienkompetenz
- *Internet literacy*
- Einsatz von Präsentationsmedien
- Umgang mit Lernsoftware

Schülerin / Schüler entwickelt im Englischunterricht …

(individuelle Vorkenntnisse aus der Grundschule, Wissen, Fähigkeiten, Interessen, Einstellungen, Haltungen)

Early finisher richtet sich an Lerner, die vorzeitig eine Aufgabe beendet haben und nun nach weiterer Herausforderung suchen. Für sie ist jeweils eine anspruchsvollere Anschlussaufgabe vorgesehen. Zuweilen finden diese Lerner im Anhang des Schülerbuchs aber auch Aufgaben, die Kombinatorik und Sprachgeschick auf spielerische Weise schulen, um der Wahrnehmung vorzubeugen, dass leistungsstarke S stets weitere Aufgaben, und damit mehr Übungspensum, bewältigen müssen.

You choose weist neigungsdifferenzierende Arbeitsaufträge aus. Im Rahmen der ersten beiden Bände von *English G Access* wird dieser Aufgabentyp vornehmlich in der Textauswertung eingesetzt. Die S können zwischen verschiedenen Aufgabenstellungen der (kreativen) Auseinandersetzung mit Textinhalten wählen.

EXTRA Alle so ausgezeichneten Aufgaben, Übungen und Materialien stellen fakultative Materialien dar. Hier werden die jeweils eingeführten Kompetenzen und Teilfertigkeiten zusätzlich vertieft. Insofern findet sich hier neben den oben genannten Möglichkeiten der individuellen Differenzierung die Möglichkeit, mit verschiedenen Lerngruppen unterschiedlich vorzugehen, zu vertiefen oder zeitlich zu raffen.

Eine weitere Form der Differenzierung liegt im Einsatz der kooperativen Lernformen. Diese sind per se binnendifferenzierend konzipiert, da sie unterschiedliche Leistungsvermögen, mehr jedoch, unterschiedliche Neigungen und Interessen berücksichtigen. Durch das gemeinsame Erreichen eines Lernziels bzw. die Herstellung eines (sprachlichen) Handlungsprodukts wird gleichermaßen das soziale Lernen geschult (vgl. Kapitel 2.2.2.2).

2.1.2 Die Übungssequenz

Im Rahmen einer leistungsdifferenzierenden Übungssequenz sollen *alle* S befähigt werden, durch die Nutzung individueller Hilfs- und Förderangebote zu einer abschließenden, kommunikationsorientiert angelegten Übung zu gelangen, in der sie die erworbene Struktur erneut üben.

Die Übungssequenzen sind folgendermaßen angelegt: In einer gemeinsamen Eingangsphase werden zunächst formbezogene Übungen in geschlossenen und halboffenen Übungsformen angeboten. Im nächsten Schritt bearbeiten die S funktionsbezogene Übungen in halboffenen Übungsformen mit entsprechenden Hilfsangeboten (vgl. 2.1.1). In einem letzten Schritt lösen die S in offenen Unterrichtsformen anwendungsbezogene Übungen im Klassenverband. Dies hat für die durchführende Lehrkraft den Vorteil, dass eine Überprüfung des Lernfortschritts mit wenig Aufwand über die gesamte Lerngruppe hinweg stattfinden kann.

Die S entscheiden selbst, ob sie Unterstützungsangebote bei der Bearbeitung der Übungssequenz nutzen. Damit wird das in allen Bildungsplänen angestrebte selbstreflexive Lernen und Üben in ersten Schritten geschult und gefördert. Eine auffällige Markierung des bereits erreichten Lernfortschritts innerhalb der Übungssequenz soll den S dabei die Orientierung und die Entscheidung erleichtern.

Flankierend können zur Vertiefung und weiteren Differenzierung die Materialen aus dem **Workbook** (HRU-Seite 16), dem **eWorkbook** (HRU-Seite 16) bzw. **den Förder- und Fordermaterialien** (HRU-Seite 15) eingesetzt werden, sodass der Lehrkraft ein umfangreicher Aufgabenpool zur differenzierenden Unterrichtsgestaltung zur Verfügung steht.

2.2 Kompetenzerwerb

Die kommunikative Handlungsfähigkeit, die bereits im Gemeinsamen Europäischen Referenzrahmen, den nationalen Bildungsstandards von 2003 und den danach adaptierten (Kern- und Rahmen-) Lehrplänen bzw. Bildungsplänen und -standards angelegt wurde, hat in den letzten Jahren zu einer noch größeren Bedeutung der kommunikativen Kompetenzen im Englischunterricht geführt. Das übergeordnete Ziel der „Lernkompetenz" muss im Sinne eines lebenslangen Lernens als ebenso wichtig betrachtet werden. Konsequenzen für den Unterricht könnten für die S in folgenden Bereichen liegen: höhere Selbstständigkeit/Selbsttätigkeit, Reflexion über Arbeitsschritte und -prozesse, Teamarbeit und soziales Lernen und höhere Eigenaktivität in quasiauthentischen Handlungssituationen. Die damit verbundenen methodischen und sozialen Kompetenzen sind ebenfalls integraler Bestandteil der Lehrwerkskonzeption von *English G Access*.

2.2.1 Kommunikative Kompetenzen

Die kommunikativen Kompetenzen werden im Rahmen von *English G Access* umfangreich geschult und erweitert. In jeder Unit werden Anwendungssituationen in Form von motivierenden Lernarrangements angeboten. Dabei wurde auf eine gleichmäßige Verteilung auf alle kommunikativen Kompetenzen geachtet. Die jeweils geübte kommunikative Kompetenz ist durch ein Symbol in der Titelzeile der betreffenden Aufgabe gekennzeichnet:

Listening · Reading · Speaking · Writing · Mediation

2.2.1.1 Das *Course*-Konzept

In jedem Band von *English G Access* wird eine kommunikative Kompetenz besonders intensiv geschult. Auf einer speziell dafür vorgesehenen Seite werden pro Unit unterschiedliche Aspekte geübt und gefördert. Es wurde dabei auf eine Progression von weniger komplexen zu anspruchsvolleren Teilkompetenzen geachtet. In Band 2 ist dies ein *Reading course* (z. B. Unit 1, SB-Seite 35).

Bei der Planung des *Reading course* wurde neben den Formen des analytischen (stillen) Lesens (z.B. *Scanning a text*,

Marking up a text) auch auf die Teilkompetenz des lauten, sinndarstellenden Lesens geachtet, um die englische Satzmelodie und Betonungsmuster ebenfalls zu schulen (vgl. *Reading aloud*, SB-Seite 35).

2.2.1.2 Der Kommunikative Kompetenzschwerpunkt

Neben dem eben beschriebenen *Course*-Konzept wird es möglich sein, innerhalb jeder Unit eine weitere kommunikative Kompetenz schwerpunktartig zu schulen. Die **HRU** wird dazu entsprechende Hinweise in der Randspalte zum Unit-Kommentar und eine Übersicht zu Beginn jeder Unit geben (z. B. HRU-Seite 19). Oftmals genügt die Zusammenführung einzelner Aufgaben, um intensiv an einer Fertigkeit arbeiten zu können. Trotzdem wird es möglich sein, auch weitere Aufgaben im Sinne der Schwerpunktsetzung umzugestalten. Auch hierfür werden entsprechende Hinweise in der **HRU** gegeben.

Kompetenzschwerpunkte in Band 2:

Unit 2 – Listening • Unit 3 – Speaking • Unit 4 – Reading • Unit 5 – Mediation • Unit 6 – Writing

Hör- und Hör-/Sehverstehen

Von den *five basic language skills* kann das Hörverstehen als die im Fremdsprachenunterricht der Grundschule am intensivsten geschulte Kompetenz verstanden werden. *English G Access* berücksichtigt diese Tatsache durch umfangreiche Aufgaben und Materialien.

Lehrkräfte finden dieses Symbol mit Angabe der Tracknummer in der Lehrerfassung zum Schülerbuch und in den Handreichnungen für den Unterricht. Wie schon im Vorgängerlehrwerk wird dabei von Beginn an Wert auf die Präsentation handlungstragender Texte über die Audio-CD gelegt, ohne dass die S den Text im Schülerbuch mitlesen können. Daneben ist weiterhin der Großteil der Material- und Unit-Texte aus dem Schülerbuch auf der Audio-CD enthalten, sodass die Lehrkraft entscheiden kann, ob diese Texte zur Schulung des Lese- oder des Hörverstehens genutzt werden sollen.

Im Sinne des selbstgesteuerten Lernens finden die S die wichtigsten Texte als Audiodateien im mp3-Format unter www.englishg.de/access. Damit wird es ihnen ermöglicht, auch zu Hause Hörverstehensaufgaben zu bearbeiten.

Die Fertigkeit des Hör-/Sehverstehens wurde bei der Entwicklung von *English G Access* in noch größerem Umfang berücksichtigt, als dies bei *English G 21* der Fall war. Der Einsatz der das Schülerbuch begleitenden DVD ist nun integraler Bestandteil des Aufgabenapparates jeder Unit. Dabei wurde bewusst auf die unterrichtliche Praxis Rücksicht genommen: Die Aufgaben zum *Viewing* sind auf einer Schülerbuchseite versammelt. Unter der Überschrift *The world behind the picture* werden pro Unit Aufgaben angeboten, die zwei unterschiedliche Funktionen erfüllen: Zum einen werden den S soziokulturelle Aspekte des Zielsprachenlandes England durch das audiovisuelle Medium näher gebracht. In der Reaktion auf kleine Episoden mit gleichaltrigen Kindern aus Plymouth wird ebenfalls die interkulturelle Wahrnehmung intensiv geschult.

Zum anderen werden unter der Überschrift *Everyday English* alltägliche Sprechhandlungen in kleinen Spielszenen präsentiert, die den Lernern als Vorlage zur eigenen Sprachproduktion dienen sollen. Das audiovisuelle Medium hat den entscheidenden Vorteil, auch nichtsprachliche Aspekte sprachlichen Handelns in authentischem Kontext abbilden zu können.

Der Erwerb von Wortschatz und Kommunikationsstrategien im alltäglichen Sprachgebrauch ist von großer Bedeutung im Fremdsprachenerwerb. Deshalb sind die Aufgaben so gestaltet, dass sie, je nach technischer Ausstattung und Verfügbarkeit vor Ort, mit der DVD (audio-visueller Text), Audiodateien im mp3-Format (auditiver Text) oder auch ohne Medieneinsatz unterrichtet werden können. In letzterem Fall müssten dann die ersten Teilaufgaben zum Hör-/Sehverstehen ausgelassen werden.

Leseverstehen

Als zweite rezeptive Sprachkompetenz knüpft das Leseverstehen an in der Primarstufe angelegte Aufgabenstellungen und Textsorten an. Im zweiten Band von *English G Access* wird mit abwechslungsreichen und altersgerechten Texten gearbeitet. Die Leseschulung legt mehrere Schwerpunkte fest. Während sich die Texte der Materialseiten vor allem zum Mitlesen und (dialogischen) Vorlesen eignen, werden in den Unit-Texten erste Formen der rezeptiven und produktiven Auswertung des Textinhaltes angeboten. Dieses *Working with the text* bahnt in späteren Schuljahren das analytische Lesen an.

English G Access verfolgt aber mit der so genannten *Access story: Because of Winn-Dixie*, die nach Unit 3 und Unit 6 im Schülerbuch zu finden ist, ein weiteres Element der Leseschulung: das des *extensive reading*.

Die zwei Episoden sind lose miteinander verbunden und können in unterschiedlichen Lernarrangements in den Unterricht eingebunden werden. Allerdings ist vornehmlich an eine selbstständige Lektüre der S gedacht, um eine Leseerfahrung jenseits der geleiteten Lektüre im Unterricht zu ermöglichen. Durch den Umfang der beiden Episoden haben die S Gelegenheit, eine altersgerechte Geschichte und einen ersten authentischen literarischen Text (das Romanexzerpt wurde lediglich annotiert) kursorisch lesend zu erschließen. Auf einen Aufgabenapparat im Schülerbuch wurde verzichtet, weil Lesen, Freude und Neugier im Mittelpunkt stehen sollen. Ein didaktischer Kommentar zur Behandlung im Unterricht ist online auf www.cornelsen.de/cel zu finden. Der gesamte Roman ist im Verlagsprogramm erschienen (ISBN 978-3-06-033077-5).

Der *Reading course* unterstützt die inhaltlich-analytische Auseinandersetzung mit den verschiedenen Texten (SB-Seiten 19, 35, 53, 74, 89, 109).

Sprechen

Die wichtigste Kompetenz eines kommunikationsorientierten Englischunterrichts ist das Sprechen. Schon in der Grundschule beginnen viele S mit der Verwendung englischer Aussage- und Fragesätze – zum Teil werden diese Äußerungen noch durch sprachliche (Teil-)Impulse der Lehrkraft gelenkt. Auf dieser Sprechbereitschaft aufbauend versucht *English G Access*, mit Hilfe vielfältiger Methoden und Sozialformen, die Kommunikationsfähigkeit zu fördern. Um dabei möglichst rasch freies Sprechen zu üben, wird zunächst im Rahmen von Partner- und Gruppenarbeit das dialogische, angeleitete Sprechen geübt. Wo dazu Redemittel notwendig sind, werden diese im Rahmen von *More help* oder auch durch die Material-Texte selbst bereit gestellt.

Das monologische Sprechen, dass zunehmend durch (Abschluss-)Prüfungen oder Prüfungsteile große Wichtigkeit erfährt, wird durch zahlreiche Präsentationsaufgaben geschult, die sich konsequent in Umfang und Medieneinsatz erweitern (z.B. SB-Seite 79; 93).

Zum Sprechen gehört auch die Ausspracheschulung. Hierzu werden *Pronunciation*-Übungen auf den *Practice*-Seiten des gesamten Schülerbuchs angeboten (z. B. SB-Seite 96).

Schreiben

Die Schreibkompetenz wird ausgehend von der grundlegenden Schulung in Band 1 (*Spelling course, Me*-Texte) um weitere zentrale Aspekte erweitert, z. B. um erste textsortenbezogene Schreibaufgaben (*Writing a report*, SB-Seite 111) und grundlegende Formen des kreativen Schreibens (z.B. SB-Seite 43).

Schreibschulung bedeutet immer auch, das Schreiben bzw. den Schreibprozess vorzubereiten. Hier stellt das *Skills File* (SB-Seite 151) erste methodische Hilfen für S zu Verfügung, bevor in Band 3 die Schreibkompetenz intensiv im Rahmen eines *Writing course* geschult wird.

Sprachmittlung/Mediation

Die Sprachmittlung in genuinen, zweisprachigen Kontexten ist für S der Klasse 5 eine große Herausforderung, verlangt sie doch das sinngemäße Zusammenfassen gehörter oder gelesener Inhalte in der Mutter- bzw. der Fremdsprache.

English G Access bietet auch im zweiten Band einfach gehaltene Übungen an, die den S einerseits Vertrautheit mit den Anforderungen der Sprachmittlung verschaffen und andererseits interkulturelle Sensibilität ausbilden sollen. Die Aufgaben nehmen jedoch an Komplexität zu, sie fordern von den S nun auch die Übertragung muttersprachlicher Texte ins Englische. Dabei bleiben die Ausgangstexte bzw. -impulse zunächst noch schriftlich.

2.2.2 Lernkompetenz

2.2.2.1 Methodenkompetenz

Lern- und Arbeitstechniken sind notwendig, um autonomes Lernen, so wie es die Bildungsstandards seit ihrer Einführung von einer gymnasialen Ausbildung fordern, zu ermöglichen. In Lernarrangements, in denen oftmals auch Aspekte des sozialen Lernens berücksichtigt sind, sollen S befähigt werden, im Rahmen ihrer späteren Aufgaben in Studium und Beruf erfolgreich Inhalte zu erschließen, sie zu strukturieren und die Ergebnisse ihrer Arbeit zu präsentieren.

Dabei sollte die Anschaulichkeit und auch die Funktion von Methoden stets transparent gehalten werden. Um dieser Forderung gerecht zu werden, bietet *English G Access* einen spiralcurricular angelegten Erwerbsprozess: Auf der Grundlage anschaulicher Vermittlung schließt immer auch eine Anwendung in authentischen Kontexten an. Die so entstandenen Aufgaben mit dem Label *Study skills* zielen bewusst auf universell zu vermittelnde Lern- und Arbeitstechniken ab, die sich im zweiten Band vertieft mit der strukturierten Anwendung von Wortschatz und mit der Präsentation von Arbeitsergebnissen in der Fremdsprache befassen. Die Beschreibung von Bildern, Abbildungen und Fotografien bildet einen weiteren Schwerpunkt und eine Vorstufe des monologischen Sprechens, wie es später in den Abschlussprüfungen der Sekundarstufe II verlangt wird. Eine Übersicht mit umfassenden Definitionen bzw. Funktionsbeschreibungen der zu erwerbenden Methoden auf Deutsch befindet sich im *Skills File* im Anhang des Schülerbuchs (SB-Seiten 145–155). Da das *Skills File* kumulativ angelegt ist, entsteht so innerhalb eines Bandes, aber auch über die gesamte Lehrwerksreihe hinweg, ein anschauliches Kompendium, das als Nachschlagewerk eingesetzt werden kann.

Wenn man die Methodenkompetenz als den Erwerb von Strategien begreift, die das Verstehen und Behalten sinnvoll unterstützen, dann müssen sie an dieser Stelle im Zusammenhang mit den kommunikativen Kompetenzen betrachtet werden. Eine klare Funktionsbeschreibung (gerade für junge Lerner) ist dabei notwendig. Zum Beispiel sind Techniken wie das Erstellen einer Mindmap einerseits als Mnemotechnik für den Erwerb neuer Lexik erfolgreich einsetzbar, andererseits aber auch für die inhaltliche Strukturierung eines Themas. Das *Skills File* definiert daher, wo möglich, mehrere Einsatzbereiche für dieselbe Methode.

2.2.2.2 Soziales Lernen

Lernen im Englischunterricht wird zunehmend als Lernen in der Gruppe bzw. im Austausch mit anderen verstanden. Die Vorteile liegen auf der Hand, wenn es um die Ausbildung sozialer Kompetenzen geht. Aber auch die Kommunikationsförderung durch Erhöhung der individuellen Sprechzeit ist einer der vielen positiven Aspekte.

English G Access hat sich daher einer konsequenten Anwendung abwechslungsreicher Sozialformen verschrieben, die Kooperation, Kommunikation und Konfliktfähigkeit in gleicher Weise schulen. So kommt regelmäßig die kooperative Lernform *Partner check* vor, die durch das eigene Symbol die S dazu auffordert, mit einem selbst gewählten Partner die Ergebnisse ihrer eigenen Arbeit zu kontrollieren und sich gegenseitig eine Rückmeldung auf das Erarbeitete zu geben.

Kooperatives Lernen

Seit einigen Jahren haben sich die Verfahren des kooperativen Lernens, wie sie u. a. von Norm und Kathy Green entwickelt wurden, im Englischunterricht bewährt. In zunehmend heterogenen Lerngruppen gewinnen diese Verfahren dadurch an Bedeutung, dass sie in leicht herzustellenden Interaktionsformen sowohl die Sozial- als auch die Selbstkompetenz ausbilden. Die S sind durch die oftmals arbeitsteilige Aufgabenstellung in der Lage, sich mit ihren individuellen Stärken und Interessen in die gemeinsam zu bewältigende Aufgabe einzubringen. Hierin liegt ein Element der Binnendifferenzierung, das nicht durch eine unterschiedliche Aufgabenstellung gekennzeichnet ist und dadurch nicht als Stigmatisierung einzelner S wahrgenommen werden kann.

Die Ergebnissicherung ist darüber hinaus zumeist sehr klar gesteuert, schnell auswertbar und in den weiteren Verlauf des Unterrichtsgeschehens leicht zu integrieren. Diese komplexeren kooperativen Lernformen werden in *English G Access* in Wiederholungszyklen angeboten und sind mit dem Symbol gekennzeichnet. Durch den wiederholten Einsatz dieser Lernarrangements wird eine Routinenbildung gefördert, die die unterrichtliche Durchführung organisatorisch und damit zeitlich entlastet. Zusätzlich erleichtert wird die unterrichtliche Durchführung durch die Integration sehr präziser Arbeitsanweisungen im SB selbst (z. B. SB-Seite 13). Im ►Didaktisch-methodischen Glossar (HRU-Seiten 215–220) finden sich zudem Erläuterungen zur Funktion und Durchführung der einzelnen kooperativen Lernformen.

Formen des offenen Unterrichts: Projektarbeit

Die in *English G Access*, Band 1 angelegten ersten Interaktionsmuster in der Durchführung eines Unterrichtsprojektes werden in Band 2 konsequent ausgeweitet und auf eine der Lernaufgaben angewendet (vgl. SB-Seite 100–101). Nun wird, im Gegensatz zu Band 1, bereits mit der ganzen Klasse ein Projekt geplant („A British class party"), indem Ideen vorgestellt, ein Partyprogramm geplant, einzelne Aktivitäten eingeübt und letztendlich eine Klassenfeier durchgeführt werden.

Inklusion

Eine weitere aktuelle bildungspolitische Anforderung stellt die Inklusion dar: Deutschland hat sich mit der Ratifizierung des UN-Übereinkommens über die Rechte von Menschen mit Behinderungen dazu verpflichtet, Kinder mit Behinderungen in Regelschulen zu unterrichten. In Großbritannien hat bereits in den 1980er/1990er Jahren eine Reform des Schulwesens stattgefunden. Jede Schule, so auch die *Plymstock School*, hat ein *SEN (Special Educational Needs) Department*. Auch die Lehrwerksfigur Leo (HRU-Seite 13), der tatsächlich Schüler der *Plymstock School* ist, ist somit Teil dieser gesellschaftlichen Realität (mehr dazu: HRU-Seite 30).

2.2.2.3 Entdeckendes Lernen

Eines der Grundprinzipien der Lehrwerkentwicklungen von *English G 2000* und *English G 21* bestand in der Ausbildung von *Language awareness* durch den Einsatz von induktiven Verfahren in der Grammatikvermittlung. In den unteren Klassen wird dabei Lehrersteuerung notwendig sein, um den Prozess des eigenständigen Erschließens von grammatischen Regularitäten sinnvoll anzuleiten. Der Behaltenseffekt dieser Art der Grammatikvermittlung ist dennoch unbestritten.

English G Access reiht sich in diese Tradition ein und verstärkt den Erwerbsprozess durch eine klarere Betonung des vorbewussten, produktiven Umgangs mit der neu zu kognitivierenden Struktur. Die Übungsform *Have a go* regt dazu an, in der inhaltlichen Auswertung eines Material-Textes die neue grammatische Struktur anzuwenden, bevor sie in der darauffolgenden *Looking-at-language*-Box kognitiviert wird. Die dabei bereits erfolgte rezeptive wie produktive Sensibilisierung für die Funktion der grammatischen Struktur hilft den S bei der Formulierung von funktionsbezogenen Regeln sowie dem Erkennen formbezogener Regelmäßigkeiten.

Die sich anschließende Übungssequenz (z. B. SB-Seiten 91–92) bietet dann ein breites, binnendifferenzierendes Übungsangebot.

Abgeschlossen wird der induktive Erwerb durch eine umfassende Definition der einzelnen Strukturen im *Grammar File* (SB-Seite 156ff.) bzw. durch den Einsatz von *Language Action Sheets*, die die selbstständige Erarbeitung erleichtern und das lange Abschreiben in ein Grammatikheft unnötig machen.

2.2.2.4 Aufgabenorientiertes Lernen

Als Variante des *Task-Based Language Learning (TBLL)* kann seit einigen Jahren die Lernaufgabe gelten, die sich vieler Elemente des TBLL bedient, gerade aber im Hinblick auf den Erwerb sprachlicher Strukturen eine Modifikation darstellt. In einem motivierenden, lebensweltlich orientierten Lernkontext werden vielfältige interkulturelle und kommunikative Kompetenzen geschult. In einem weiteren Schritt wird die bereits vorhandene Sprachkompetenz (selbst oder durch *peers*) evaluiert, und es werden individuelle Hinweise zur weiteren Ausbildung von Lernkompetenzen gegeben.

Diesen Weg beschreitet *English G Access* im Rahmen einer der Units begleitenden Lernaufgabe (*Your task*). In den

Lead-ins aller Units des zweiten Bandes erhalten die S erste Hinweise, was sie am Ende der Units im Rahmen einer klar definierten Aufgabe sprachlich leisten können werden. Sie bekommen einen ersten *sense of direction*, was die funktionale Verknüpfung mehrerer Aspekte jeder Unit betrifft. *Your task* bedient sich einerseits einer motivierenden Aufgabenstellung aus dem unmittelbaren inhaltlichen Zusammenhang der Unit, andererseits ist die Aufgabe aber auch in einen lebensweltlichen und interkulturellen Kontext eingebettet. Zur Bewältigung der Aufgabe werden den S immer wieder Hinweise auf bereits erworbene Kenntnisse aus verschiedenen Kompetenzbereichen gegeben. Dies soll der Unterstützung dienen, gleichzeitig aber auch verdeutlichen, dass und wie die einzelnen sprachlichen und inhaltlichen Elemente zusammenwirken, d. h. eine Transparenz der Lerninhalte herstellen.

Am Ende der *Your task* steht oft ein Handlungsprodukt, das in unterschiedlichen Sozialformen entsteht. Diese Produktorientierung fördert die Möglichkeit, den individuellen S ausgewählte Aspekte seiner Sprachkompetenz evaluieren zu lassen. Die damit angestrebte Individualisierung des Spracherwerbsprozesses wird durch eine konsequente Verbindung von Selbsteinschätzung und dem Angebot von Übungs- und Wiederholungsaufgaben unterschiedlicher Kompetenzbereiche realisiert, indem an die Lernaufgabe (z. B. SB-Seite 100) stets eine Selbsteinschätzungsseite („Wie gut warst du?") mit Tipps zum Wiederholen und Üben („Wie kannst du besser werden?") anschließt. Diese Nähe von Sprachproduktion und Sprachreflexion schafft dabei die notwendige Unmittelbarkeit, die für eine sinnvolle Reflexion notwendig ist.

Die konsequente Selbstreflexion wird im Workbook bzw. dem e-Workbook fortgesetzt. Gemeinsam mit den *Me*-Texten und Schülerprodukten des *MyBook* sind somit zwei wesentliche Elemente zur Dokumentation des Sprachlernprozesses des Europäischen Fremdsprachenportfolios fest in die Konzeption von *English G Access* integriert: das Dossier (vgl. HRU-Seite 10) und die Sprachenbiografie in Form der Angebote zur Selbstreflexion.

2.2.3 Kulturelle Kompetenz

Mit bundeslandspezifischen terminologischen Abweichungen fassen die meisten Bildungspläne unter dem Begriff des kulturellen Lernens die Teilbereiche interkulturelle Kompetenz und soziokulturelles Wissen zusammen. Beide Teilbereiche sind notwendig, um eine interkulturelle Handlungskompetenz zu erreichen, wie sie als übergeordnetes, zentrales Ziel im Gemeinsamen Europäischen Referenzrahmen definiert ist.

Die Vermittlung soziokulturellen Wissens ist in Klasse 6 altersgerecht gestaltet, nimmt jedoch an Komplexität der Informationen zu. Das *Background file* des zweiten Bandes übernimmt die explizite Vermittlung soziokultureller Inhalte, z. B. die Besonderheiten des englischen Schulsystems (SB-Seite 21), englischen Geldes (SB-Seite 48), aber auch geografischer Informationen zum Dartmoor (SB-Seite 68), historischer Informationen zu den römischen Bädern in Bath (SB-Seite 111) oder kultureller Informationen zu britischer Popmusik (SB-Seite 37). Daneben fließen in viele Materialtexte des Schülerbuchs soziokulturelle Informationen ein, z. B. zu englischen Feiertagen (SB-Seite 89).

Die komplexere Lernhaltung des interkulturellen Lernens wird durch die Schaffung immer neuer Vergleichssituationen zwischen der eigenen und der zielsprachlichen Kultur gefördert. In zahlreichen Aufgabenstellungen werden die S deshalb weiterhin aufgefordert, Vorgefundenes mit der eigenen Lebenswelt zu vergleichen: Schulordnung, Schulsystem und Schulalltag, Freizeitgewohnheiten und regionale Legenden sind nur einige Beispiele.

Interessante interkulturelle Lernaspekte ergeben sich auch immer wieder aus den Aufgabenstellungen der *Mediation*-Aufgaben (vgl. z. B. SB-Seite 18) oder den Sequenzen der das Schülerbuch begleitenden DVD.

www Als neues Feature des zweiten Bandes wurden auf den Seiten des SB Hinweise platziert, die eine weiter reichende, angeleitete Internet-Recherche zu Themen der Unit erlauben. Unter der Überschrift *Follow the link* wird es den S möglich sein, multimediale Quellen zu nutzen.

Nicht zuletzt die Lernaufgabe fordert die S immer wieder zu einer Perspektivübernahme auf oder versetzt sie in eine vorgestellte interkulturelle Begegnungssituation, z. B. wenn sie sich auf gemeinsame Unternehmungen mit einem Besucher aus Plymouth verständigen sollen (*Your task*, SB-Seite 26).

Für die Klassen 5 und 6 wurde bewusst auf Aufgabenstellungen verzichtet, die Elemente der Transkulturalität in den S bzw. im Miteinander verschiedener Kulturen thematisieren würden. Ausgehend vom kognitiven Vermögen von 10–12-Jährigen erschien es angemessen, mit einer zuerst notwendigen Kontrastierung zu arbeiten, um zu einem späteren Zeitpunkt Elemente anderer Kulturen in der eigenen Identität identifizieren zu können.

2.2.4 Erwerb sprachlicher Mittel

Neben dem Erwerb kommunikativer Kompetenzen und kultureller Einsichten ist es wichtig, Sprachmittel systematisch und sinnvoll strukturiert einzuführen. Dies nimmt besonders in der Sekundarstufe I einen wichtigen Platz ein.

Der grammatische und lexikalische Lerngang von *English G Access* basiert auf der Grundannahme, dass eine saubere Progression im Grammatikerwerb und die Kombination aus induktivem Grammatikerwerb und kommunikationsorientierter Übung zu einer sicheren Beherrschung grundständiger sprachlicher Strukturen führen. Diese sollten weiterhin im Fremdsprachenunterricht ihren Platz haben.

Selbsttätigkeit beim Grammatikerwerb und induktives Lernen werden gefördert, wenn die S bei der Sprachbetrachtung (*Looking at language*) Gemeinsamkeiten zwischen den Zeitformen entdecken.

English G Access reagiert auf einen zunehmend zeitlich verknappten Englischunterricht und verfolgt drei unterschiedliche Behandlungstiefen bei der Einführung von Grammatik:

1. Die induktive Erarbeitungsweise (*Looking at language*) wird immer eingesetzt, wenn grundständige grammatische Strukturen erworben werden sollen.
2. Weniger komplexe grammatische Strukturen werden deduktiv eingeführt und geübt (*Language help*).
3. Die S erhalten viele Lerntipps und Hinweise, die sie beim Lernen und Üben berücksichtigen sollten (*TIP*).

Der Erwerb von Wortschatz wird konsequent fortgesetzt, bereits erlernter Wortschatz wird kontinuierlich systematisiert und ergänzt. Neuer Wortschatz wird durch umfangreiches Bildmaterial unterstützt und in vielfältigen Übungen angewendet. Das Arbeiten in semantischen Feldern (z. B. SB-Seite 38) bzw. in Mindmaps/Clustern (vgl. Wordbank, SB Seiten 140–144) unterstützt die S dabei im Lernprozess und bei der Sprachproduktion. Nicht zuletzt garantiert die Einführung verschiedener Techniken für das Lernen von Vokabeln einen nachhaltigen Lernerfolg (SB-Seite 40; SF 1–5). Durch die systematische Einführung und Übung von englischen Kollokationen wird der Wortschatz insgesamt auf mehreren Ebenen gefestigt (z. B. SB-Seite 38).

3 Das Schülerbuch

Das Schülerbuch besteht aus folgenden Teilen (vgl. SB-Seite 3):

Sechs Units

- Detaildiskussion der einzelnen Aspekte einer Unit ab HRU-Seite 15

Sechs Lernaufgaben (Your task)

- Unit-bezogene Lernaufgabe mit motivierender Aufgabenstellung
- Anwendungskontext für erworbene Kompetenzen
- interkulturelles Lernen
- Lernstandsdiagnose und passendes Übungs- bzw. Wiederholungsangebot

Access story *(in zwei Teilen, nach Unit 3 und Unit 6)*

- kursorisches Lesen / *extensive reading*
- Lesemotivation
- Erstbegegnung mit literarischen Textgestaltungsmerkmalen im Englischunterricht

More help-*Seiten*

- Hilfestellung im Rahmen von differenzierenden Aufgaben (niedrigeres Anspruchsniveau)

Skills File

- Methodenkompendium
- detaillierte Beschreibung der eingeführten Lern- und Arbeitstechniken

Grammar File

- Übersicht über Form und Funktion der zentralen grammatischen Strukturen in der Reihenfolge ihrer Einführung im Schülerbuch
- ausführliche Erklärung erworbener Strukturen
- Möglichkeit zur selbständigen Arbeit durch regelmäßige Aufgaben zur Verständnissicherung (mit der Figur Morph als *Learning Buddy*)
- Ergänzung der *Looking-at-language-*, *Language-help-* und *TIP*-Boxen im Practice-Teil (enge Verbindung durch Verweissystem)

Wordbanks

- zusätzlicher Themenwortschatz in Mindmaps/Clustern zur Unterstützung von selbständiger Sprachproduktion

Vocabulary

- chronologisch organisierter Lernwortschatz im bewährten Dreispaltensystem; das mehrkanalige Lernen wird durch Beispielsätze („3. Spalte") und Illustrationen unterstützt
- Einführung und Erläuterung englischer Laute sowie der Lautschrift
- *Blue boxes* systematisieren lexikalische Phänomene, wie z. B. Kollokationen oder sammeln unregelmäßige Verben im *Simple past*.

Dictionary

- *englisch-deutsches Wörterbuch*: alphabetisch sortierte Wortliste des gesamten Wortschatzes aus Band 1 und 2 (Lernwortschatz wird mit Fundstelle angegeben); Hilfestellung bei Texterschließung
- *deutsch-englisches Wörterbuch*: alphabetisch sortierte Wortliste des Lernwortschatzes aus Band 1 und 2; Hilfestellung bei selbständiger Sprachproduktion

Die Hauptpersonen in English G Access, Band 2

Lucy Pascoe (12) lebt mit ihrer Mutter, der älteren Schwester Holly (16) und dem Stiefvater in einem Haus in Plymouth. Ihre Großeltern bewirtschaften eine Farm im Dartmoor, die Lucy regelmäßig besucht. Sie kennt Maya seit ihrer frühesten Jugend, die beiden sind eng befreundet.

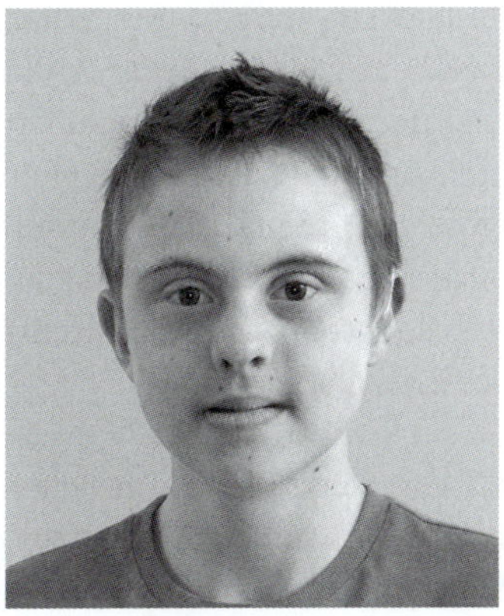

Leo Cooper (13), seine Eltern und seine zwei Schwestern sind Lucys neue Nachbarn, da sie in ein Haus in derselben Straße einziehen. Leo besucht ebenfalls die *Plymstock School*. Er wird dort von *personal assistants* unterstützt, weil er das Down Syndrom hat und auditiv beeinträchtigt ist. Er liebt Tanz und Musik. Schülerinnen und Schülern ist er bereits aus dem Workbook zu English G Access Band 1 bekannt (Seite 47).

Maya Sen (12) ist Lucys beste Freundin. Sie ist das einzige Kind, das nicht auf die *Plymstock School* geht. Ihre Schule ist die auf Mathematik und Computer spezialisierte *Coombe Dean School*. Ihre Familie, die indische Wurzeln hat und neben Maya aus den Eltern und dem 16-jährigen Bruder Mukesh besteht, lebt gemeinsam in einer Wohnung in Plymouth. Die Sens sind sehr international geprägt und auf vielen Kontinenten zu Hause.

Justin Skinner (13) und seine Mutter leben in einer Wohnung im Zentrum von Plymouth. Der von der Familie getrennt lebende, amerikanische Vater lebt und arbeitet in Boston (USA). Vater und Sohn sind sehr an Computern und Film interessiert und nutzen beides zur Kommunikation.

Abby Blackwell (12) lebt mit ihrer Familie in Wembury, einem kleinen Ort direkt am Meer außerhalb von Plymouth. In ihrer Familie leben neben den Eltern noch ihre zwei älteren Brüder, Tim (14) und Will (16), die Katze Mink und der Hund Skip. Ihre große Leidenschaft ist das Segeln.

Sam Bennetts (12) Familie besteht aus seiner kleinen Schwester, Lily (6) und den Eltern, die beide in der Britischen Marine dienen. Die Bennetts leben in einer Wohnsiedlung der *Navy* in Plymouth. Mit seinem sonnigen Charakter ist Sam jedermanns Freund. Seine Hobbys sind Kung-Fu und Basketball.

Morph, ist eine Phantasiefigur, die in der *Plymstock School Library* ein imaginäres Dasein führt. Weil er seine Form und Farbe beliebig verändern kann, bleibt er unentdeckt. Morph ist neugierig und wissbegierig. Als Lernbegleiter der Schülerinnen und Schüler taucht er regelmäßig auf den Seiten des Schülerbuchs auf und gibt Tipps beim Lernen und Begreifen der englischen Sprache.

4 Beschreibung der Teile einer Unit und ihrer Funktion

English G Access folgt einem linearen Aufbau. Die Seiten können dabei nacheinander bearbeitet werden. Diese Struktur soll einerseits die Orientierung innerhalb des Schülerbuchs erleichtern, andererseits kann dadurch intensiver an einzelnen Kompetenzen gearbeitet werden. Bei der Gestaltung der einzelnen Schülerbuch-Seiten wurde Wert darauf gelegt, dass jeweils ein abwechslungsreiches methodisches und kommunikatives Angebot gemacht wird.

Jede der so gestalteten sechs Units umfasst ca. 18 Seiten sowie zwei Seiten, auf denen die Lernaufgabe (*Your task*) erläutert und evaluiert wird.

Lead-in:	die erste Doppelseite in den Units
Materialseiten pro Part (3–4 Parts):	1 bis 2 Seiten
Practice-Seiten pro Part (3–4 Parts):	2 bis 4 Seiten
Unit-Text:	2 Seiten
Your task:	2 Seiten (Arbeitsschritte und Selbsteinschätzung)

4.1 Lead-in

Die erste Doppelseite jeder Unit bietet einen motivierenden und altersgerechten Einstieg in das Thema der jeweiligen Unit. Vornehmlich über Hörverstehenstexte und über Bildimpulse werden die S eingeladen, sich mit ihrem Vorwissen einzubringen und neue Details zu entdecken. Der dazu benötigte Wortschatz wird über erste kleine Aufgaben eingeführt bzw. systematisiert. Im Verlauf der weiteren Unit wird der vorhandene Vokabelbestand ergänzt. Neue grammatische Strukturen werden auf diesen ersten zwei Seiten nicht eingeführt.

Neben der Beschreibung des Gesehenen bzw. Gehörten nimmt auch der interkulturelle Vergleich einen prominenten Platz ein. Die Schülerinnen und Schüler werden aufgefordert, Informationen über das Zielland mit der eigenen Lebenswirklichkeit zu vergleichen und Beobachtungen zu Gemeinsamkeiten und Unterschieden zu formulieren. Damit ist eine erste Sensibilisierung für Fragestellungen des interkulturellen Kompetenzerwerbs angelegt, der im Verlauf der weiteren Unit intensiviert wird.

4.2 Material-Seiten

In *English G Access* hat die Darbietung von zusammenhängenden (Lese-)Texten einen hohen Stellenwert. Im Regelfall besteht jede Unit aus mindestens drei Materialseiten. Bei der Konzeption dieser Seiten wurde dabei bewusst ein erweiterter Textbegriff zugrunde gelegt, so dass eine Fülle unterschiedlicher, altersgerechter Texte und Textsorten zum Einsatz kommt. Neben der inhaltlichen Verbindung zum kulturellen Schwerpunkt der Unit beinhalten diese Seiten auch neu einzuführende Lexik, Grammatik und Redemittel. Diese werden im jeweiligen inhaltlich-thematischen Kontext präsentiert.

Die Erlebnisse der Lehrwerkskinder verbinden die einzelnen Parts auf den Materialseiten. Diese thematische Verbindung und ein Handlungsbogen (*Storyline*) halten die einzelnen Teile der Unit für die S besser zusammen und geben Orientierung.

Der Aufgabenapparat auf den Materialseiten dient in erster Linie der inhaltlichen Auswertung der Texte und macht die *Storyline* bzw. die thematischen Verbindungen transparent. Von Beginn an wird somit auch Leseverstehen intensiv geschult.

Zusätzlich wurde der Aufgabentypus *Have a go* auf den Material-Seiten aufgenommen, der neben den inhaltlichen Aspekten auch die neu einzuführende grammatische Struktur des jeweiligen Parts vorbewusst produktiv schult. *Have a go* bildet somit den Übergang zwischen Material- und Practice-Seiten.

4.3 Practice-Seiten

Die Practice-Seiten erfüllen eine Reihe von Funktionen:

- Kognitivierung und (differenzierende) Übung neuer grammatischer Strukturen („Looking at language", Übungssequenz, HRU-Seite 8)
- Systematisierung und Festigung von Wortschatz (*WORDS*)
- Vermittlung kultureller Aspekte des Ziellandes (*Background file*)
- Schulung aller kommunikativen Kompetenzen (Symbol-Legende, SB-Seite 3)
- systematische Schulung der Lesekompetenz über den kompletten Band hinweg (*Reading course*)
- Intensive Schulung der methodischen Kompetenzen (*Study Skills*) durch Bewusstmachung, Anwendung und vertiefende Wiederholung
- Förderung des sozialen Lernens durch vielfältige Lernarrangements (Auszeichnung über Symbole: Partner- und Gruppenarbeit, kooperative Lernformen und *Partner check*; Symbol-Legende, SB-Seite 3)

4.4 Unit-Text

Am Ende jeder Lehrwerkeinheit steht weiterhin der Haupttext, der umfangreicher ist als die Texte der Materialseiten. Er soll auf dem Plateau des Erreichten eine motivierende und spannende, lustige oder lehrreiche Geschichte erzählen. Der Unit-Text bildet oft den Höhepunkt und Abschluss der vorher in der Unit entwickelten *Storyline*. Da das Lesevergnügen vorrangig ist, wurde bewusst auf unbekannte grammatische Strukturen verzichtet.

In der Begegnung mit den Texten und auch in deren Auswertung werden nochmals Aufgabenformate heran gezogen, die kommunikative und methodische Kompetenzen vielfältig üben. Verständnissicherung und Textauswertung finden im Rahmen zahlreicher Aufgaben statt, die auch Formen der Neigungsdifferenzierung ermöglichen: Das Label *You choose* signalisiert den S, dass sie in der produktionsorientierten Auswertung des Haupttextes unterschiedliche Wege gehen können (z. B. SB-Seite 43).

4.5 Lernaufgabe *(Your task)*

Zum Abschluss jeder Unitwird eine umfangreiche Lernaufgabe (*Your task*, HRU-Seite 11) angeboten, die den S nochmals erlaubt, ihr in der Unit erworbenes Wissen in einem motivierenden und interkulturell ausgerichteten Kontext anzuwenden. Mit der Bearbeitung der Lernaufgabe ist somit auch eine Vertiefungsfunktion verknüpft, die einzelne sprachliche Phänomene in einen funktional-thematischen Kontext einbettet. Auf der zweiten Seite können die S im Rahmen einer klar angeleiteten Selbsteinschätzung ihren Lernfortschritt reflektieren. Sie bekommen hier auch Hinweise auf Wiederholungs- und weitere Übungsmöglichkeiten innerhalb des Schülerbuchs sowie des *Workbook*.

5 Die Begleitmedien

Im Lehrwerkverbund *English G Access* gibt es neben dem Schülerbuch folgende Medien:

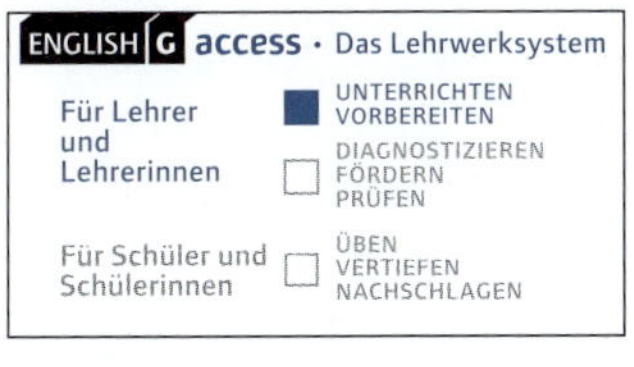

5.1 Unterrichten, vorbereiten

Schülerbuch-Lehrerfassung

Neuer Wortschatz und Grammatik sind markiert, Lösungen eingetragen und die Audio-Tracks angegeben. Außerdem gibt es Verweise auf sämtliche jeweils passenden Begleitmedien sowie kleine methodische Hinweise.

Handreichungen für den Unterricht (HRU)

Didaktisch-methodische Erläuterungen und Hinweise zu den Units im Schülerbuch mit Tafelbildern und Kopiervorlagen sowie einem Glossar. Eine übersichtliche Randspalte enthält Verweise zu den Begleitmedien, Alternativen und weitere Differenzierungsvorschläge.

Workbook-Lehrerfassung

Workbook mit sämtlichen Lösungen. Die Lehrerfassung enthält die Audio-CD sowie das e-Workbook. Beigelegt ist das *MyBook*.

Audio-CDs

Alle Audio-Tracks des Schülerbuchs auf CD. Im mp3-Format finden Sie die Tracks auf der Website, ebenso die Transkripte.

Video DVD

Alle Video-Materialien, die Sie für die Seite *The world behind the picture* im Schülerbuch benötigen, finden Sie auf der DVD. Diese enthält außerdem Clips, die im Rahmen der Leistungsmessung eingesetzt werden können.

Folien

Das Folien-Basispaket enthält eine Auswahl der Folien (ein bis zwei pro Unit). Die komplette Auswahl steht elektronisch im Rahmen des Unterrichtsmanagers zur Verfügung.

Lektüren

Auch zu *English G Access* wird es in den ersten Lernjahren passsende Lektüren geben (Niveau A2).

5.2 Diagnostizieren, fördern, prüfen

Vorschläge zur Leistungsmessung

Als editierbare Word-Dateien steht mit den Vorschlägen zur Leistungsmessung ein umfangreicher Aufgabenpool zur Verfügung. Alle Aufgaben sind eng mit den Materialien im Fördern & Fordern-Ordner verschränkt, so dass Schüler/innen im Vorfeld oder im Anschluss an eine Klassenarbeit individuell passendes Material zur Wiederholung und Vertiefung bearbeiten können.

Fördern & Fordern

In einem Ordner haben wir für Sie eine Fülle von Materialien zusammengestellt, die auf drei Niveaus differenziert sind. Die *Lernlandkarten* helfen Lehrer/innen und Schüler/innen, die Lernfelder in jeder Unit im Blick zu behalten. Die Ergebnisse auf diesen Selbsteinschätzungsbögen oder die Resultate der Klassenarbeiten führen durch ein klares Verweissystem zu individuell passenden Aufgaben.

Vocabulary and Language Action Sheets

Diese Sammlung bietet Kopiervorlagen, mit deren Hilfe sich grammatische Strukturen und Wortschatz erarbeiten und vertiefen lassen. Die *Vocabulary Action Sheets* lassen sich auch gut anstelle eines Vokabelheftes einsetzen.

Speaking Practice

Materialien zur Vorbereitung und Durchführung von mündlichen Leistungsüberprüfungen

5.3 Für Schüler/innen: Üben, vertiefen, nachschlagen

Hörtexte aus dem SB

Schüler/innen finden eine Auswahl der Hörtexte auf der Website zum Download.

Workbook

Das Arbeitsheft zum Vertiefen und Wiederholen. Die Aufgaben decken systematisch alle Kompetenzen, Strukturen und Wortschatz ab. Die Texte zu den Höraufgaben finden sich auf der beiliegenden CD.

e-Workbook

Das Workbook gibt es auch in der Variante mit e-Workbook. Auf der CD-ROM finden die Schüler/innen weiterführende Übungen, die auf drei Niveaus differenziert sind.

Grammar and Skills 1/2

Hier finden Schüler/innen die *Grammar-* und *Skills Files* aus dem Schülerbuch systematisch (statt chronologisch) zum Nachschlagen zusammengestellt, erweitert um einen umfangreichen Übungsteil zur Grammatik der Bände 1 und 2.

Klassenarbeitstrainer

Zur selbständigen Vorbereitung auf Klassenarbeiten.

Wordmaster

Vertiefende Wiederholung des Wortschatzes. Die Vokabeln werden in unterschiedlichen Kontexten, auch spielerisch, präsentiert. Die TING-Technologie macht es möglich, mit einem Stift sämtliche Vokabeln anzuhören.

Vokabeltaschenbuch

Ein chronologischer Vokabelteil aus dem Schülerbuch im Mini-Taschenbuchformat. Alle Vokabeln lassen sich mit dem TING-Stift als Audio-Datei aufrufen.

www.englishg.de/access

Auf der Website gibt es zusätzliche Informationen und Materialien für Lehrer/innen und Schüler/innen.

Der Unterrichtsmanager

Der Unterrichtsmanager ist ein neues digitales Werkzeug für die Vorbereitung zu Hause und den Einsatz im Unterricht. Es enthält das Schülerbuch (Schüler- und Lehrerfassung) als Navigationsoberfläche. Von dort aus erreichen Sie per Klick die verschiedenen Begleitmedien, die jeweils passgenau zugeordnet sind. Das Testkapitel (Basis-Paket) erhalten Sie kostenlos als Download. Darin ist die erste Unit mit zahlreichen Begleitmedien gefüllt. Das Premium-Paket (auf DVD oder als Download) enthält die Handreichung für den Unterricht, das Workbook-Lehrerfassung, die Vocabulary & Language Action Sheets sowie sämtliche Audio- und Videodateien zum zweiten Band. Weitere Begleitmedien stehen als Zusatzmodule zur Verfügung: Vorschläge zur Leistungsmessung, Folien (Komplettpaket), Fördern & Fordern.

Das digitale Schulbuch sowie den Unterrichtsmanager mit sämtlichen Materialien finden Sie auch auf www.scook.de.

6 Exemplarische Stoffverteilung *English G Access*, Band 2

6.1 Übersicht über das Schuljahr

Ein Schuljahr umfasst ca. 38 Unterrichtswochen.
Daraus ergeben sich bei

	4 Wochen-stunden	5 Wochen-stunden
	152 Stunden	190 Stunden
abzüglich 10 % mutmaßliche Ausfälle	15 Stunden	19 Stunden
verbleiben	**137 Stunden**	**171 Stunden**

6.2 Beispiel für eine Stoffgrobplanung

	4 Wochen-stunden	5 Wochen-stunden
Für sechs Units	116 Stunden	130 Stunden
Für vier Klassenarbeiten (inkl. Besprechung)	8 Stunden	8 Stunden
Für *Your task*, Lektüre der *Access story* etc.	13 Stunden	33 Stunden
ergeben	**137 Stunden**	**171 Stunden**

6.3 Empfohlene Stundenzahl

Für Unit 1	20 Stunden	22 Stunden
Für Unit 2	20 Stunden	24 Stunden
Für Unit 3*	18 Stunden	20 Stunden
Für Unit 4	20 Stunden	22 Stunden
Für Unit 5	20 Stunden	22 Stunden
Für Unit 6*	18 Stunden	20 Stunden
ergeben	**116 Stunden**	**130 Stunden**

* Unit 3 und 6 sind Kurzunits mit jeweils nur 2 Parts.

Anmerkungen zu dieser Planung

Die Stundenverteilung basiert auf einer zügigen Unterrichtsdurchführung. Zusätzlich eingeschobene Konsolidierungsphasen werden nicht mit veranschlagt. Fakultative Teile des SB sowie Begleitmedien werden ebenso wenig einbezogen wie Phasen der Freiarbeit oder der Projektarbeit außerhalb des SB.

6.4 Vorschlag für einen Verlaufsplan *English G Access*, Band 2, Unit 4 (4 Wochenstunden):

Diesem Verlaufsplan liegt ein Vorgehen zugrunde, das genau die Abfolge im SB nachvollzieht. Die vorgeschlagene Stundenverteilung ist nicht als Norm anzusehen.

Stunde	Unit-Teil, Seite	Practice	EXTRA	Grammar File / Skills File / MyBook
1./2.	Lead-in, 66/67		3	
3.	Part A, 68		Back-ground File	
4.	Part A, 69			GF (S. 167–168)
5.	Part A, 70/71	P1–4		GF (S. 167–168)
6.	Part A, 71	P5	P4b)	GF (S. 168)
7.	Part B, 72			
8.	Part B, 73	P1–2		GF (S.168/169)
9.	Part B, 74			SF (S. 150)
10.	Part B, 74			SF (S. 150)
11./12.	Part B, 75		P2b)	
13./14.	Part C, 76			
15.	Part C, 77			SF (S. 148)
16.	Part C, 77	P4	Follow the link	SF (S. 148)
17.	Part C, 78	P1–4		GF (S. 170), Mediation
18.	Part C, 79	P5		Study Skills SF (S. 154)
19.	Text, 80/81			
20.	Text, 80/81			
	Your task, 82			Task & Home-work
	Your task, 83			Evaluation

Literaturhinweise

Fachdidaktiken

Doff, Sabine / Klippel, Friederike: Englisch Didaktik. Praxishandbuch für die Sekundarstufe I und II. Cornelsen Scriptor 2007

Haß, Frank (Hrsg.): Fachdidaktik Englisch. Tradition, Innovation, Praxis. Klett 2006

Thaler, Engelbert: Englisch unterrichten. Grundlagen, Kompetenzen, Methoden. Cornelsen 2012

Timm, Johannes-Peter (Hrsg.): Englisch lernen und lehren. Didaktik des Englischunterrichts. Cornelsen 1998

Monographien

Börner, Otfried / Edelhoff, Christoph / Lohmann, Christa: Perspektiven Englisch (Heft 8): Individualisierung und Differenzierung im kommunikativen Englischunterricht. Grundlagen und Beispiele. Diesterweg 2010

Brüning, Ludger / Saum, Tobias: Erfolgreich unterrichten durch Kooperatives Lernen. Strategien zur Schüleraktivierung. Neue Deutsche Schule Verlagsgesellschaft mbH 2006

Green, Norm / Green, Kathy: Kooperatives Lernen im Klassenraum und im Kollegium. Das Trainingsbuch. Kallmeyer 2005

Hallet, Wolfgang: Didaktische Kompetenzen. Lehr- und Lernprozesse erfolgreich gestalten. Klett 2006

ISB Staatsinstitut für Schulqualität und Bildungsforschung München: ISB Handreichung Sprachen Leben – Kompetenzorientierte Aufgaben in den modernen Fremdsprachen. Cornelsen 2011 (Bände 1 und 2)

Mattes, Wolfgang: Methoden für den Unterricht. Kompakte Übersichten für Lehrende und Lernende. Schöningh 2011

Paradies, Liane / Linser, Hans: Differenzieren im Englischunterricht. Cornelsen Scriptor 2010

Thaler, Engelbert: Lernerfolg durch Balanced Teaching: Offene Lernarrangements. Aufgabenorientiert, spielorientiert, medienorientiert. Cornelsen 2010

Thaler, Engelbert: 10 Modern Approaches to Teaching Grammar. Schöningh 2010

In the holidays

Storyline	In Unit 1 berichten die Lehrwerkskinder von ihren Sommerferien, die sie an unterschiedlichen Orten verbracht haben. Sam war in Weston-super-Mare, im Westen Englands. Justin besuchte seinen Vater in den USA und unternahm mit ihm einen *Road trip*. Zu Schuljahresbeginn geschieht viel Neues in Plymouth. Lucy bekommt einen neuen Nachbarn, Leo, einen Jungen mit Down Syndrom, der in den gleichen Jahrgang gehen wird. Währenddessen hat Abby schlechte Nachrichten für Maya: Abby verlässt die Plymstock School und geht auf ein Internat.
Sprechabsichten	sich über Aktivitäten und Ereignisse (in den Sommerferien) unterhalten (SB-Seiten 9, 2b); 11, 3) • Urlaubspräferenzen begründet äußern (SB-Seite 10, 2b)) • über das Wetter sprechen (SB-Seite 11, 1b)) • ein Telefongespräch führen (SB-Seite 12, 5c)) • sich über Eltern unterhalten bzw. darüber, was man tun und nicht tun darf (SB-Seite 14, 2b)) • EXTRA sich über Treffen mit den Nachbarn unterhalten (SB-Seite 15, 5) • über Kommunikationswege (Telefon, Mobiltelefon, soziale Netzwerke) sprechen und ihre Funktionalität für den eigenen Alltag begründen (SB-Seite 18, 6c))
Schreibanlässe	wesentliche Informationen aus einer Postkarte und einer SMS in eine Tabelle schreiben (SB-Seite 9, 1) • EXTRA eine Strophe für einen Song verfassen (SB-Seite 10, 3) • über Kommunikationswege (Telefon, Mobiltelefon, soziale Netzwerke) schreiben (SB-Seite 18, 6b))
Language Skills	**Grammatische Strukturen**: *REVISION Simple past* • *Simple past: wh-questions* • *REVISION Simple present: statements* • *REVISION Simple present: questions* • *Subject/object questions* • *REVISION Present progressive statements* • *Present progressive with future meaning* **Wortfelder:** *in the holidays* • *travel* • *weather* • *speaking on the phone* • *expressing annoyance* • *getting in touch* **Reading course:** *Understanding new words* (SB-Seite 19)
Study Skills	**Making notes with a crib sheet.** Notizen in Form eines Spickzettels *(Crib sheet)* anfertigen und dabei Piktogramme, Schlüsselwörter und –phrasen verwenden. (SB-Seite 13, 7)
Kooperative Lernformen	*Appointments* (SB-Seite 9) • *Double circle* (SB-Seiten 11, 13) • *Think-Pair-Share* (SB-Seite 26) • *Partner A and B activity* (SB-Seiten 12/136, 5)
Hör-/Sehverstehen: The world behind the picture	**A day at the Eden Project.** Jasper stellt das Eden Project in Cornwall vor. (SB-Seite 23, 1) **Everyday English: Where's my mobile?** Jack verliert sein Handy im Eden Project. (SB-Seite 23, 2)
Portfolioarbeit: ***MyBook***	Einen Spickzettel *(Crib sheet)* über einen Tag in den eigenen Ferien erstellen. (SB-Seite 13, 7d))
Lernaufgabe: ***Your task***	**The four seasons in Germany.** Ein Poster über einen guten Urlaubsort in Deutschland erstellen. (SB-Seite 26–27)

KOMMUNIKATIVE KOMPETENZEN
Die S können …

Lesen: Postkarten und SMS zum Thema Aktivitäten und Ereignisse im Urlaub und das Wetter verstehen (SB-Seite 8–9, 1)

Sprechen: über wesentliche Informationen aus Postkarten und SMS sprechen (SB-Seite 8–9, 1) · mit Hilfe von Stichwörtern über eigene Aktivitäten in den Ferien sprechen (SB-Seite 9, 2)

Schreiben: wesentliche Informationen aus Postkarten und SMS in eine Tabelle schreiben (SB-Seite 8–9, 1)

S. 8–9

TIPPS FÜR IHRE PLANUNG
Das *Lead-in* dreht sich thematisch um die unterschiedlichen Urlaubserlebnisse der Lehrwerkskinder und fungiert in einigen Teilen als inhaltlicher Überblick über die Unit. Mit Hilfe des *Lead-in* kann L die Urlaubserfahrungen und -geschichten der S in den Unterricht einbauen. Hier kann es hilfreich sein, dass die S eigene Postkarten oder ein Foto aus ihren Ferien mitbringen. Anhand der Beschreibungen wiederholen die S situativ das *Simple past.* Als mögliche HA formulieren sie eine persönliche *Holiday message* zu ihrem Foto, analog zu den kurzen Texten der Lehrwerkskinder.

1 Holiday messages

NEUER WORTSCHATZ
stop · **camping** · **world** · **sunny** · **mountain** · **beautiful** · **alone** · **Say hello to … for me.** · °Greetings · **wave** · **weather** · **cloudy** +**cloud** · **caravan** · **fun park** · **windy** +**wind** · **project** · **I can't wait to see** … · **rainforest** +**forest** +**rain** +(to) **rain** · **plant** · °sculptures · °body surfing · **message**

EINSTIEG
SB geschlossen. L knüpft an die gerade zurückliegenden Ferien an. L: Where can you spend your holidays? (S: at the sea / on the beach / in a big city / at a friend's house / at my grandparents' house / …). L semantisiert in diesem Zusammenhang neue Wörter wie <u>mountain</u>, <u>wave</u>, <u>camping</u>, <u>caravan</u>.
SB geöffnet. L: Let's look at the pictures. Which place do you like most? Can you tell why? (S: I like the beach because I love to read a book in the sun. / …)

ÜBERLEITUNG
L: Let's see what Sam, Justin, Abby, Maya and Silky did in their holidays.

ERARBEITUNG
a) SB geöffnet. 1. Lesen (Globalverstehen). Gemäß SB.
b) SB geöffnet. 2. Lesen (Detailverstehen). Danach vervollständigen sie in EA die Tabelle.

LÖSUNG

NAME	MESSAGE	WHERE	WHAT
Abby	B	Turkey	beach, mountains, warm and sunny, met German girl called Antonia, went sailing
Justin	A	Plymouth, Massachusetts	camping trip, visited Plymouth Rock, the place where the British arrived in 1620
Maya	E	Dartmoor	visited Lucy's grandparents, weather was cold and windy, made scones, visited the Eden Project
Sam	C	by the sea	went body surfing, big waves, weather was warm and sunny, saw sand sculptures
Silky	D	Seal World Fun Park	

ERARBEITUNG

c) Die S überprüfen ihre Ergebnisse in PA. Rückfragen werden im Plenum geklärt.

ÜBERLEITUNG

L: Now let's find out where we all were on holiday during the summer.

Hinweis: Am Ende von *English G Access* Band 1 wurde den S die Aufgabe erteilt, ein Bild oder eine Postkarte aus ihrem Sommerurlaub zur ersten Stunde nach den Ferien mitzubringen. Diese Materialien kommen nun zum Einsatz. Die folgende Aufgabe kann aber auch unabhängig davon bearbeitet werden.

➔ Realia (Bilder oder Postkasten der Saus ihren Sommerferien)

2 Your summer holidays

ERARBEITUNG

a) Hinweis: Es empfiehlt sich, vor Bearbeitung der Aufgabe noch einmal kurz kontrastiv zu wiederholen, worum es sich bei *list, mind map* und *table* (►*Access 1*) handelt.

Die S sammeln zunächst Worte und Phrasen bezüglich ihrer Sommerferien. Diese sollen eine Unterstützung für die kommunikative Aufgabe in **b)** sein. Es kann hilfreich sein, zunächst Kategorien mit den S festzulegen, z.B. *who, where, what, weather,* sodass besonders auch leistungsschwächere S bereits eine Struktur für den Kurzvortrag haben.

Weitere Differenzierung

In leistungsschwächeren Lerngruppen sollte L im Plenum ein Beispiel mit den S erarbeiten. Mit Hilfe der Nachrichten der Lehrwerkskinder erstellen die S an der Tafel eine Liste, Mindmap oder Tabelle und üben einen kurzen Vortrag ein. Dann widmen sie sich den eigenen Ferien und notieren Stichpunkte für diese.

➔ Wordbank 1 (p. 140)

MUSTERLÖSUNG

Who?	Where? (We went to ... / We stayed in/at/on ...)	What? (We went ...)	Weather? (The weather was ...)
me	Germany	activities:	warm
parents	Turkey	(wind)surfing	sunny
grandparents	village	swimming	cold
family	city	sailing	rainy
sister	farm	...	...
brother	home		
cousin	...	places:	
friend		(to a) museum	
...		(to a) castle	
		(to the) cinema	
		(to the) beach	
		(on a) mountain	
		(to a) lake	

Zur organisatorischen Unterstützung des ►*Appointment*-Verfahrens bietet sich die Verwendung der **KV 1: Appointment partners** an.

Weitere Differenzierung
Die S nutzen ihre mitgebrachten Fotos und Postkarten zur zusätzlichen Visualisierung.

ERARBEITUNG
b) Die S vereinbaren nun zwei ►*Appointments* und präsentieren ihren Partnern jeweils mit Hilfe ihrer Notizen aus **a)** ihren Kurzvortrag. Anschließend stellen die S im Plenum kurz vor, was sie bzw. ihre Mit-S in den Ferien gemacht haben. Hierbei ist es ratsam, sich aus Zeitgründen auf einen Aspekt zu konzentrieren, z.B. *What did we do?* (S1: Simon went swimming. / S2: Isabel went to museums a lot. / S3: Lukas visited his grandparents in ...)

➜ Workbook 1 (p. 2)

SICHERUNG
Als HA schreiben die S eine eigene *Holiday message* auf ihre Postkarte oder auf die Rückseite ihres Fotos. Sie nutzen hierbei die Nachrichten auf der Doppelseite als Vorlage. Zu Beginn der nächsten Stunde hängen die S die Nachrichten im Klassenraum aus.

Your task

L kann zum Abschluß der Einführungsseiten zur Unit 1 im Sinne der Lernzieltransparenz auf die Lernaufgabe am Ende der Unit hinweisen (SB-Seiten 26–27).
In dieser Unit erstellen die S ein Poster über einen guten Urlaubsort in Deutschland. In der gesamten Unit finden sich hierzu vorbereitende Aufgaben, die die S mit den nötigen Kompetenzen ausstatten, z. B. SB-Seite 11, 1 *WORDS The Weather* oder SB-Seite 13, 7 *Study skills: Making notes with a crib sheet*. Auch liefern die Beschreibungen der Urlaubsorte der Lehrwerkskinder Muster bzw. Ideen für Vor- und Nachteile eines guten Urlaubsortes in Deutschland.

➜ Your task, SB-Seiten 26–27

KOMMUNIKATIVE KOMPETENZEN
Die S können …

Hören: einen kurzes Lied mit Hilfe des Textes verstehen (SB-Seite 10, 3)
Lesen: einen kurzen Text zum Thema Sommerferien verstehen (SB-Seite 10, 1)
Sprechen: sich mit einem Partner darüber unterhalten, wo sie gerne ihren Urlaub verbringen, und dies begründen (SB-Seite 10, 2)
Schreiben: EXTRA eine Strophe für einen Song verfassen (SB-Seite 10, 3)

S. 10

TIPPS FÜR IHRE PLANUNG
Part A dient der vorbewussten Einführung der *Wh-questions* des *Simple past*. Des Weiteren findet in *Part A* eine erste Auseinandersetzung mit Telefongesprächen und eine Erschließung des Wortfeldes *weather* statt.
In **1** lernen die S ein Telefongespräch zu verstehen und ihm Informationen zu entnehmen. **2** dient der Auswertung des Textes. In **2 b)** diskutieren die S, welcher Urlaub (Camping in den USA oder Strandurlaub in England) ihnen besser gefällt. Hier bietet sich die Methode des ►Kugellagers an; eine Differenzierung für leistungsschwächere S bietet ein entsprechendes *More help*. Als HA bietet sich hier eine schriftliche Ausformulierung an.
3 schafft einen landeskundlichen Bezug zu Weston-super-Mare, Sams Urlaubsort. Die S hören einen Song und können anschließend eine eigene Strophe hinzufügen und weitere Bilder des Ortes im Internet betrachten. Die Aufgabe kann alternativ neigungsdifferenziert und arbeitsteilig absolviert werden, sodass die S sich abschließend gegenseitig berichten.

1 Phone calls

NEUER WORTSCHATZ
phone call · +**call** · (to) **phone sb.** · (to) **answer the phone** · (to) **be in** +(to) **be out** · (to) **leave a message** +*simple past:* **left** · **holiday** · **What was it like?** · **at first** · **race** · **two days ago** · **country** · **building** · °loghook · **tomorrow** · (to) **bring** +*simple past:* **brought** · **Box "German 'bringen'"**, *Voc.*, SB-Seite 180 · **if**

EINSTIEG
SB geschlossen. L semantisiert mit Gesten die Wörter phone und answer the phone.
SB geöffnet. L: Sam phones Justin in the last week of the school holidays. They talk about their holidays. What do you think are their topics? Write down three topics. (S: the weather, new friends, sightseeing, America, Justin's dad, …).

ERARBEITUNG
SB geschlossen. 1. Hören (Globalverstehen). L: Swap your ideas with a partner. Then listen to Sam and Justin and find out how many of your partner's ideas are right.
SB geöffnet. 1. Lesen. Anschließend klären die S unbekannte Wörter. Dies kann sowohl mit dem Vokabelverzeichnis als auch durch Semantisierung durch L erfolgen.

➜ 1 02

➜ Your task, SB-Seiten 26–27

2 The boys' holidays

ERARBEITUNG
a) SB geöffnet. (Detailverstehen) Die S vervollständigen die Satzanfänge. Ob sie die Satzanfänge direkt während des Hörens vervollständigen oder erst danach, sollte ihnen selbst überlassen werden. Anschließend lesen die S paarweise die beiden Telefongespräche in verteilten Rollen. Dies schafft die Grundlage für die produktiven Aufgaben im *Practice*-Teil, in denen die S eigene Telefongespräche ausarbeiten.

Weitere Differenzierung
In leistungsschwächeren Klassen hören die S vor dem paarweisen Lesen den Text noch einmal.
L macht auf schwierige Worte und deren Aussprache aufmerksam.

LÖSUNG
1 Sam told Justin about his holiday in Weston-super-Mare.
2 When it was hot, he went swimming a lot.
3 When it was cold, he went to the pier.
4 Justin's holiday was in America.
5 He visited his dad.
6 They went camping.
7 Justin saw a bear.
8 He made a logbook about his holidays.

ÜBERLEITUNG
L: We heard a lot about Sam's and Justin's holidays. Now let's find out which holiday you think is better: camping in the USA or holidays at the British sea.

ERARBEITUNG
b) Die S diskutieren, welchen der beiden Urlaube sie persönlich präferieren: Sams Strandurlaub oder Justins Campingtrip und begründen ihre Präferenz. Zur Erhöhung der individuellen Sprechzeit kann die Diskussion auch nach der ►*Appointment*-Methode erfolgen. Abschließend wird durch eine Punktabgabe ein Stimmungsbild erstellt.

KV 1: Appointment partners.

Alternative
Die eine Hälfte der S erarbeitet Argumente für den Camping Urlaub, die andere für den Strandurlaub. Anschließend bilden sie ein ►*Kugellager*, wobei die Vertreter des Strandurlaubs im inneren Kreis sitzen. Die S präsentieren ihrem Gegenüber jeweils ihre Argumente, dann rotiert der innere Kreis um zwei Plätze nach rechts. Abschließend erfolgt eine Runde mit ihrer eigenen Meinung.

DIFFERENZIERUNG More help
Leistungsschwächere S finden auf SB-Seite 122 sprachliche Hilfen zur Bewältigung der Aufgabe.

➔ FöFo 1.1

MUSTERLÖSUNG
I think a seaside holiday is better because …
… I love to swim in the sea and relax in the sun. • … I love to read books on the beach. • … my brother and I always build sand castles on the beach.
I think a camping holiday is fantastic because …
… there are wild animals too. • … a summer holiday without TV and the computer is a great idea. • … I love nature.

➔ LAS 1.1, 1.2
➔ Your task, SB-Seiten 26–27

3 Song for Weston-super-Mare

NEUER WORTSCHATZ
°miles • °far and wide

EINSTIEG
SB geschlossen. Zunächst aktivieren die S ihr Vorwissen über Weston-super-Mare. L: What do we know about Weston-super-Mare? (S: The weather is good there but it can be cold and cloudy too. The pier is fantastic. You can have go-kart races there. It's by the sea and there are good waves.)

ERARBEITUNG
SB geöffnet. 1. Hören / Lesen. Die S hören den Song und lesen den Text mit. **2. Hören / Lesen.** Nun singen alle S den Song mit.

➜ 1 03+04

ERARBEITUNG EXTRA
SB geöffnet. Einführend besprechen die S im Plenum die Struktur der ersten Strophe.
L: Have a look at the lyrics of the song. What can you tell about the structure? S: The first two lines rhyme and the third doesn't.
Die S verfassen dann eine eigene Strophe und notieren diese jeweils auf Folienschnipseln. L veröffentlicht diese anschließend über den OHP, sodass am Ende alle S alle Strophen singen können. Hierzu lässt sich der Karaoke Track des Songs hervorragend nutzen.

➜ 1 04

➜ Leere Folie (zerschnitten) und Folienstifte

Weitere Differenzierung
In leistungsschwächeren Lerngruppen können zunächst sich reimende Worte an der Tafel gesammelt werden. (z. B. *sea-tea, fun-sun, hot-a lot,* ...). L kann auch eins der beiden Worte angeben und die S ergänzen ein sich reimendes.

www

Follow the link bietet visuelle Eindrücke britischer Küstenstädte mit kurzen Bildunterschriften. Außerdem gibt es den musikalischen Klassiker *Oh, I do like to be beside the seaside* (1907) als mp3-Download mit Gesangsspur und als Karaoke-Version sowie den Songtext und weitere Informationen.

Weitere Differenzierung
EXTRA www können arbeitsteilig bearbeitet werden. Die S entscheiden selbst, ob sie lieber eine weitere Strophe schreiben oder aber mehr über britische Küstenstädte herausfinden möchten. So kann zeitökonomischer und neigungsdifferenziert gearbeitet werden.

S. 11

TIPPS FÜR IHRE PLANUNG
Die einleitende Wortschatzübung **1** kann entweder im direkten Anschluss an **3** bearbeitet werden oder **a)** und **b)** werden anschließend als HA bearbeitet. Die Festigung kann dann mit Hilfe der **KV 2A/B: How was the weather?** erfolgen. Der Schwerpunkt des *Practice*-Teils liegt auf der Wiederholung von Aussagen und Fragestellung im *Simple past* und als Weiterentwicklung die Einführung und Übung der *Wh*-Fragen des *Simple past*. Daher sollten **2** bis **4** an einem Stück bearbeitet werden.
In **5** und **6** lernen die S wichtige Phrasen im Hinblick auf Telefongespräche kennen; inhaltlich erfahren sie mehr über Lucys und Mayas Sommerferien. **5** und **6** können als eine kleine *Listening*-Sequenz kompakt erarbeitet werden. Falls diese Sequenz nicht durch **c)** unterbrochen werden soll, kann der Dialog auch nach **6** erarbeitet werden.

1 WORDS The weather

EINSTIEG
L: Let's talk about the weather. We learned so many new words, let's try to use them.

ERARBEITUNG
SB geöffnet. Die S ordnen in EA die Begriffe in der Box den Bildern 1–7 zu. Im ►*Partnercheck*-Verfahren vergleichen sie ihre Ergebnisse.

KV 2 A/B: How was the weather?
Die KV festigt den *Weather*-Wortschatz und leitet zu **2** über.

LÖSUNG
a) 1 rainy, 2 warm, 3 cloudy, 4 hot, 5 windy, 6 sunny, 7 cold

ERARBEITUNG
b) SB geschlossen. Im Rahmen einer ►Kettenübung tauschen die S sich nun über Dinge aus, die sie bei regnerischem, sonnigen etc. Wetter machen können. L probt die Vorgehensweise ein bis zwei Runden mit den S.

➜ Workbook 2 (p. 3)
➜ Folie 1
➜ Your task, SB-Seiten 26–27

MUSTERLÖSUNG
S1: What can you do when it's rainy?
S2: When it's rainy, I can play computer games / I can go to the cinema / I can visit my grandparents. What can you do when it's sunny?
S3: When it's sunny, I can go swimming / I can play football in the park / I can read a book on the beach. What can you do when it's hot?
S4: When it's hot, I can go to the beach. What can you do when it's … .
S5: When it's … .

Alternative
Um die Sprechfrequenz der einzelnen S zu erhöhen, wird die ►Kettenübung in Gruppen à vier S durchgeführt, nachdem sie im Plenum ein bis zwei Runden geprobt wurde.

ERARBEITUNG EXTRA
SB geöffnet. Gemäß SB.

MUSTERLÖSUNG

☺ I like	☹ I don't like
sunny	rainy
warm	cloudy
windy	cold
	hot

I like rainy weather because I can stay at home and play computer games.
I don't like rainy weather because I always get wet and can't play outside.

➜ Your task, SB-Seiten 26–27

2 REVISION Justin went camping (Simple past)

NEUER WORTSCHATZ
revision

EINSTIEG
SB geöffnet. Die S betrachten das Bild von Morph. L: Look at Morph. What did he do in his holidays? (S: He played with a ball / He played football with a cat.) L: What didn't he do? (S: He didn't read a book. / He didn't swim in the sea. / …) What about the others? Have a look at the pictures and write down what they did and what they didn't do.

ERARBEITUNG
SB geöffnet. Gemäß SB. Auswertung im Plenum.

➜ GF 1 a/b: The simple past (p. 157)

MUSTERLÖSUNG
Justin went camping. He didn't make scones.
Abby went sailing. She didn't go to Turkey.
Sam took photos. He didn't write a letter.
Mary and Lucy made scones. They didn't make a sand sculpture.
Abby wrote a letter. She didn't visit her grandparents.

3 EXTRA REVISION Did you go swimming? (Simple past)

NEUER WORTSCHATZ
°postcards

ERARBEITUNG
a) SB geöffnet. Die S verfassen eine Frageliste mit fünf *Yes-/No*-Fragen. Anschließend stellen sie diese im ►Kugellager ihrem jeweiligen Gegenüber. Nachdem alle S ihre Fragen gestellt haben, wechseln die S im inneren Kreis um einen Platz nach rechts. Dieser Vorgang kann beliebig oft wiederholt werden. Den S sollte bereits zu Beginn des Kugellagers mitgeteilt werden, dass sie sich so viele Antworten wie möglich merken sollen.

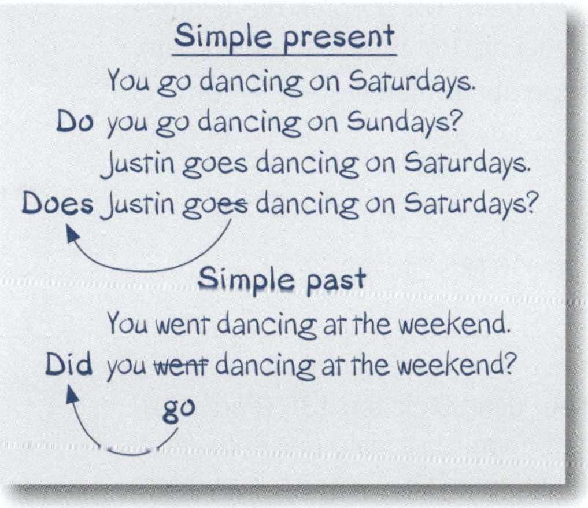

b) Als Sicherung präsentieren die S jeweils eine Erkenntnis aus dem Kugellager im Rahmen einer ►Kettenübung.

Weitere Differenzierung 1
In leistungsschwächeren Lerngruppen wiederholen die S im Einstieg im Plenum die Fragebildung im *Simple past*, alternativ auch vorher die Fragebildung im *Simple present*.

Weitere Differenzierung 2
In der Erarbeitungsphase überprüfen die S im ►*Partnercheck*-Verfahren zunächst gegenseitig die Fragen, bevor sie ins ►Kugellager gehen.

MUSTERLÖSUNG
Lucas: Meike played at the beach but she didn't write a postcard.
Meike: Bastian visited his sister but he didn't build a sand sculpture.

➜ Workbook 3–8 (pp. 3–5)

➜ GF 1 c: The simple past, Yes/No questions (p. 158)

S. 12

4 Uncle Amar's questions (Simple past: wh-questions)

ERARBEITUNG
SB geöffnet. Gemäß SB.

LÖSUNG
1 What did you do in the holidays?
2 When did you go there?
3 How did you get there?
4 What did you do there?
5 Why did you visit them?
6 What did you see on the farm?

➜ GF 1 d: The simple past: questions with question words (p. 158)

➜ Workbook 9–10 (pp. 5–6)

Vertiefung
Die S bilden selbstständig vier weitere Fragen und überprüfen diese im ►*Partnercheck*-Verfahren. Anschließend ►*Milling around activity*.

5 On the phone

NEUER WORTSCHATZ
Hold on a minute. +Hold on.

ERARBEITUNG
a) SB geöffnet. 1. Hören (Globalverstehen). Die S hören die Dialoge und benennen nach jedem den Anrufer und den Antwortenden.

➔ 1 05–08 Transkript online

LÖSUNG

Who phoned?	Who answered?
Lucy	Mrs Bennett
Lucy	Mrs Bennett
Sam	Lucy / Lucy's voicemail
Lucy	Sam

ERARBEITUNG
b) SB geöffnet. Die S ordnen zunächst in EA die englischen Phrasen den deutschen Entsprechungen zu. Dazu schreiben sie die Nummer des englischen Satzes und den entsprechenden Buchstaben des deutschen Satzes in ihr Heft. Anschließend vergleichen sie ihre Ergebnisse im Plenum. Danach erfolgt ein **2. Hören** (Detailverstehen). Die S hören die Telefongespräche alle am Stück und ordnen dabei die Phrasen 3–8 jeweils Sam, Lucy oder Mrs Bennett zu. Ihre Ergebnisse überprüfen die S im ►*Partner-check*-Verfahren.

LÖSUNG
1g / 2f / 3a / 4c / 5d / 6h / 7b / 8e
3 Lucy / 4 Mrs Bennett / 5 Mrs Bennett / 6 Mrs Bennett / 7 Lucy / 8 Lucy

➔ FöFo 1.2

ERARBEITUNG
c) Die S lesen ihre Informationen auf den SB-Seiten 136 (Partner A) und 138 (Partner B). Sie achten darauf, möglichst viele der Redemittel (*Telephone phrases*) zu benutzen und ein höfliches Gespräch zu führen. Partner A beginnt die Konversation analog der Aufgabenstellung.

MUSTERLÖSUNG
Partner A: Hello.
Partner B: Hi. It's Maria here. Can I speak to Tom?
Partner A: I'm sorry. Tom is out. He's visiting his grandparents. Do you want to leave a message?
Partner B: Yes, please. Can you ask him to call me back? I'm home until 5 o'clock.
Partner A: No problem. Thanks for calling. Bye.
Partner B: Bye.

AUSWERTUNG
Einige S-Paare führen ihren Dialog im Plenum vor. Die beobachtenden S achten auf die Einhaltung der Kriterien (möglichst viele *telephone phrases*, Höflichkeit).

➔ Workbook 11 (p. 6)

6 Lucy and Maya's summer

EINSTIEG
L: Let's hear what Sam found out about Lucy's and Maya's holidays.

ERARBEITUNG
SB geöffnet. 1. Hören (Detailverstehen). Da den S die Gesprächssituation durch **5** bereits klar ist, kann an dieser Stelle direkt mit der detaillierten Erschließung des Textes begonnen werden. Die S hören das Gespräch zwischen Sam und Lucy und entscheiden, ob die Sätze richtig oder falsch sind.

➔ 1 09 Transkript online

Weitere Differenzierung
SB geschlossen. 1. Hören (Globalverstehen). L: Find out which places Lucy and Maya visited during their holidays. (Plymouth, Dartmoor, Eden Project in Cornwall). Anschließend **2. Hören** (Detailverstehen), damit die S den Text schon besser kennen.

LÖSUNG
1a wrong / b wrong / c right / d right / e right / f wrong
2a right / b wrong / c right
3a right / b wrong / c wrong

➔ Workbook 12 (p. 6)

S. 13

7 Study skills: Making notes with a crib sheet

NEUER WORTSCHATZ
(to) **make notes** (on sth.) • **crib sheet**

ERARBEITUNG
a) SB geöffnet. Gemäß SB. Auswertung im Plenum.

LÖSUNG
No dogs, please! • upstairs • downstairs • telephone

ERARBEITUNG
b) SB geöffnet. Gemäß SB.

➔ SF 5: Making notes with a crib sheet (p. 147)

LÖSUNG
Turkey • Istanbul • sights in Istanbul (a mosque?), the sea/Patara Beach, mountains

ERARBEITUNG
c) SB geöffnet. Die S lesen den Text über Abbys Ferien auf SB-Seite 139 und besprechen in GA, ob die *Crib sheets* mit dem Wissen, das man jetzt auf der Basis des Textes hat, leicht oder schwer zu verstehen waren.

d) My Book **SB geöffnet.** Die S erstellen ein eigenes *Crib sheet* über einen Tag in ihren Ferien.

e) Die S berichten mit Hilfe ihres *Crib sheet* im ►Kugellager über ihren Ferientag.

➔ Wordbank 1 (p. 140)
➔ My Book
➔ Workbook 13 (p. 7)
➔ FöFo 1.3
➔ LAS 1.1
➔ Your task, SB-Seiten 26–27

KOMMUNIKATIVE KOMPETENZEN
Die S können …

Lesen: einen einfachen Text verstehen und die Gemütslage der Protagonistin erfassen (SB-Seite 14, 1 und 2) · einen kurzen Text verstehen (SB-Seite 15, 3 und 4)

Sprechen: sich über vertraute Themen aus ihrem Alltag unterhalten, hier: *Talking about parents* (SB-Seite 14, 2b) und *Meeting the neighbours* (SB-Seite 15, 5)

S. 14

TIPPS FÜR IHRE PLANUNG
In diesem *Part* bekommt Lucy einen neuen Nachbarn, Leo Cooper, den die S aus dem Workbook zu *Access* Band 1 kennen (Workbook Band 1, S. 47). Die Bearbeitung der texterschließenden Aufgaben erfolgt meist kommunikativ und in PA, sodass sich die ►*Appointment partners* hier erneut anbieten. Als HA können die S **2b)** verschriftlichen.

KV 1: Appointment partners.

INFO-BOX
Inklusion kann als die generelle Anerkennung von Individualität in der Gemeinsamkeit und im Gegensatz zur Integration – als Zusammenführung von Personen und Gruppen – definiert werden. Seit der Verabschiedung des Übereinkommens über die Rechte von Menschen mit Behinderungen durch die UN 2006 haben 155 Länder den Vertrag ratifiziert. In Deutschland ist die Vereinbarung seit 2009 in Kraft und stellt somit eine aktuelle bildungspolitische Anforderung dar, denn Deutschland hat sich mit der Ratifizierung auch dazu verpflichtet, Kinder mit Behinderungen in Regelschulen zu unterrichten.
In Großbritannien hat bereits in den 1980er/1990er Jahren eine Reform des Schulwesens stattgefunden. Jede Schule hat ein SEN (Special Educational Needs) Department. Auch an der **Plymstock School** gibt es eine **SEN policy**. *Plymstock School* evaluiert jährlich die Einhaltung ihrer Kriterien und überarbeitet diese regelmäßig. Die Anmeldung einer Schülerin oder eines Schülers als *Student with special educational needs* ist an einer inklusiven Schule wie der Plymstock School nicht obligatorisch. Schülerinnen und Schüler, die jedoch mit einem SEN Status registriert sind, haben auch Anspruch auf Unterstützungsmaßnahmen und -strategien, die in einem *Individual Education Plan* vereinbart werden, der auch die Lernziele der betreffenden Schülerinnen und Schüler beinhaltet. Dieses Dokument wird ebenfalls jährlich einem Review-Verfahren mit Eltern, Schülerinnen und Schülern und Lehrerinnen und Lehrern bzw. Betreuern unterzogen.
Die Schule kann externe Unterstützungsmaßnahmen beantragen durch Berater, Therapeuten Sozialarbeiter und Berater für den Übergang nach dem neunten Schuljahr. Eine solche Unterstützungsmaßnahme stellt auch die Begleitung durch spezialisierte *Learning support assistants* dar.
In Deutschland besuchten 2013 etwa 85% aller Schülerinnen und Schüler mit besonderem Förderbedarf eine Förderschule – in Großbritannien hingegen 7%, weil die meisten Schülerinnen und Schüler Regelschulen besuchten. Auch die Lehrwerksfigur **Leo**, der tatsächlich Schüler der *Plymstock School* ist, ist somit Teil der gesellschaftlichen Realität in Großbritannien. Leo wird von einen *Learning support assistant* unterstützt, der ihm, und damit auch den Lehrkräften, den Schulalltag erleichtert. (Weitere Informationen: http://www.plymstockschool.org.uk/wp-content/uploads/2011/07/SENpolicy.pdf

1 A new neighbour

NEUER WORTSCHATZ
neighbour · **tea** · **Love, …** · **Who did you tell?** **+Who does Sam know?** · **for example** · **surprise** · **still** · **this afternoon/evening/…** · (to) **move** (to) · **son** **+daughter** · **already** · **sure** · (to) **invite sb.** (to) · **ever**

EINSTIEG
L: People who live next to you are your neighbours. What are your neighbours like? Are they friendly, funny, loud …?

ÜBERLEITUNG
Lucy has a new neighbour and she's not happy about it. Let's find out what the problem is.

ERARBEITUNG
SB geöffnet. 1. Lesen (Globalverstehen). L: Read the text and say what Lucy's problem is. (S: She has to be home this afternoon because her new neighbours will come for tea and her mother didn't tell her. She wants to meet Sam but her mum tells her she can't.)
2. Lesen (Detailverstehen). Die S lesen den Text nun laut in verteilten Rollen und beantworten zur Sinnerschließung folgende Frage:

What do we learn about Leo Cooper?
- Lucy's new neighbour
- lives at number 37
- is Lucy's age
- goes to Plymstock too

➜ 1 10

2 That's not fair!

ERARBEITUNG
a) SB geöffnet. L: In the picture we can see that something is wrong with Lucy. Let's have a look at the three faces. How does Lucy feel after the phone call?

LÖSUNG
She feels angry. She wants to meet Sam but her mum says she has to meet the new neighbours.

ERARBEITUNG EXTRA
SB geöffnet. Paarweise lesen die S einen der angegebenen Abschnitte. Hierbei konzentrieren sie sich darauf, die Gefühlslage der betroffenen Personen wiederzugeben.

AUSWERTUNG
Abschließend präsentieren einige Paare ihre Dialoge und die übrigen S überprüfen die Ausführungen zur Gefühlslage.

Weitere Differenzierung
In leistungsschwächeren Lerngruppen legen die S erst im Plenum fest, in welchem Gefühlszustand die Personen in den beiden Textabschnitten sind.

ERARBEITUNG
b) SB geöffnet. Die S tauschen sich in Gruppen à 4 S in wechselnden Partnerkombinationen darüber aus, inwiefern ihre Eltern ihre Freizeitpläne bestimmen. Nachdem sie mit jedem Gruppenmitglied gesprochen haben, notieren sie jeweils einen Satz zu jedem Mitglied und tragen diesen anschließend im Plenum vor.

Hinweis
Mit Hilfe dieser Aufgabe können die Häufigkeitsadverbien und deren Position im Aussagesatz wiederholt werden.

➜ FöFo 1.4

DIFFERENZIERUNG More help
Leistungsschwächere S finden auf SB-Seite 122 sprachliche Hilfen zur Bewältigung der Aufgabe.

Weitere Differenzierung
Leistungsstärkere S verfassen in PA einen Dialog darüber, was sie in ihrer Freizeit tun dürfen bzw. nicht dürfen. Präsentation im Plenum.

MUSTERLÖSUNG
I often want to play a computer game. But my mum sometimes says I have to do my homework. • My mum sometimes asks me to visit my grandma.

S. 15

3 At Lucy's house

NEUER WORTSCHATZ

Lucky you. +(to) **be lucky** · (to) **look after sb.** · (to) **be allowed to do sth.** · (to) **hit** +*simple past:* hit · (to) **roll** · **out** · **prize** · **Here you are.** · **…, right?**

EINSTIEG

SB geöffnet. Die S betrachten das Bild und fassen noch einmal ihr Wissen über Leo zusammen.

ERARBEITUNG 1

SB geschlossen. 1. Hören (Globalverstehen). L: Lucy was really angry. Let's listen to how the story goes on. What do Lucy and Sam do that afternoon?

→ 1 11

LÖSUNG

They talk about their mums and they meet Leo.

ERARBEITUNG 2

SB geöffnet 1. Lesen (Detailverstehen). Der zweite Zugang zum Text erfolgt über das Lesen. Die S lesen den Text still in EA und beantworten schriftlich die beiden Verständnisfragen, die L vorab an die Tafel oder auf Folie schreibt:

What do Lucy and Sam say about their mums?

Lucy's mum makes plans for Lucy's weekends and doesn't ask her about it.

Sam's mum goes shopping, so Sam has to look after his little sister. He isn't allowed watch TV in the afternoon.

What do we learn about Leo Cooper?

- is in year 8
- likes to play ping pong
- is friendly and smiles

Alternative

SB geschlossen. 2. Hören (Detailverstehen). L Schreibt vorab die Verständnisfragen an die Tafel/auf Folie. Die S hören den Text und beantworten die Fragen schriftlich. Auswertung in PA.

4 Tell the story

ERARBEITUNG

SB geöffnet. 2. Lesen (Detailverstehen). Gemäß SB.

Weitere Differenzierung

In leistungsstärkeren Lerngruppen kann die Aufgabe ohne erneutes Lesen bearbeitet werden.

LÖSUNG

5 · 2 · 4 · 6 · 7 · 1 · 3

5 EXTRA Neighbours

ERARBEITUNG

Die S arbeiten in Gruppen à drei bis vier S und erzählen sich analog zum Beispiel, wie oft sie ihre Nachbarn sehen und was sie mit ihnen machen.

Alternative

Die S zeichnen einen Plan ihrer Nachbarschaft oder der Wohnungen in ihrem Haus und notieren die Familiennamen. Anschließend fragen sie sich gegenseitig in PA über ihre Nachbarn.

S. 16–17

TIPPS FÜR IHRE PLANUNG
1–3 thematisieren wiederholend Aussagesätze und Fragen im *Simple present*. Die Aufgaben können als ▸Lerntempoduett erarbeitet werden. Die S lösen **1 a)** in EA und suchen sich anschließend einen Lerntempopartner, der zur gleichen Zeit fertig ist. Zusammen bearbeiten sie **1 b)** und entscheiden, ob die Sätze des Partners richtig oder falsch sind. Dann trennen sich die Partner wieder und vervollständigen die Fragen in **2** einzeln. Im ▸*Partnercheck*-Verfahren kontrollieren die S die Fragen. Lernschnellere S überbrücken die Zeit mit der Differenzierungsaufgabe, bevor alle S gemeinsam an der ▸*Milling around activity* in **3** teilnehmen.
Mit Hilfe der *Language help* lernen die S *Subject* und *Object questions* kennen. Diese üben sie anschließend in **4.** Sollte weiterer Bedarf bestehen, kann fakultativ anhand des Quiz in **5** die Fragestruktur spielerisch vertieft werden. Übungen 17–18 im Workbook können abschließend als HA dienen.

1 REVISION That's right, that's wrong (Simple present: statements)

ERARBEITUNG
a) SB geöffnet. Die S verfassen acht Sätze über die Lehrwerkspersonen. Einige davon sollen wahr, andere falsch sein. Wenn sie fertig sind, suchen sie sich einen Partner, der die Aufgabe ebenfalls gerade beendet hat.
b) SB geöffnet. Abwechselnd präsentieren sich die Partner die in **a)** notierten Sätze und entscheiden jeweils, ob diese wahr oder falsch sind. Falsche Sätze werden gemeinsam korrigiert.

➜ GF 2 a–c: The simple present (pp. 158–159)
➜ Workbook 14 (p. 7)
➜ Folie 2

2 REVISION Mr Skinner's questions (Simple present: questions)

ERARBEITUNG
SB geöffnet. Die S ergänzen die Fragen, die Mr Skinner Sam stellt, indem sie diese aus Sams Antworten ableiten. Abschließend werden die Ergebnisse im ▸*Partnercheck*-Verfahren verglichen.

LÖSUNG
1 When does school finish, Justin?
2 Do you go home then?
3 So what do you do on Thursdays?
4 Do you go to other clubs too?
5 What about your friends? Do they go to the Film Making Club with you?
6 So when do you meet your friends?

Weitere Differenzierung
Leistungsstärkere S stellen sich gegenseitig Fragen über ihren Schultag oder ihre Freizeit: When do you meet your friends? At the weekend.

➜ Workbook 15 (p. 8)
➜ GF 2 d–e: The simple present, questions (pp. 159–160)

3 REVISION Who plays basketball? (Simple present: questions)

NEUER WORTSCHATZ
(to) **mean** +**meant** · **subject** · **object**

ERARBEITUNG
SB geöffnet. In einer ▸*Milling around activity* stellen die S sich gegenseitig Fragen über die Lehrwerkskinder. L animiert die S dazu, auch eigene Fragen zu formulieren.
Hinweis: Einige Antworten können die S nur unter Zuhilfenahme ihres Wissens über die Lehrwerkskinder aus *Access* Band 1 geben. Dies betrifft die Antworten zu 4, 7, 8, 9, 10 und 11 in der Lösung.

Weitere Differenzierung
In leistungsschwächeren Lerngruppen formulieren die S zunächst in EA ihre Fragen, überlegen sich die entsprechenden Antworten dazu, vergleichen diese in PA bzw. stellen und beantworten die Fragen dann im Rahmen der ▸*Milling around activity*.

LÖSUNG

1 Who eats crabs? That's Silky.
2 Who plays basketball? That's Sam.
3 Who makes films? That's Justin.
4 Who lives in a flat? That's Maya.
5 Who goes sailing? That's Abby and Maya.
6 Who lives in the Plymstock library? That's Morph.
7 Who comes from London? That's Sam.
8 Who does kung fu? That's Sam.
9 Who lives in Wembury? That's Maya.
10 Who has a big sister? That's Lucy.
11 Who goes to a maths and ICT school? That's Maya.
12 Who skypes with his father? That's Justin.
13 Who visits her grandparents on a farm? That's Lucy.

➜ Workbook 16 (p. 8)

S. 17

ERARBEITUNG Language help

SB geschlossen. L notiert zwei Fragen aus **3** an der Tafel.
L: Let's have a look at these two questions. What part of the sentence do we ask for – the subject or the object? Can you translate the questions?

Subject and object questions

Who skypes with his father? → Justin skypes with his father.
(Wer telefoniert über Skype mit seinem Vater?)

Who visits her grandparents on a farm? → Lucy visits her grandparents.
(Wer besucht ihre Großeltern auf einer Farm?)

Justin and Lucy are the subjects of the sentences.
We don't need a form of to do.

L: Let's now look at these questions. What's different? Translate the questions again.

Who does Justin skype with? → Justin skypes with his father.
(Mit wem telefoniert Justin über Skype?)

Who does Lucy visit? → Lucy visits her grandparents.
(Wen besucht Lucy?)

His father and her grandparents are the objects of the sentences.
Here we must use a form of to do.

SB geöffnet. L: Skim **1** on p. 14 again and find subject and object questions in the simple past. Are they formed in the same way as the simple present? (S: Who did you tell? [l. 12]; Who told me about grandpa's surprise birthday party? [ll. 16–17]; Yes, questions in the simple past are formed in the same way.)
Die S sichern das Wissen ab, indem sie Morphs Sprechblase lesen und herausfinden, ob Morph von Kindern gesehen wurde. L: Who understands what Morph tells us? Can you explain it? (S: The children didn't see him. Only he saw them.)

➜ GF 3: Subject and object questions (pp. 160–161)

Weitere Differenzierung
Zur weiteren Bewusstmachung durchsuchen leistungsschwächere Lerngruppen **1** auf SB-Seite 14 nach entsprechenden Fragen.
Subject questions: Who told me about Grandpa's birthday party?
Object questions: Who did you tell? / Who does Sam know?

4 Lucy, Sam and Leo (Subject/Object questions)

ERARBEITUNG
SB geöffnet. Gemäß SB.

➜ Workbook 17–18 (p. 9)

DIFFERENZIERUNG More help
Leistungsschwächere S finden auf SB-Seite 122 bereits weiter ausformulierte englische Antwortsätze, in denen sie lediglich die korrekten Verbformen ergänzen müssen.

LÖSUNG
2 Who did Lucy phone on Saturday morning? – Sam.
3 Who moved to number 37 two weeks ago? – The Coopers.
4 Who does Sam look after in the afternoon? – His younger sister Lily.
5 Who did Sam and Lucy meet in front of Lucy's house? – Leo.
6 Who did Leo play table tennis with? – Sam and Lucy.

Weitere Differenzierung
In leistungsschwächeren Klassen entwickelt L mit den S eine Strategie zur Bewältigung der Aufgabe.
Schritt 1: Erkennen, ob nach dem Subjekt oder dem Objekt gefragt ist (wer oder wen?).
Schritt 2: Ggf. im *Language help* noch einmal nachsehen, welche Frageform (mit oder ohne *to do*) benötigt wird.
Die ersten beiden Fragen werden nach diesem Muster im Plenum besprochen, 3–6 bearbeiten die S dann schließlich paarweise.

DIFFERENZIERUNG Early finisher
Lernschnellere S bearbeiten die *Early finisher*-Aufgabe auf SB-Seite 134.

5 EXTRA A quiz

ERARBEITUNG
a) L gibt jedem S-Paar eine große Karteikarte. Die S erstellen selbstständig ein Quiz. Auf der Vorderseite notieren sie sechs Fragen zur Lehrwerksgeschichte der ersten beiden *Parts*. L stellt klar, dass die S möglichst andere Fragen als die im SB formulieren sollten, da deren Antworten bereits angegeben sind. Auf der Rückseite der Karteikarte notiert jedes S-Paar die jeweiligen Antworten.
b) Die Paare tauschen nun die Karteikarte mit einem anderen S-Paar aus und beantworten dessen Fragen schriftlich. Anschließend vergleichen sie ihre Antworten mit denen auf der Rückseite der Karteikarte. Dies kann mehrere Runden lang wiederholt werden.

→ Realia (große Karteikarten)

S. 18

TIPPS FÜR IHRE PLANUNG
In **6** und **7** beschäftigen die S sich mit Wortschatz zum Thema Kommunikation. Die Aufgaben können in einem Block als ►Lerntempoduett bearbeitet werden, wobei die Differenzierung als *Early finisher* dienen kann. **KV 3** bietet einen alternativen und spielerischen Zugang zur kommunikativen Anwendung des Wortschatzes in **6 c).**
Im Rahmen einer Sprachmittlungsaufgabe wenden die S den Wortschatz anschließend an, wobei diese Aufgabe in leistungsschwächeren Gruppen ggf. in eine HA ausgegliedert werden kann.

KV 3. Touch Turn Talk.

6 WORDS Getting in touch

NEUER WORTSCHATZ
(to) **get in touch (with** sb.**)** +(to) **stay in touch (with** sb.**)** · °social networking site · **text message** +**text** · **free**

ERARBEITUNG
a) SB geschlossen. Die S nennen unterschiedliche Kommunikationswege, die sie auch im bisherigen Verlauf der Unit kennengelernt haben.
SB geöffnet. L: If you want to contact somebody or get in touch with somebody, you can use a text message. What other things can you use? Die S vergleichen ihre Auflistung mit der Box und ordnen diese Begriffe in einem zweiten Schritt den Verben in der Tabelle zu.

LÖSUNG

make	read	Send	use	write
phone call	blog	Email	email	blog
	email	Letter	mobile	email
	letter	postcard	Skype	letter
	postcard	text (message)	social networking site	postcard
	text (message)			text (message)

ERARBEITUNG

b) SB geöffnet. Mit Hilfe der Tabelle aus **a)** verfassen die S in EA zwei Sätze über ihr Kommunikationsverhalten mit den genannten Personengruppen. Korrektur in PA, Auswertung im Plenum.

MUSTERLÖSUNG

➜ Workbook 19 (p.10)

my best friend	I send text messages to my best friend all the time. She often phones me.
my other friends	I write to my other friends on social networking sites. They often send text messages to me.
my parents/brothers/ sisters	I often phone my parents, they often send me text messages.
my aunts/uncles/ cousins/grandparents	I sometimes skype with my cousin in America. But I never send any emails to my grandparents.

ERARBEITUNG

c) Die S arbeiten in Gruppen à vier S und erzählen sich gegenseitig, welches Kommunikationsmittel sie gerne, oft, nie etc. verwenden.

Alternative

KV 3: Touch Turn Talk.
Die S arbeiten in Gruppen à drei S. Einer der drei S konzentriert sich auf die Anzahl der Sätze, der andere auf die Verben und notiert diese. Wer am Ende des Spiels die meisten Punkte hat, gewinnt.

7 School rules

NEUER WORTSCHATZ

rule · host family

ERARBEITUNG

SB geöffnet. Nachdem die S **6** bearbeitet und verglichen haben, erarbeiten sie in EA die Sprachmittlung der *School rules*. Die Auswertung erfolgt mit einem Partner, der gleich schnell gearbeitet hat (► Lerntempoduett).

➜ SF 12: Mediation (Revision) (p. 151)

➜ Workbook 20 (p.10)

DIFFERENZIERUNG More help

Leistungsschwächere S arbeiten auf SB-Seite 123. Dort finden sie Satzanfänge zu den jeweiligen Fragen bzw. Antworten, die sie vervollständigen müssen.

Weitere Differenzierung

Leistungsstärkere S beantworten die Fragen des Austauschschülers zusätzlich, indem sie sich auf die eigene Schulordnung beziehen.

MUSTERLÖSUNG

1 Yes, you can bring your mobile to school.
2 No, you aren't allowed to use it at school.
3 It's OK, but you must ask a teacher first.
4 No, you can't check text messages at break.
5 No, you can't use that.
6 No, you can't use the camera.
7 If you use your mobile at school, you must give it to your teacher.
8 You can get it back at the end of a school day.

➜ FöFo 1.5

KOMMUNIKATIVE KOMPETENZEN
Die S können …

Lesen: Lesestrategien anwenden, in diesem Fall sich unbekannte Wörter erschließen, indem sie sich den Satzzusammenhang oder die Bilder anschauen, an ähnliche Wörter im Deutschen denken oder nach bekannten Teilen in den unbekannten Wörtern suchen (SB-Seite 19, a) und b))

S. 19

Understanding new words

NEUER WORTSCHATZ
°pony · °cottage · °lovely · °view · (to) enter · °front door · °back door · °(to) unpack · °flower · °grass · °moor · °binoculars · °while · °towards · °(to) scare · °(to) knock sth. over · °mark · °carpet · °lounge · °across · °nightmare · **meaning** · **context** · **must** · **similar** **(to** sth./sb.**)**

ERARBEITUNG
a) SB geöffnet. 1. Lesen (Globalverstehen). Die S lesen den Text zunächst mit folgendem Leseauftrag: Read the text quickly and say in one or two sentences what it's about. (S: A family is at a holiday cottage in Dartmoor when a pony comes for a "visit" and everything gets dirty.) Die Auswertung erfolgt in PA.
2. Lesen. Anschließend lesen die S gemeinsam die einleitende Aufgabenstellung und notieren sich beim Lesen des Textes die Wörter, die sie nicht kennen. L sammelt diese anschließend an der Tafel.

Alternative
Die S notieren unbekannte Wörter auf großen Karteikarten. So kann die Sammlung zeiteffizienter ablaufen.

➜ Realia (Karteikarten, Magneten zum Anbringen an die Tafel)

ERARBEITUNG
b) SB geöffnet. Die S vergleichen nun ihre Liste/Karteikarten mit den farbig gedruckten Wörtern im Text. Gemeinsam gehen sie die unterschiedlichen Kategorien durch und versuchen für die farbigen Wörter entsprechende Beispiele und Erklärungen zu finden (z. B. A nightmare is a bad dream, as we can read in the sentence before. / We know „packen" in German, so unpack must be „auspacken".)

Alternative
Die S erarbeiten **b)** in PA und notieren für jedes farbige Wort entsprechende Beispiele und Erklärungen. Die Auswertung geschieht abschließend im Plenum.

HINWEIS
Die Anwendung dieser Lesestrategien sollten die S möglichst oft bei der Erschließung von unbekannten Texten üben. Sie sollten versuchen, erst einmal so viel wie möglich selbst zu erschließen. So werden sie im Laufe der Zeit bei komplexeren Texten schneller arbeiten und gelassener an unbekanntes Vokabular herangehen, ohne jedes einzelne Wort nachzuschlagen.

➜ SF 6: Understanding new words (Revision) (p. 148)

➜ True and false friends (pp. 250–251)

➜ Workbook 21 (p.11)

➜ FöFo 1.7

KOMMUNIKATIVE KOMPETENZEN
Die S können …

Lesen: einen kurzen Text verstehen (SB-Seiten 20–21, 1 und 3) • sich mit Hilfe von Lesestrategien unbekannte Wörter erschließen (SB-Seite 21, 2) • EXTRA einen Sachtext über Internate verstehen (SB-Seite 21)

Sprechen: EXTRA in der Gruppe über Internate diskutieren (SB-Seite 21)

S. 20–21

TIPPS FÜR IHRE PLANUNG
Die S wenden in *Part C* die Worterschließungstechniken des vorhergehenden *Reading course* an. Dabei lösen sie **2** selbstständig oder mit einem ►*Appointment partner* und notieren hierbei stets, welche Strategie sie verwendet haben. Das *Background file* kann als HA bearbeitet werden.

KV 1: Appointment partners.

1 Abby's news

NEUER WORTSCHATZ
(to) walk/run/sail … **on** • **just like …** • (to) **be/feel bored** • **term** • **boarding school** • **shocked** • **outdoor** • (to) **climb** • (to) **look forward to** sth. • **tear**

EINSTIEG
SB geöffnet. L: Have a look at the pictures. Who can we see? Where are they? What do they look like? (S: Abby and Maya are at the beach. Maya looks sad or unhappy.) Let's read and find out why Maya looks unhappy.

ERARBEITUNG
SB geöffnet. 1. Lesen (Globalverstehen). L: Abby has news for Maya. Read the text and find out what news it is and what Maya thinks about it. (S: Abby is going to a boarding school after the summer holidays. Maya is very sad about it.)

→ 1 12–13

2 New words

ERARBEITUNG
Die S nennen erneut die Strategien, anhand derer sich unbekannte Wörter erschließen lassen. Mit deren Hilfe erarbeiten sie sich die Bedeutungen der neuen Wörter.

→ Reading course: Understanding new words (p. 19)

LÖSUNG

bored (l. 22)	we know parts of the word (boring)
boarding school (l. 37)	we know parts of the word (school) and the context helps (a school away from home)
shocked (l. 39)	we know similar words in German (Schock)
outdoor activities (l. 41)	we know similar words in German (Aktivitäten) and the context helps (sailing, climbing)
I'm looking forward to (l. 43)	the context helps
tears (l. 58)	the context helps (feel the tears in her eyes)

3 Abby and Maya

NEUER WORTSCHATZ
unhappy

ERARBEITUNG
SB geöffnet. 2. Lesen (Detailverstehen). Gemäß SB. Auswertung in PA.

LÖSUNG
2 • 4 • 1 • 3

Vertiefung
Die S schreiben einen der folgenden Texte: A Maya comes home and her mother sees that something is wrong. Write the dialogue. • B In the evening Maya writes about the day in her diary. Write the entry. • C How does the story go on? Write ten more sentences.

4 How did they feel?

ERARBEITUNG
a) SB geöffnet. Die S ergänzen die Sätze mit je einem Adjektiv aus der Box.

LÖSUNG
Skip felt excited when he found a crab. • Maya felt bored when she was at the Eden Project. • Abby felt worried when Maya talked about the Gardening club at Plymstock School. • Maya felt shocked/sad/unhappy when she heard Abby's news.

Weitere Differenzierung
Als Vorentlastung wiederholen die S die Adjektive. Dazu formulieren sie je einen Satz, der eine Situation beschreibt, in der sie sich so fühlen/gefühlt haben.

ERARBEITUNG
b) SB geöffnet. Gemäß SB.

ERARBEITUNG EXTRA
Die Aufgabe kann als *Early finisher* dienen, in der die lernschnellen S zur weiteren Festigung Beispielssätze aus ihrer eigenen Erfahrungswelt formulieren. Abschließend lesen die S ihre Sätze im Plenum vor und lassen das Adjektiv aus, das dann von den Mit-S erraten wird. So kommen die lernschnellen S wieder mit dem Rest der Lerngruppe zusammen.

EXTRA Background file

NEUER WORTSCHATZ
°probably • °most • °during • °however • °about • °including • °private

EINSTIEG
SB geschlossen. L: Abby is going to a boarding school. What do you know about boarding schools? (S: lessons all day, live and sleep at school, see parents only at weekends or in the holidays.) L notiert an der Tafel.

ERARBEITUNG
SB geöffnet. 1. Lesen. L: Now read the text and add new facts to our list.
Anschließend wird die Lerngruppe in zwei Hälften geteilt. Eine sammelt in PA stichwortartig drei bis vier Argumente für, die andere gegen den Besuch von Internaten.
Die S diskutieren die Fragen im ▶Kugellager, wobei eine Seite für, die andere gegen einen Internatsbesuch ist. Nach drei bis vier Durchläufen wird gewechselt und die S vertreten die andere Meinung. Abschließend äußern die S im Plenum ihre persönliche Meinung.

➜ Workbook 22 (p.11)

➜ FöFo 1.7, 1.5

Access to cultures
Vertiefung
Als HA formulieren die S einen kurzen Text darüber, ob sie Internate in Deutschland kennen und gerne eines besuchen würden.

S. 22

TIPPS FÜR IHRE PLANUNG

Die Übungen **1** und **2** fokussieren das *Present progressive.* In **1** wiederholen die S die bereits bekannte Verwendung, in **2** erfahren sie, dass die Verlaufsform auch für die Zukunft verwendet werden kann (*Diary future*). **2 b)** kann als schriftliche HA erfolgen und zu Beginn der nächsten Stunde im Rahmen einer Kommunikationsübung ausgewertet werden. In PA unterhalten sich die S wie im SB über ihre Pläne für die nächste Woche.

1 REVISION This Saturday is different (Present progressive statements)

EINSTIEG

SB geöffnet. L: Describe the first picture. (S: We can see Maya. She's in bed. It's 10 o'clock.) L: Now look at the first sentence. What's wrong here? (S: It isn't early.) L: Yes, Maya usually gets up early but this Saturday she's staying in bed. L notiert den Satz an der Tafel.

Present progressive statements

Maya usually gets up early but this Saturday she's staying in bed.

habit (Gewohnheit)	**exception** (Ausnahme)
Simple present	Present progressive

ERARBEITUNG

SB geöffnet. Die S erarbeiten die übrigen Sätze in EA und werten diese anschließend im Plenum aus.

L: Now have a look at the other seven pictures and write down sentences like the one at the blackboard.

DIFFERENZIERUNG More help

Leistungsschwächere S arbeiten auf SB-Seite 123. Hier ist das Verb, das die S ins *Present progressive* setzen sollen, bereits vorgegeben.

LÖSUNG

2 Abby usually has breakfast with her family, but this Saturday she's having breakfast alone.
3 Leo sometimes goes swimming, but this Saturday he's riding a bike.
4 Justin usually skypes with his father, but this Saturday he's writing an email.
5 Sam often goes to kung fu, but this Saturday he's playing basketball.
6 Mr Bennett usually works in the garden, but this Saturday he's making a salad.
7 Lucy often phones her grandma, but this Saturday she's writing a letter.
8 Mrs Pascoe usually does yoga, but this Saturday she's playing tennis.

Vertiefung

Zur weiteren Einübung notiert jeder S auf einer Karteikarte eine Tätigkeit, die er normalerweise am heutigen Wochentag unternimmt und eine, die er stattdessen heute machen wird. Es werden nur die Infinitive verwendet (z. B.: Monday: play hockey / today: go swimming).

Anschließend betrachten die S in einer ►*Milling around activity* die Karteikarten ihrer Mit-S und formulieren die entsprechenden Sätze.

➜ GF 4 a: Simple present and present progressive (p. 161)

➜ Workbook 23 (p. 12)

➜ Folie 3

2 Abby's diary (Present progressive with future meaning)

NEUER WORTSCHATZ
future

EINSTIEG
SB geschlossen. L verweist auf das TB aus **1** und erklärt, dass das *Present progressive* auch für die Zukunft verwendet werden kann, wenn man über Verabredungen oder Pläne spricht.
L: We can also use the present progressive for future plans and appointments.
SB geöffnet. Die S lesen das Beispiel in der *Language help* laut und formulieren die Sätze für den Montag im Plenum. Diese überprüfen sie dann mit der Lösung in **a)**.

ERARBEITUNG
a) SB geöffnet. In EA formulieren die S die übrigen Sätze und korrigieren diese anschließend im ►*Partnercheck*-Verfahren.

LÖSUNG
On Tuesday Abby is having lunch with Sam and Justin. She isn't helping her dad in the garden.
On Wednesday Abby is going sailing with Maya. She isn't playing tennis with Tim.
On Thursday she's going to the cinema with Maya. She isn't going to the cinema with Tim.
On Friday Abby is having dinner with her family. She isn't meeting Maya in the evening.
At the weekend she is travelling to her new boarding school. Abby isn't going sailing with Maya.

ERARBEITUNG
b) SB geöffnet. Die S notieren ihr *Diary* für die kommende Woche und formulieren dieses anschließend dialogisch aus.

➜ GF 4 b: The present progressive with future meaning (pp. 161–162)

➜ Workbook 24 (p. 12)

S. 23

EINSTIEG
a) SB geöffnet. Gemäß SB. L sammelt die Spekulationen der S an der Tafel.

Alternative
KV 4: A day at the Eden Project.

ERARBEITUNG
b) SB geöffnet. 1. Sehen Gemäß SB.

Alternative
KV 4: A day at the Eden Project.
1. Sehen (Teil 1 des Clips bis 00:02:34) mit Sehauftrag.
Lösung: true, false, true, false.

ERARBEITUNG
c) SB geöffnet. Gemäß SB. Ggf. schauen die S zur Beantwortung der Fragen den Clip ab 00.02.35 ein zweites Mal. Die Auswertung erfolgt anschließend im Plenum.

Alternative
KV 4: A day at the Eden Project.
1. Sehen (Teil 2 des Clips von 00:02:35–00:07:03) mit Sehauftrag.

LÖSUNG
Picture A: You can see Jasper at the ticket office. A man is behind the ticket desk. It's inside and it's probably warm.
Picture B: Here you can see some high trees and bushes and everything is really green. This must be the tropical Rainforest Dome. It's inside and very hot.
Picture C: You can see a banana plant in the picture. It's also inside and in the Rainforest Dome, so it's very hot too.
Picture D: It looks like a park. It must be the Outdoor Gardens of the Eden Project. You can see all of the plants that grow in Great Britain in the Outdoor Gardens. It's outside and colder than inside.

ERARBEITUNG
d) SB geöffnet. 2. Sehen. Gemäß SB.

KV 4: A day at the Eden Project.

AUSWERTUNG
Die Auswertung findet mit zwei ►*Appointment partners* statt, sodass jeder S seinen Lieblingsteil zwei Mal präsentiert.

KV 1: Appointment partners.

INFO-BOX
Das **Eden Project** ist eine bedeutende touristische Attraktion im Süden Cornwalls. Es handelt sich um einen ca. 50 Hektar großen botanischen Garten mit zwei riesigen Gewächshäusern, die aus je vier miteinander verschnittenen geodätischen Kuppeln bestehen. In diesen Gewächshäusern werden verschiedene Vegetationszonen simuliert – eine tropisch-feuchte und eine subtropisch-trockene und mediterrane Klimazone.
Im Eden Project wachsen rund 100,000 Pflanzen aus ca. 5,000 Arten. Ein besonderer Fokus liegt auf der Darstellung und Nachzucht vom Aussterben bedrohter seltener und alter Sorten.

2 EVERYDAY ENGLISH Where's my mobile?

EINSTIEG
SB geöffnet. Die S betrachten die Fotos zu **a)** im SB und spekulieren, wo die einzelnen Gegenstände am Anfang und Ende der Szene jeweils sind.

ERARBEITUNG
a) 1. Sehen (1. Teil). Die S überprüfen ihre Vermutung und notieren, wo die Gegenstände zu Beginn und wo am Ende der ersten Szene sind.

LÖSUNG

	At the beginning	At the end
Jack's sandwich	in the bag	in the jacket
Jack's mobile phone	in his jacket	in the litter bin
Jack's chocolate	in his jacket	in the litter bin

ERARBEITUNG
b) 1. Sehen (2. Teil). Gemäß SB.

LÖSUNG
Jack feels nervous when he phones the Eden Project. At the end he is very happy because they find his mobile phone.

ERARBEITUNG
c) Die S wählen eine Situation aus und finden anschließend einen Partner, der die gleiche Situation bearbeiten möchte. Zusammen verfassen sie einen Dialog und achten dabei auf die Verwendung der *Telephone phrases* aus der Box.

Weitere Differenzierung
In leistungsschwächeren Klassen erfolgt ein **2. Sehen**. Die S achten dabei genau auf die Dialoge, insbesondere auf die Phrasen in der Box.

AUSWERTUNG
d) Einige S-Paare präsentieren ihren Dialog im Plenum. Die beobachtenden S achten auf die korrekte Anwendung der *Telephone phrases.*

MUSTERLÖSUNG
(Situation 3)

Oliver's mum: Hello.
Jack: Hello. It's Jack here.
Oliver's mum: Hello Jack. How can I help you?
Jack: Can I speak to Oliver, please?
Oliver's mum: Just a minute, please.
Oliver: Hi.
Jack: Hi Oliver, it's me. They found my mobile phone.
Oliver: Oh, you must be very happy now.
Jack: I really am. Mum isn't angry now.
Oliver: Tell me the whole story …

S. 24–25

EINSTIEG

SB geöffnet. Die S betrachten die Bilder und beschreiben diese. Anschließend entscheiden sie sich für das Bild, das ihnen am besten gefällt und begründen dies kurz. (S 1: I like the picture with the moose, because I've never seen a moose. S 2: The picture of Justin and his dad is the best because they look so happy.)

My USA logbook

NEUER WORTSCHATZ

apartment · **screen** · **fries** · (to) **wash the dishes** *(pl)* · **to** · (to) **land** +**land** · °road trip · **right now** · **Box "right"**, *Voc.*, SB-Seite 183 · (to) **order** · **pancake** · °diner · °maple syrup · **outside** · **campsite** · **next to** · **tent** · °moose · **rocky** · **shadow** · °roasted marshmallows · **fire** · °harmonica · (to) **look up** · **sky** · (to) **be asleep** · °crush · **torch** · **so that** +**so** · **wild** · **again and again** · (to) **turn** sth. **off** · (to) **give** sb. **a hug** · **this time** · **my own** film/room

ERARBEITUNG

SB geöffnet. 1. Lesen (Globalverstehen). Die S lesen den Text in EA. Als Leseauftrag notieren sie für jeden Abschnitt jeweils eine inhaltlich passende Überschrift.

➜ 1 14–25

MUSTERLÖSUNG

Friday: First day
Saturday: The American Plymouth
Sunday: Dad's cool CDs
Monday: Full of pancakes
Tuesday: Busy with the tent
Wednesday: OMG a moose
Thursday: Mountains and marshmallows
Friday: Crush-crush / Visit by a bear
Saturday: Leaving the campsite
Monday: Editing the film
Wednesday: My new "office"
Friday: Going home / Dad's present

ERARBEITUNG

SB geöffnet. 2. Lesen (Detailverstehen). Ein S liest den ersten Abschnitt laut vor. Nach jedem Abschnitt stellen vier S ihre Überschriften vor und die Klasse wählt die beste aus.

1 What did Justin do there?

ERARBEITUNG

Die S ordnen paarweise und abwechselnd die Aktivitäten den Orten zu und formulieren jeweils einen Satz.

➜ Workbook 25 (p. 13)

LÖSUNG

Justin listened to music in his dad's car.
Justin saw a moose in a lake.
He heard a black bear at the campsite.
He climbed to the top of Mount Katahdin.
Justin had breakfast at Rosie's Diner.
He watched films at his dad's apartment.

2 New words

ERARBEITUNG
Die S betrachten die Wörter in der Box und versuchen deren Bedeutung mit Hilfe der Strategien des *Reading course* herauszufinden.

LÖSUNG

land (l. 13)	we know similar words in German (landen), the context helps
postcard (l. 15)	we know similar words in German (Postkarte), we can get the meaning from the picture
road trip (l. 19)	the context helps, we know parts of the word (road), we know similar words in German (Trip)
band (l. 20)	we know similar words in German (Band), the context helps (CDs, Rolling Stones, U2, ...)
pancakes (l. 25)	the context helps, we know parts of the word (cake)
rocky (l. 42)	we know parts of the word (rock)
fire (l. 47)	we know similar words in German (Feuer)

➔ Reading course (p. 19)

Alternative
Die S legen eine Tabelle an und notieren beim **1. Lesen** direkt die Wörter, die sie sich a) mit Hilfe der Strategien erschließen können und b) ohne Hilfe nicht erfassen können. Anschließend besprechen sie die Wörter im Plenum und lesen den Text dann erneut.

3 Memories

NEUER WORTSCHATZ
memory

ERARBEITUNG You choose
Die S entscheiden sich für eine der beiden Kreativaufgaben und präsentieren ihre Ergebnisse abschließend in einem ►*Gallery walk*.

➔ My Book
➔ LM Unit 1
➔ VAS 1.1, 1.2

S. 26

TIPPS FÜR IHRE PLANUNG

In der *Your task* erstellen die S für ihre (fiktive) Partnerschule in Großbritannien Poster über Orte in Deutschland, an denen man jeweils den Frühling, Sommer, Herbst oder Winter gut verbringen kann. Mit Hilfe dieses handlungsorientierten Zugangs werden die Inhalte und *Skills* der Unit 1 wiederholt und der individuelle Lernstand der S ermittelt. Mit Hilfe der Selbstevaluation auf SB-Seite 27 reflektieren die S ihren Kompetenzstand und erhalten entsprechende Hinweise zu weiteren Übungsmöglichkeiten.
Die Lerngruppe wird in vier Gruppen à vier S eingeteilt. Jede Gruppe bearbeitet eine Jahreszeit. In größeren Lerngruppen kann jede Jahreszeit auch doppelt besetzt werden, sodass die Gruppen nicht zu groß werden.

The four seasons in Germany

ERARBEITUNG STEP 1

Die S erarbeiten in ihren Kleingruppen im ▶*Think-Pair-Share*-Verfahren einen Ort in der Nähe, der für die jeweilige Jahreszeit besonders geeignet ist.

ERARBEITUNG STEP 2

Anschließend notieren sie in EA ihre Gedanken zu diesem Urlaubsort. Dies kann mit Hilfe der in Unit 1 vorgestellten *Crib sheets* geschehen.

➔ SB-Seite 13

ERARBEITUNG STEP 3

Im dritten Schritt diskutieren die S ihre Ideen, tauschen sich aus und einigen sich auf die besten Ideen. Aus diesen formulieren sie nun kleinere Texte und Überschriften.

ERARBEITUNG STEP 4

Nun suchen oder zeichnen die S Illustrationen und verfassen Bildunterschriften.

ERARBEITUNG STEP 5

Im Rahmen eines ▶*Gallery walk* präsentieren die S ihre Poster. Alternativ kann dies auch im Rahmen einer klassischen Präsentation geschehen.

A school day

Storyline	Unit 2 thematisiert zunächst einen typischen Schultag an der Plymstock School. Sam, Leo und Lucy unterhalten sich auf dem Weg zur Schule über ihre Wochenendpläne und lernen im Erdkundeunterricht etwas über *Britain's lakes and rivers*. Lucy und Leo wollen beim *School Show Club* mitmachen, der *We will rock you* aufführt. Sie nehmen an einem Vorsingen bzw. Vortanzen teil und sind beide erfolgreich. Am Ende findet eine Disco in der Schule statt.
Kommunikativer Kompetenzschwerpunkt	**Listening:** Unit 2 bietet verstärkt Übungen zum Hörverstehen, das bereits in der Grundschule eine wichtige Rolle spielt. Im Fokus steht dabei zunächst noch immer das Globalverstehen; sehr viel häufiger wird allerdings auch das Detailverstehen in den Blick genommen, was einen noch genaueren Umgang mit dem Hörtext erfordert und präzisere Fragestellung nötig macht. Die S gehen auf verschiedene Arten mit Hörtexten um, so bewältigen sie zum einen Aufgaben während des Zuhörens, zum anderen setzen sie sich im Anschluss mit dem Gehörten auseinander. Der Fokus auf *Listening* trägt der Orientierung an Kommunikation im Alltag Rechnung, in der Zuhören und Sprechen die wichtigsten Merkmale sind. Die S können … einfachen Hörtexten zu vertrauten Themen wichtige Informationen entnehmen (*Listening for details*) • unter Berücksichtigung der Struktur- und Sprachmittel im SB Aussagen über Hörtexte machen • ihr Hörverstehen nachweisen, indem sie Fragen beantworten und begründen • einen Hörtext sowohl im Rahmen ihres Global- als auch Detailverstehens bearbeiten.
Sprechabsichten	über Pläne und Wünsche sprechen / nach Plänen fragen / Pläne machen • Vergleiche anstellen • persönliche Informationen (Interessen, Vorlieben/Abneigungen und Alltägliches) mitteilen
Schreibanlässe	Notizen zu Plänen und Absichten erstellen (SB-Seite 31, 1c) und 2a)) • seine Meinung schriftlich äußern (SB-Seite 40, 6c)) • einen Artikel für eine Schulzeitung verfassen (SB-Seite 44)
Language Skills	**Grammatische Strukturen**: *Going to-future* • *Comparison of adjectives* • *Possessive pronouns* **Wortfelder:** *Music, the stage, the theatre, film* **Reading Course:** *Reading aloud* (SB-Seite 35)
Study Skills	**A vocabulary picture poster.** Ein Poster zur Strukturierung (*Umbrella words*) und Visualisierung von Wortschatz anfertigen (SB-Seite 40, 6)
Kooperative Lernformen	*Think-Pair-Share* (SB-Seite 40) • *Appointments* (SB-Seite 31) • *Partner A und B activity* (SB-Seiten 39/137)
Hör-/Sehverstehen: The world behind the picture	**Plymkids.** Bethany berichtet über den Plymkids Drama Club in Plymouth. (SB-Seite 41, 1) **Everyday English: At the cinema.** Ruby, Jack und Oliver müssen entscheiden, welchen Kinofilm sie anschauen werden. (SB-Seite 41, 2)
Portfolioarbeit: *MyBook*	**A part of the story.** Einen Dialog zu einer Geschichte schreiben (SB-Seite 43, 4b))
Lernaufgabe: *Your task*	**Music magazine.** Einen Artikel für eine Klassenzeitung zum Thema Musik schreiben und diesen mediengerecht gestalten (SB-Seite 44–45)

KOMMUNIKATIVE KOMPETENZEN
Die S können …
Hören: einfachen Hörtexten über vertraute Themen (hier: kurze Gespräche in der/über die Schule) mit Hilfe von Bildmaterial Hauptinformationen entnehmen (SB-Seite 28, 2)
Lesen: kurze Bildunterschriften zum Thema Schule verstehen und sie den richtigen Fotos zuordnen (SB-Seite 28, 1)
Sprechen: unter Anwendung von Wörtern und Wortverbindungen aus dem Wortfeld *School* falsche Aussagen richtig stellen (SB-Seite 29, 3)
Schreiben: ihre eigene Schule mit Plymstock vergleichen (SB-Seite 29, 3)

S. 28–29

NEUER WORTSCHATZ
this year's musical · **audition** · **Box "call – caller, dance – dancer, …"** *Voc.*, SB-Seite 184 · (to) **queue** · °registration · (to) **ring** +*simple past:* **rang** · (to) **call out the names** · **article**

EINSTIEG
SB geschlossen. L schreibt die Zeit-/Ortsangaben *at breakfast*, *before the first lesson*, *in the classroom*, (ggf. *in the cafeteria*) und *after school* an die Tafel. Anschließend berichten die S im Plenum über einen normalen Tag an der Schule. L: Tell me about a normal day at school. You can use the words on the board to start your sentences. (S: At breakfast I'm very tired. / …)
L semantisiert die neuen Vokabeln und schreibt die wichtigsten an die Tafel. L: Do you know any teachers who check who is at school before they start with their lesson? If a teacher calls out the names of the students before a lesson, it is called registration. If your classroom is locked before school starts, there is a long line of students in front of the room. The students queue in front of the classroom.

ÜBERLEITUNG
L: Let's take a look at a school day at Plymstock School now.

1 From morning to evening

ERARBEITUNG
SB geöffnet. Die S ordnen die Überschriften in EA den Bildern zu. Die Auswertung erfolgt im Plenum.

LÖSUNG
1D · 2B · 3A · 4E · 5C

2 Scenes from a school day

ERARBEITUNG
SB geöffnet. 1. Hören. Die S übernehmen die Sätze A–E in Ihr Heft und lassen nach jedem Satz jeweils eine Zeile frei, um diesen, wenn nötig, verbessern zu können. Anschließend spielt L die Dialoge mit kurzen Unterbrechungen zwischen den einzelnen Dialogen vor. Die S verbessern die Sätze in EA, vergleichen diese in PA und abschließend im Plenum.

→ 1 26–30 Transkript online

LÖSUNG
A Wrong. Sam's mother opens the door when the doorbell rings.
B Wrong. The first lesson is with Miss Bell but she's late.
C Right.
D Wrong. Sam and Justin have burgers for lunch.
E Right.

3 At Plymstock

ERARBEITUNG

a) SB geöffnet. Die S lösen die Aufgabe in EA und übertragen die vollständigen Sätze ins Heft. Anschließend werden die Ergebnisse im Plenum gemeinsam verglichen.

Alternative

Die S beschreiben sich im Einstieg in PA abwechselnd die Fotos. Dabei wiederholen sie die neuen Vokabeln, wälzen sie aktiv um und festigen sie. Die PA erhöht zudem die individuelle Sprechzeit der einzelnen S.

LÖSUNG

1 Students have to wear a uniform. • 2 There are five lessons every day. • 3 A teacher calls out students' names at registration. • 4 The canteen is called the Galley. • 5 Students can join lots of clubs.

ERARBEITUNG

b) SB geöffnet. Die S erarbeiten Gemeinsamkeiten und Unterschiede zwischen ihrer eigenen und der Plymstock-Schule im ►*Think-Pair-Share*-Verfahren. Als Hilfe zur Ordnung der Ideen zeichnet L eine Tabelle an die Tafel, die die S ins Heft übernehmen. Leistungsstärkere S können die Tabelle beliebig ergänzen. Danach vergleichen die S ihre Tabellen in PA und ergänzen diese ggf..

Access to cultures

Die S schreiben ein ►*Acrostic* über ihre eigene Schule: Choose one word from the box and write an acrostic about your school. Use the other words from the box in **3** or your own ideas.

MUSTERLÖSUNG

Similarities and differences between Plymstock School and my own school

	Similar	Different	More information
Students can join many school clubs.	x		
There is a cafeteria.		x	We don't have a cafeteria at our school.
Teachers call out students' names at registration.	x		
Students wear uniforms.		x	We can wear jeans and t-shirts.
There are five lessons every day.		x	There are six lessons every day.

AUSWERTUNG

Abschließend erfolgt eine Auswertung und Diskussion im Plenum.
L: Daniel, what did you find out about Plymstock School? Is there something that we don't have at our school? S1: Yes, …

➜ Workbook 1 (p. 14)

Your task

TIPPS FÜR IHRE PLANUNG

L kann zum Abschluß der Einführungsseiten zur Unit 2 im Sinne der Lernzieltransparenz auf die Lernaufgabe am Ende der Unit hinweisen (SB-Seiten 44–45). Der Tatsache Rechnung tragend, dass in der sechsten Klasse die Textproduktion zunehmend an Bedeutung gewinnt, steht am Ende der Unit 2 mit der *Your task* eine motivierende Schreibaufgabe. Die S gestalten hier – ihrem persönlichen Interesse entsprechend – eine Seite für ein *Music magazine*, indem sie entweder über eine Musikgruppe an ihrer eigenen Schule schreiben, über eine/n Sänger/in, eine Band oder eine Musiker/in, die sie mögen, oder aber über ihr liebstes Musikinstrument. Sie werden ermutigt, eigene Texte zu schreiben und kreativ mit dem bereits gefestigten Wortschatz umzugehen. Darüber hinaus üben sie die bisher erlernten Strukturen. Über die Beschäftigung mit den Themen *Stage, musicals and auditions* wird die *Your task* besonders mit Blick auf Wortschatz vorbereitet. Auch das *Background file* auf SB-Seite 37 zum Thema *British pop music – old and new* führt zur *Your task* hin.

➜ Your task, SB-Seiten 44–45

KOMMUNIKATIVE KOMPETENZEN
Die S können …
Hören: wesentliche Merkmale einer Geschichte verstehen (Seite 30, 3a)) • einfachen Hörtexten konkrete Informationen darüber entnehmen, wie sich jemand fühlt und diese Gefühle benennen (SB-Seite 30, 2).
Lesen: einen Text mit überwiegend bekanntem Sprachmaterial zu vertrauten Themen (i. e. Schule, Aktivitäten und Pläne machen) verstehen (SB-Seite 30, 1).
Sprechen: neue grammatische Strukturen imitieren bzw. Handlungen als zukünftig darstellen (SB-Seite 30, 3) • sich über vertraute Themen aus ihrem Alltag (Schule, Freizeit) unterhalten und in diesem Zusammenhang nach Plänen fragen und über Pläne berichten (SB-Seite 30, 3 b))

S. 30

TIPPS FÜR IHRE PLANUNG
In *Part A* lernen die S das *Going to-future* kennen. Zuerst imitieren sie die Struktur unbewusst. Im *Practice*-Teil folgt anschließend die Bewusstmachung. Es ist hierbei von besonderer Wichtigkeit, den S den strukturellen Unterschied (Bildung) zwischen *Present progressive* und *Going to-future* zu verdeutlichen. Der Verwendung des Futurs liegt hierbei folgende, einfache Regel zu Grunde: für Absichten und Pläne wird das *Going to-future* verwendet, für feste Verabredungen das *Present progressive*.

EINSTIEG
SB geschlossen. L spielt das Lied *We are the champions* von Queen an und fragt die S, wer das Lied kennt. In diesem Kontext greift L erneut die Wörter auditions und musical auf.
L: Do you know this song or the band? It is very popular in sports and there is also a musical with the songs of this band. The song is called "We are the champions" and the musical is called "We will rock you".

➜ Realia
(Song *We are the champions* von Queen als Audio)

ÜBERLEITUNG
L: The students from Plymstock School know the song too. Let's see if they like it or not.

1 On the way to school

NEUER WORTSCHATZ
earphones *(pl.)* • **I'm going to** sing a song. • **by …** • **nervous** • **a bit** • You **should …** • **side** • **a few**

Hinweis
Leo trägt erkennbar ein Hörgerät (*hearing aid*). Die Vokabel wird im Text nicht gebraucht; L kann diese bei S-Fragen einführen.

ERARBEITUNG
SB geöffnet. L semantisiert die neuen Vokabeln. Dann erfolgt das **1. Lesen** (Globalverstehen). Die S lesen den Text leise in EA mit dem Auftrag: What are Sam, Lucy and Leo talking about on their way to school? Make notes.
In dieser Phase machen sich die S sich mit dem Text vertraut und klären unbekannte Wörter. So gewinnen sie Sicherheit und können nach der Auswertung des Leseauftrages im Plenum im Rahmen des **2. Lesens** den Dialog laut und mit verteilten Rollen im Plenum lesen. Dies dient der vorbewussten Vorbereitung auf den *Reading course: Reading aloud* in *Part B*.

Alternative
Zur Erhöhung der individuellen Sprechzeit der S findet die Auswertung des Leseauftrags zum Globalverstehen in PA statt.

➜ Reading course: Reading aloud, SB -Seite 35

➜ SF 6: Reading aloud (p. 149)

LÖSUNG
They're talking about a song/music/school clubs. • Lucy wants to sing a song at the auditions for a new musical at the School Show Club. • Leo meets John on his way to school. He wants to visit him in the afternoon.

ÜBERLEITUNG
Let's find out about the students' feelings in the text.

2 Feelings

ERARBEITUNG

SB geöffnet. Die S übernehmen zunächst die Redemittel von der Tafel in ihr Heft. Danach erfolgt das **1. Hören/Lesen.** Die S hören den Dialog und folgen gleichzeitig lesend. Anschließend bearbeiten sie die Aufgabe in PA.

Feelings

I think Lucy is angry in lines ... because ...
And Sam is surprised when ...
I think Leo is happy because ...
Perhaps Lucy is excited when ...

➜ 1 CD 31

DIFFERENZIERUNG More help

Leistungsschwächere S arbeiten auf SB-Seite 124. Dort finden sie bereits ausgewählte Zeilen aus dem Text. Jedem Satz sind jeweils zwei Gefühle (Adjektive) als Vorschlag zugeordnet und die S wählen aus, welches nach dem Hören jeweils zutreffend ist.

SICHERUNG

Im Anschluss an die PA vergleichen die S in Gruppen à vier S ihre Ergebnisse. Diese werden im Plenum präsentiert.

➜ FöFo 2.1

LÖSUNG

l. 3, Lucy: And you still have your earphones in! (angry)
ll. 8–9, Lucy: Don't pull out my earphones! I'm still listening. (excited)
ll. 13–14, Lucy: Yes, and guess what! I'm going to sing a Queen song at the auditions today. (excited)
l. 15, Sam: What auditions? (surprised)
l. 41, Leo: Hi John! What are you doing here? (surprised)
l. 44, Leo: ... Lucy – I love her. (happy)

3 Have a go

ERARBEITUNG

a) SB geöffnet. Die S formulieren mit Hilfe der Strukturvorlage in EA Sätze im *Going to-future*, ohne dass die neue Struktur zuvor explizit thematisiert wird. Jeder S formuliert mindestens vier Sätze und schreibt diese ins Heft.

LÖSUNG

Sam is going to stay with basketball. • Leo is going to dance. • John is going to visit Leo's new house.

SICHERUNG

Die S vergleichen ihre Ergebnisse in PA.

ERARBEITUNG

b) Die S lösen sich nun vom SB-Text, stellen sich im Rahmen einer ►*Milling around activity* gegenseitig Fragen im *Going to-future* und beantworten diese. L gibt an der Tafel einige Sprachmittel zur Hilfe.

... going to ...

What are you going to do ...	... after school	?
What are you going to eat ...	... this afternoon	
Where are you going to go ...	... this evening	
Where are you going to be ...	... tonight	
Who are you going to spend time with ...	... later today	

MUSTERLÖSUNG
What are you going to do after school? – I'm going to play football.
What are you going to eat this evening? – I'm going to eat pizza.
Where are you going to go tonight? – I'm going to go to Schwetzingen.
Who are you going to spend time with later today? – I'm going to spend time with my little brother.

SICHERUNG
Die S notieren sowohl die Fragen als auch die zugehörigen Antworten im Heft. Im Anschluss präsentieren einige S-Paare ihre Sätze.

S. 31

Looking at language

NEUER WORTSCHATZ
present

ERARBEITUNG
a) SB geöffnet. Die S übernehmen die Tabelle in ihr Heft und lösen die Aufgabe in EA; währenddessen schreibt L die Tabelle an die Tafel, um diese später mit den S gemeinsam weiterzuentwickeln. Leistungsschwächere S nehmen den Text **1** zu Hilfe.

➜ GF 5: The going to-future (pp. 162–163)

➜ LAS 2.1

Weitere Differenzierung
Leistungsschwächere S erarbeiten *Looking at language* in PA.

LÖSUNG

I'm	going to	sing	a Queen song.
Justin is	going to	start	basketball too.
They're/are	going to	do	a musical this year.
I'm	going to	join	a new club.
Are you	going to	play	in the school team?
Is your mum	going to	be	at home this afternoon?

ERARBEITUNG
b) SB geöffnet. Die S erarbeiten diese Aufgabe nun ebenfalls in EA. L gibt den Tipp, sich die Sätze in der Tabelle ganz genau anzuschauen

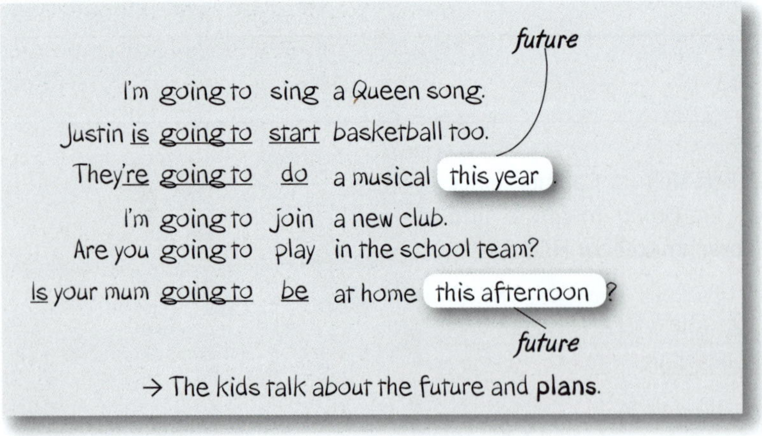

LÖSUNG
In these sentences the kids talk about the future (3).
In these sentences the kids talk about plans (2).

ERARBEITUNG
c) Die S formulieren im Plenum, wie das *Going to-future* gebildet wird. L übernimmt Vorschläge an die Tafel.

SICHERUNG
L hält die bereits erarbeiteten Regeln zum *Going to-future* an der Tafel fest und bespricht die Bildung mit den S auf Deutsch.
L: Wie wird das *Going to-future* gebildet? Und auf welche Zeit bezieht es sich?
S: Das *Going to-future* wird gebildet mit: Verbform von *to be* + *going to* + Verb im Infinitiv. Es bezieht sich auf die Zukunft.
L: Um welche Absichten handelt es sich?
S: Wenn wir das *Going to-future* verwenden, sprechen wir über Pläne.

➜ Folie 5

1 Sam and Justin are going to have a pizza (going to-future)

NEUER WORTSCHATZ
dialogue

ERARBEITUNG
a) SB geöffnet. Die S arbeiten in PA und übertragen ihre Ergebnisse ins Heft.

Alternative
KV 5: Sam and Justin are going to have a pizza a (going to-future).

LÖSUNG
2 Leo is going to do his homework after dinner. He isn't going to watch TV.
3 Sam is going to practise kung fu at 8 pm. He isn't going to play basketball.
4 Maya is going to phone Lucy this evening. She isn't going to phone Abby.
5 Morph is going to watch a film this evening. He isn't going to read a book.

SICHERUNG
Die Partner lesen jeweils einen Satz im Plenum laut vor. Die Beiträge werden ggf. von den anderen S korrigiert.

ERARBEITUNG
b) SB geöffnet. 1. Hören und **2. Hören.** Gemäß SB.

➜ 1 32–34 Transkript online
KV 5: Sam and Justin are going to have a pizza a (going to-future).

LÖSUNG
1 Sam and Justin • 2 Justin and his mum • 3 Maya and Lucy

ERARBEITUNG
c) SB geöffnet. Die S übertragen die Tabellen aus dem SB zunächst in ihr Heft, um ihre Notizen beim anschließenden Hören direkt dort eintragen zu können. Dann erfolgt das **3. bzw. 4. Hören.** Die S hören die Dialoge ggf. mehrmals einzeln nacheinander.

➜ 1 32–34 Transkript online
KV 5: Sam and Justin are going to have a pizza a (going to-future).

DIFFERENZIERUNG More help
Leistungsschwächere S arbeiten auf SB-Seite 124. Statt die Tabellen zu übertragen, schreiben sie die Sätze von SB-Seite 124 in ihr Heft und lassen bei den als Lücke markierten Satzteilen genügend Platz, um dort jeweils die korrekten *Going to-future*-Formen eintragen zu können.

LÖSUNG

Dialogue 1

Who	What
Justin, Sam	aren't going to have more pizza.
Justin	is going to clean his room.

Dialogue 2

Who	What
Justin	isn't going to skype with his dad today.
Justin	is going to skype with his dad tomorrow.
Justin and his mum	are going to have a cup of tea.

Dialogue 3

Who	What
Lucy	is going to watch a film this evening.
Maya	isn't going to watch a film this evening.
Maya	is going to do her homework this evening.
Lucy and Maya	are going to meet tomorrow evening.

AUSWERTUNG
Die Auswertung erfolgt zunächst im ►*Partnercheck*-Verfahren. Anschließend nutzt L eine Lösungsfolie (**KV 5** als Folie), um mit den S im Plenum die Ergebnisse zu sichern.

➜ Workbook 2 (p. 1)

➜ KV 5 als Folie

2 Ela is going to feed her snake (going to-future)

EINSTIEG
SB geschlossen. L fragt die S, was ihre Pläne für das Wochenende sind, und sammelt die Beiträge in einer großen Mindmap an der Tafel / auf Folie.
L: What are you going to do at the weekend?

ERARBEITUNG
a) Die S sammeln alle ihre Pläne für das Wochenende in einer eigenen Mindmap in ihrem Heft.

ERARBEITUNG
b) Die S arbeiten im ►*Appointment*-Verfahren und wenden dabei das *Going to-future* an. Hierfür zeichnen sie zunächst folgende Tabelle (vgl. Musterlösung) auf ein Blatt Papier. L kann die S dazu anhalten, dass sie sowohl einen Termin mit einem Jungen als auch einem Mädchen machen müssen, um zu vermeiden, dass die S nur mit ihren besten Freunden zusammenarbeiten. L gibt ein (verbales) Signal, das den ersten und später den zweiten Termin einläutet.

KV 1: Appointment partners.

MUSTERLÖSUNG

	Partner 1: Stefan — Time: 10 o'clock	Partner 2: Sarah — Time: 11 o'clock
What are you going to do on the weekend?	Stefan is going to ... - play with his dog - go to the cinema - learn for a Maths test.	Sarah is going to ... - sleep longer - have breakfast with her parents. - ...

AUSWERTUNG

c) Die Auswertung erfolgt im Plenum.
L: Marcus, who did you talk to?
Marcus: I talked to Stefan and Sarah.
L: Can you tell us something about Stefan's plans for the weekend?
Marcus: Yes, Stefan is going to play with his dog. He's also going to go to the cinema and going to do his homework.
Stefan: I talked to Christian. Christian is going to …

Vertiefung

Die S verfassen gemäß ihres Leistungstandes einen kurzen Text über ihre Pläne am Wochenende. L kann dazu im Vorfeld Hilfen geben (z. B. können *feelings* von SB-Seite 30 einfließen). Die Ergebnisse können zu Beginn der nächsten Stunde als Wiederholung der Struktur des *Going to-future* dienen.

I'm happy because at the weekend I'm going to watch Bayern against Dortmund. …

➔ Workbook 3–4 (p. 15)

➔ LAS 2.1

➔ FöFo 2.2

➔ Folie 5

KOMMUNIKATIVE KOMPETENZEN

Hören: einfachen Hörtexten über vertraute Themen konkrete Informationen entnehmen (SB-Seite 33, 3)

Lesen: einen Text mit überwiegend bekanntem Sprachmaterial zu vertrauten Themen verstehen (SB-Seiten 32, 1; 33, 2) • einer Tabelle Informationen entnehmen (SB-Seite 33, 4)

Schreiben: einfache Vergleiche schriftlich anstellen (SB-Seite 33, 5)

S. 32

TIPPS FÜR IHRE PLANUNG

Im Mittelpunkt des *Part B* steht das Erlernen der Steigerung von Adjektiven. Als Vehikel dienen hierfür die Seen und Flüsse Großbritanniens bzw. allgemeine geographische Fakten.
Der *Reading course* auf SB-Seite 35 ist inhaltlich deutlich vom *Acquisition*-Text *A geography lesson* und dem anschließenden *Looking at language* getrennt. Er kann damit variabel im Unterricht verortet werden.

1 A geography lesson

NEUER WORTSCHATZ

(to) **get ready (for)** • **mine** • **worksheet** • **(the) longest ...** • (to) **label** +**label** • **large** • (to) **get on** • (to) **mean** +*simple past:* **meant** • **(not) as** big **as** • bigger **than** • (to) **get** sth. • **Box "**(to) **get,** *simple past:* **got",** *Voc.*, SB-Seite S. 185 • **ours** • **awful**

EINSTIEG

➜ 1 35–38

➜ Realia (ein Blatt Papier, verschieden lange Stifte)

L semantisiert die wichtigsten Vokabeln des neuen Textes und schreibt sie an die Tafel/auf Folie.
<u>(to) get ready (for)</u>: OK kids, let's get ready for our new text. It's about lakes and rivers in Great Britain. Let's get ready for it so we can start.
<u>mine</u>: This book here belongs to me. It's mine.
<u>worksheet</u>: A worksheet is something that you get from your teachers. It's a sheet with different tasks and questions and you have to fill it out. (L kann ein Blatt Papier in die Hand nehmen.)
<u>(the) longest</u>: L nimmt drei Stifte in die Hand und verweist auf den längsten Stift: These pencils are long, but this one is the longest.
<u>(to) label sth.</u>: L malt ein Gesicht an die Tafel und „labelt" ein Auge. L: Who can label the rest of this face?

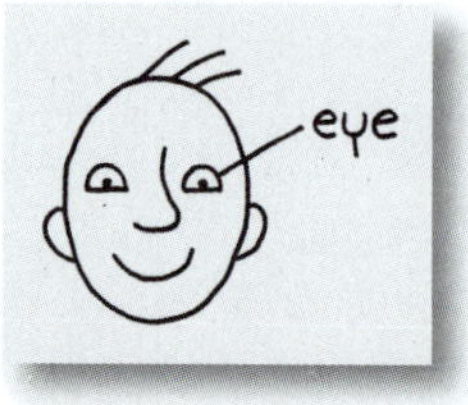

ERARBEITUNG

SB geschlossen. 1. Hören (Globalverstehen). Die S hören den vollständigen Text mit dem Hörauftrag *What are the kids doing?* (S: In their geography lesson they're learning something about large rivers and lakes in Britain. Sam and Justin are talking about basketball shoes.)

S. 33

2 Did you get it?

ERARBEITUNG

SB geöffnet. **1. Lesen** (Detailverstehen). Die S lesen den Text, vervollständigen die Sätze in EA und schreiben diese untereinander in ihr Heft. Dies hilft ihnen, wenn sie im Anschluss daran die *Early finisher*-Aufgabe bearbeiten.

LÖSUNG

1 rivers
2 Wales
3 England
4 Scotland
5 lake
6 Ness

DIFFERENZIERUNG Early finisher
Leistungsstärkere S arbeiten auf SB-Seite 134. Die Lösung des Rätsels finden sie auf SB-Seite 252.

SICHERUNG
SB geöffnet. Die S vergleichen ihre Ergebnisse in PA. Um Ihre Ergebnisse zu prüfen, nehmen sie den Text auf SB-Seite 32 zur Hilfe.

3 The big mistake

NEUER WORTSCHATZ
mistake

ERARBEITUNG
a) SB geschlossen. L semantisiert das Wort mistake: If you do something wrong, you make a mistake.
SB geöffnet. Gemäß SB. Auswertung im Plenum.

MUSTERLÖSUNG
Mrs Taylor looks angry because Sam is listening to music in class.
Sam doesn't look happy. He wants to keep his music on. Lucy wants to listen to his music too.

ERARBEITUNG
b) SB geöffnet. Die S übertragen die Sätze ins Heft. Anschließend hören sie den Text und treffen in EA die Entscheidung, welcher der beiden Sätze richtig ist.

→ 1 39 Transkript online

Alternative
Die S übertragen nur die Ziffern zu den Sätzen untereinander in ihr Heft (1a, 1b, 2a, 2b, 3a, 3b), und wählen den richtigen Satz aus.

LÖSUNG
1a • 2b • 3b

SICHERUNG
Die Auswertung erfolgt gemeinsam im Plenum.

Access to cultures
L: What happens in German schools if sb. listens to music in class.

4 Britain's lakes and rivers

NEUER WORTSCHATZ
square kilometre (sq km)

ERARBEITUNG
SB geöffnet. Die S vervollständigen die Sätze mit Hilfe der Box.

DIFFERENZIERUNG Early finisher
Leistungsstärkere S verorten die Seen und Flüsse auf der Karte auf der Innenseite des SB-Covers. Außerdem erarbeiten sie geografische Informationen zu Bergen und die größten Städte in Großbritannien. Die Lösungen finden sie auf SB-Seite 252.

LÖSUNG
1 Britain's largest lakes are all in Scotland.
2 Loch Lomond and Loch Ness are larger than Loch Awe.
3 The Severn is Britain's longest river.
4 The Thames is almost as long as the Severn.
5 The Trent isn't as long as the Thames.

SICHERUNG
L schreibt die korrekten Sätze an die Tafel. Die S vergleichen ihre Versionen mit dem Tafelanschrieb.

5 Have a go

EINSTIEG
L zeichnet ein veranschaulichendes Beispiel an die Tafel. L: What's bigger – the mouse or the elephant?

ERARBEITUNG
SB geöffnet. Die S stellen ihrem Partner je eine Frage. Danach wird gewechselt.
S1: What is bigger? A castle or a house?
S2: A castle is bigger than a house.
S2: What is bigger? A dog or a horse? …

Weitere Differenzierung
Leistungsschnellere S erfinden weitere Sätze und fügen diese ihrer Liste hinzu, z.B.: *A plane is bigger than a car. / A man is bigger than a boy.*

LÖSUNG
1 A castle is bigger than a house. • 2 A horse is bigger than a dog. • 3 A lake is bigger than a pool. • 4 A rabbit is bigger than a rat. • 5 A butterfly is bigger than an ant. • 6 A mountain is bigger than a hill.

SICHERUNG
Auswertung in PA. Im Anschluss schreiben die S die Sätze ins Heft.

S. 34

Looking at language

ERARBEITUNG
a) SB geöffnet. Die S übertragen die Tabelle in ihr Heft und vervollständigen diese in EA mit Hilfe der Beispiele in Text **1** auf SB-Seite 32.

LÖSUNG

cold	colder	the coldest	big	bigger	the biggest
fast	faster	the fastest	large	larger	the largest
long	longer	the longest	easy	easier	the easiest

Alternative/Weitere Differenzierung
KV 6: Looking at language (Comparison of adjectives). Die S tragen die Ergebnisse direkt in eine vorgefertigte Tabelle ein. Leistungsstärkere S ergänzen weitere Beispiele. Die Auswertung erfolgt im Plenum mit Hilfe einer leeren KV 6 auf Folie.

➜ Folie 6
➜ LAS 2.2

SICHERUNG
L schreibt die Wörter an die Tafel und klärt die Schwierigkeiten (Konsonatenverdopplung und Endung auf –ier) hin. Auch das Adjektiv *long* kann besonders beachtet werden, weil die akzentuierte Aussprache der „g" von den S oft nicht beachtet wird.

big - bi**gg**er - bi**gg**est (Konsonatenverdopplung)
easy - eas**i**er - eas**i**est (aus -y wird -i)
The whale is **as big as** a house.

Hinweis: Die S vergessen oft das zweite „as".

ERARBEITUNG
b) SB geöffnet. Die S schreiben die Sätze in ihr Heft und überprüfen ihre Ergebnisse in PA.

Alternative/Weitere Differenzierung
KV 6: Looking at language (Comparison of adjectives).

LÖSUNG
A bear is bigger than a bird. • A whale is as big as a house.

➜ GF 6 a, d: Comparison of adjectives (p. 163)

1 A snake is scarier (Comparison of adjectives)

NEUER WORTSCHATZ
tall +Box "German 'groß'", *Voc.*, SB-Seite S. 185

ERARBEITUNG
SB geöffnet. Die S erarbeiten **1** im ►*Think-Pair-Share*-Verfahren.

MUSTERLÖSUNG
big: I think a snake is bigger than a mouse, but a lion is the biggest.
scary: I think a snake is scarier than a mouse, but a lion is the scariest.
small: I think a snake is smaller than a lion, but a mouse is the smallest.

tall: I think a rabbit is bigger than a frog, but a giraffe is the biggest.
nice: I think a rabbit is nicer than a frog, but a giraffe is the nicest.
slow: I think a rabbit is slower than a giraffe, but a frog is the slowest.

friendly: I think a pig is friendlier than a bird, but a horse is the friendliest.
fast: I think a bird is faster than a pig, but a horse is the fastest.
loud: I think a pig is louder than a bird, but a horse is the loudest.

2 As big as (Comparison of adjectives)

NEUER WORTSCHATZ
(the) earth +Earth · about · plane

ERARBEITUNG
SB geöffnet. Die S erarbeiten **2** schriftlich in EA. Zur Beantwortung von Satz 7 ziehen die S die Karte *The British Isles* im Umschlag des SB zu Rate.

➜ Karte The British Isles, vorderer SB-Umschlag

DIFFERENZIERUNG More help
Leistungsschwächere S arbeiten auf SB-Seite 124. Sie bedienen sich der vorgegebenen Redemittel und setzen die Adjektive bzw. Komparative in die entsprechenden Lücken ein.

AUSWERTUNG
Die S fragen ihre Mit-S im Plenum im Rahmen einer ►Kettenübung nach ihren Lösungen. S1: Markus, what is about the same and what is different … .

LÖSUNG
2 Spain is about as hot as Greece. England is colder.
3 Germany is about as large as Poland. Luxemburg is smaller.
4 A bus is about as fast as a car. A plane is faster.
5 March is about as cool as April. July is warmer.
6 Stuttgart is about as big as Leipzig. Berlin is bigger.
7 Carrantuohill is about as high as Snowdon. Ben Nevis is higher.

SICHERUNG
L schreibt die Lösungen an die Tafel. Die S korrigieren ggf. ihre Ergebnisse.

➜ Workbook 6 (p. 16)
➜ FöFo 2.3

3 Game

ERARBEITUNG
SB geöffnet. Gemäß SB. Die S arbeiten in Kleingruppen à max. vier S. und bilden mit dem Material jeweils so viele korrekte Sätze wie möglich.

MUSTERLÖSUNG

S1: A horse is faster than a dog. S2: A dog can be faster than a cat too. S3: A dog is as fast as a cat. S4: I think a horse is faster than a dog. A horse is the fastest.

SICHERUNG
Einige Gruppen präsentieren ihre Karten im Plenum. L hält die Aussagen der Gruppe an der Tafel fest, damit die Mit-S einer möglichen Diskussion jederzeit folgen können. Anschließend können sich alle S zu den Beispielen äußern.

➜ Workbook 7 (p. 17)

KOMMUNIKATIVE KOMPETENZEN

Hören: beim Hören eines Textes auf die Gefühle und die entsprechende Stimmlage achten (SB-Seite 35, b))

Lesen: einen Text (mit bekanntem Sprachmaterial zu vertrauten Themen) genau lesen (*Intensive reading*) und verstehen (SB-Seite 35, a), d), www) · sinn- bzw. gefühlsdarstellend laut lesen (SB-Seite 35, b), d), www) · beim Lesen auf die Bedeutung von Satzzeichen achten (SB-Seite 35, c), d), www) · einer Tabelle Informationen entnehmen (SB-Seite 35, c), www)

Sprechen: in Dialogen Fragen stellen und beantworten (SB-Seite 35, d))

METHODISCHE KOMPETENZEN

Konstruktiv Feedback geben (SB-Seite 35, d))

S. 35

TIPPS FÜR IHRE PLANUNG

Der *Reading course* orientiert sich im Wesentlichen an den folgenden zwei Aspekten: die S müssen (1) die Gefühlslage der Figuren im Text richtig erfassen und (2) die Zeichensetzung während des Lesens einfließen lassen. Ein grundlegendes Textverständnis sei an dieser Stelle vorausgesetzt. Es ist sinnvoll dieser Struktur zu folgen, da die theoretische Komplexität mit dem Einbeziehen der Satzzeichen zunimmt. Der *Reading course* ist so konzipiert, dass man ihn gut in einer Schulstunde unterrichten kann. Da die S die Hinweise zum lauten Lesen anwenden sollten, scheint es nicht sinnvoll, den Kurs erheblich zu verkürzen. Es bietet sich zusätzlich die Möglichkeit, ein Poster mit den Hinweisen zum lauten Lesen von den S erstellen zu lassen und dieses im Klassenzimmer dauerhaft aufzuhängen, da das laute Lesen fester Bestandteil des Englischunterrichts ist.

Reading aloud

NEUER WORTSCHATZ

(to) **read aloud** · (to) **make sure that ...** · **everything** · (to) **pause** · **scared** · **Box "Punctuation (Zeichensetzung)"**, *Voc.*, SB-Seite 186 · (to) **change**

EINSTIEG

SB geschlossen. L liest einen kurzen Text laut vor. Hierfür eignen sich z. B. aktuelle Songtexte aus der Lebenswirklichkeit der S. L betont dabei besonders mit Gefühl und hebt durch eine Anpassung des Sprachrhythmus und der Sprachmelodie in besonderem Maße auch Satzzeichen hervor. Anschließend erschließen die S die Hinweise auf SB-Seite 35 im L-S-Gespräch und lesen dann gemeinsam die Hinweise. L schreibt diese an die Tafel, um Zieltransparenz zu gewährleisten.

L: Today we want to talk about reading a text aloud. I've brought you an example and want to show you how you can read a text aloud.

When you read aloud, you should:

1) Make sure that you understand everything. → Unknown words?
2) Think about the feelings in the text. → Show them in your voice!
3) Know about punctuation. → Use the right voice and pause in the right places!
4) Make sure that people can hear you. ☺

Weitere Differenzierung

Die Phase des Erschließens der Kriterien für gutes lautes Vorlesen kann in leistungsschwächeren Lerngruppen in Deutsch erfolgen.

➜ Einfacher (Song-)Text aus der Lebenswirklichkeit der S

ÜBERLEITUNG

L: Now practise reading a text aloud yourself. Please open your textbooks at page 35. Let's start with **a)**.

ERARBEITUNG

a) SB geöffnet. Die S lesen den ihnen aus Unit 1 bekannten Textauszug zuerst leise. Sie notieren sich ggf. trotzdem unbekannte Wörter ins Heft und erfragen diese am Ende der Phase.

b) SB geöffnet. Die S ordnen in EA den markierten Sätzen je ein Adjektiv zu. Hierfür schreiben sie die Sätze in ihr Heft. Anschließend hören die S den Textauszug, achten dabei darauf, welche Gefühle transportiert werden und gleichen dies mit ihren Hefteintragungen ab. Zuletzt lesen sie sich den Text unter Beachtung des eben Erarbeiteten gegenseitig in PA vor.

➔ 1 40

LÖSUNG

I looked through the door of the tent, but it was so dark that I saw nothing. (nervous, scared, excited)

I just heard that scary sound: "crush-crush". (nervous, scared, excited)

A black bear was on top of the picnic table. (scared, excited, surprised)

ERARBEITUNG

c) SB geöffnet. L semantisiert zunächst die neuen Wörter und achtet dabei besonders auf die Aussprache von punctuation, (to) pause und exclamation mark. An dieser Stelle aktiviert L bereits vorhandenes Vorwissen. (L: What do you already know about punctuation marks? Why do we use them?) Anschließend untersuchen die S den Textauszug mit Hilfe der Tabelle.

Die S lesen den Text mit Fokus auf Satzzeichen erneut laut vor.

➔ 1 40

Weitere Differenzierung
Der L-S-Austausch zur Funktion von Satzzeichen kann auch in Deutsch erfolgen.

SICHERUNG

Einige S lesen den Text laut im Plenum vor. Die jeweils nicht lesenden S achten darauf, ob der vorlesende S korrekt die Satzzeichen beachtet.

ERARBEITUNG

d) Die S wählen selbstständig einen der beiden zur Auswahl stehenden Texte aus, um damit in Gruppen à drei bis max. vier S gemeinsam das laute Lesen zu üben und sich gegenseitig ►*Feedback* zu geben. Die Kriterien für konstruktives Feedback sollten vorher gemeinsam besprochen werden.

When you give feedback, you should:

1) Be nice.

2) Concentrate on the things that you have to work on.
(Here: words, feelings, punctuation, ...)
Always say what sb. did well first.

3) Tell the other(s) where they could do better and how.

KV 7: Reading aloud: Feedback. Die KV bietet ein vorgefertigtes Raster, mit dem die S das laute Vorlesen kriterienorientiert bewerten können.

➔ Workbook 8 (p. 18)

➔ SF 8: Reading aloud (p. 149)

➔ SF 19: Peer feedback (p. 155)

www

Follow the link bietet zwei Texte (mit Wortschatzlisten), anhand derer die S das neue *Study skill Reading aloud* mit Fremdtexten üben können.

KOMMUNIKATIVE KOMPETENZEN
Die S können …

Hören: einen Hörtext zu vertrauten Themen verstehen und diesem wesentliche Informationen entnehmen (SB-Seite 37, 3)

Lesen: den Inhalt einer Fotostory erfassen (SB-Seite 36, 1 und 2) • EXTRA einen Informationstext verstehen (SB-Seite 37, *Background file*)

S. 36–37

TIPPS FÜR IHRE PLANUNG
Die Fotostory (**1**) ist für viele S ein motivierendes Format, für das sie jedoch etwas Zeit brauchen. **2** und **3** helfen den S, das erworbene Textverständnis zu strukturieren und zu sichern. Das *Background file* bietet einen Exkurs in die britische Popmusik. Eine Verknüpfung und Auseinandersetzung mit aktuellen Stars der britischen Pop-Szene ist an dieser Stelle empfehlenswert.

1 Auditions for the show

NEUER WORTSCHATZ
brilliant • **hers** • **yours** • **Box "Possessivpronomen (Possessive pronouns)"**, *Voc.*, SB-Seite 186 • **lovely** • **even** • **more** beautiful **(than)** • **the most** beautiful • **so far** • **stage** • **on my/your/their/… own** • **talented** • (to) **cheer** • (to) **clap**

→ Your task, SB-Seiten 44–45

EINSTIEG
L semantisiert die Vokabeln brilliant, stage, own, talented, (to) cheer (Gestik, Mimik) und (to) clap (Gestik, Mimik). Brilliant und talented können die S aus dem Deutschen erschließen.
L aktiviert das Vorwissen der S und stimmt sie inhaltlich auf das Thema *Auditions* ein.
L: What do you know about casting shows? What happens at a casting?

Hinweis
Die Possessivpronomen und Steigerungsformen für mehrsilbige Adjektive können an dieser Stelle vernachlässigt werden, da Ihnen im Laufe von *Part C* noch besondere Beachtung geschenkt wird. Sie können allerdings als semantische Einheiten eingeführt werden.

MUSTERLÖSUNG
We have casting shows on TV. For example, there's The Voice of Germany, Deutschland sucht den Superstar, Popstars and Das Supertalent. People sing or dance in front of a jury on a stage. Some are talented, others are not. If the jury says they're good, they can be on the show.

ÜBERLEITUNG
L: Lucy and Leo are going to an audition. They're doing a casting for the school musical. Let's find out how it goes.

ERARBEITUNG
SB geöffnet. **1. Lesen** (Globalverstehen). Die S lesen den Text in EA und beantworten eine Leitfrage.
L: What do Lucy and Leo do on stage? S: Lucy sings a song and Leo dances. Lucy has the most interesting voice and Leo is one of five talented boys.

→ 1 41

AUSWERTUNG
Die Auswertung erfolgt im Plenum.

→ LAS 2.3

2 Did you get it?

ERARBEITUNG
Die S vervollständigen die Sätze in EA und schreiben diese in ihr Heft. Danach vergleichen und verbessern sie ihre Ergebnisse im Plenum.

DIFFERENZIERUNG More help
Leistungsschwächere S arbeiten auf SB-Seite 125. Sie wählen dort die korrekten Wörter aus einer Box aus, um die Sätze zu vervollständigen.

LÖSUNG
1 Lucy and Leo are at the auditions for the school show.
2 Lucy wants to be a singer in the show.
3 Leo wants to dance.
4 The teachers like the other girls' voices.
5 One teacher thinks Lucy's voice is the most interesting.
6 The teachers choose five dancers for the show.
7 Leo is one of these dancers.
8 When Lucy hears that, she is very happy.

➜ Your task, SB-Seiten 44–45

3 Lucy's audition

EINSTIEG
L: Leo was one of five talented boys to be chosen for the show. Is Lucy also good enough to be in the show? What do you think?
S 1: I think Lucy is good enough because she has the most interesting voice.
S 2: I don't think she is good enough. The other girls are better.

ÜBERLEITUNG
L: Let's listen to Lucy's audition and find out.

ERARBEITUNG
Die S übertragen die Sätze aus dem SB ins Heft, um diese durch den Prozess des Abschreibens besser zu verinnerlichen und dann verbessern zu können.
1. Hören (Detailverstehen). Die S konzentrieren sich hierbei zunächst nur auf den Inhalt. Im Anschluss an das Hören haben sie dann einige Minuten Zeit, um die Sätze zu prüfen und zu korrigieren.
Anschließend erfolgt ein **2. Hören.** Die S verbessern nun die Sätze, bei denen sie sich unsicher waren.

➜ 1 42–43 Transkript online

Weitere Differenzierung
Lernstärkere S übertragen die Sätze vor dem **1. Hören** in ihr Heft, hören den Text zwei Mal und korrigieren die Sätze während des Hörens. Der Fokus liegt hierbei auf dem Verständnis der wesentlichen thematischen Aspekte während des Zuhörens.

LÖSUNG
1 Wrong. This is Lucy's first audition for a school show.
2 Right.
3 Right.
4 Wrong. She says that she doesn't know all the songs in *We will rock you,* but she knows lots of them.
5 Wrong. The teachers say that they think they can use Lucy in the show.

SICHERUNG
L fragt die S bei jedem Satz, wer sich für *Right* und wer sich für *Wrong* entschieden hat. Hier bietet sich das Verfahren ►*Right/wrong cards* an. Im Plenum werden die Sätze gemeinsam verbessert.

Access to cultures
L fragt die S, ob sie solche *Auditions* auch an deutschen Schulen kennen.

EXTRA Background file: British pop music – old and new

NEUER WORTSCHATZ
°successful • °of all time • °1960s • °sale • °billion • °record • °artist • °anyone else • °Grammy award

➜ Your task, SB-Seiten 44–45

EINSTIEG
SB geschlossen. L schreibt *We will rock you* an die Tafel, einen der bekanntesten Songtitel der Band Queen, und wartet die Reaktionen der S ab.
L: What comes to your mind when you read this? (S1: It's a song.) Yes, and what's the name of the band that sing it? (S2: The band is called Queen.)
L spielt das Lied nun an. Es ist z. B. auf YouTube.com frei zugänglich.

ÜBERLEITUNG
L: Today we want to take a closer look at <u>successful</u> bands from Great Britain. Who can explain what a successful band is? (S1: They make a lot of money. / S2: A lot of people know them and buy their music.)

ERARBEITUNG
SB geöffnet. Die S lesen das *Background file* leise. Unbekannte Wörter schreiben sie auf. Diese werden im Anschluss im Plenum geklärt. Danach wird der Text nochmals laut im Plenum vorgelesen.
L stellt nun verschiedene Fragen zum Text.
1) What did you learn about the Beatles? (S: They sold more than one billion records and CDs.)
2) What successful pop artists do you know from the last century? (S: Elton John, the Rolling Stones, the Spice Girls (Victoria Beckham), Queen)
3) What does the text say about newer British artists? (S: Newer British artists like Coldplay and Adele are still successful.)
   Nun haben die S zwei Minuten Zeit, um ihr eigenes Wissen zum Thema britische Popmusik einzubringen. Sie schreiben britische Bands und Sänger auf. L. stoppt die Zeit.

Alternative
L veröffentlicht die Fragen vor dem Lesen per Folie/an der Tafel. Die S lesen den Text und tauschen sich dazu in Gruppen à drei bis vier S kurz aus. Anschließend empfiehlt sich das gleiche Vorgehen wie im Standardverfahren.

➜ Your task, SB-Seiten 44–45

AUSWERTUNG
Nach dieser zweiminütigen Phase werten die S gemeinsam aus, wer die meisten Popstars kennt.

S. 38

TIPPS FÜR IHRE PLANUNG
Im *Practice*-Teil des *Part C* wird zuerst das Wortfeld *Stage and film* strukturiert erschlossen. Die S erweitern hierdurch ihre Redemittel, um im Kontext des Themas *Auditions for the show,* aber auch Schule und Freizeit im Allgemeinen, flexibel agieren zu können. Zudem wird die Steigerung von Adjektiven aus *Part B* in *Part C* weitergeführt. Aufgabe **2** fungiert hierbei sowohl als Wiederholung als auch als Erweiterung der Thematik. Aufgabe **2a)** und **b)** eigenen sich dabei hervorragend zur Festigung der Grammatik. Das Anknüpfen weiterer Übungen aus Workbook oder Begleitmedien bietet sich an. Dem Kompetenzschwerpunkt der Unit 2, *Listening,* wird in **3** erneut Rechnung getragen; die Übung kann inhaltlich unabhängig von der Grammatik bearbeitet werden.
Das zweite Grammatik-Thema dieses *Practice*-Teils ist die Anwendung von Possessivpronomen (**4**). Um die S erneut für die Thematik zu sensibilisieren, eigenen sich weitere Übungsaufgaben und die Box im Vokabelteil auf SB-Seite 186.
Fester Bestandteil des *Practice*-Teils ist inzwischen die *Mediation.* Die S werden mit einer lebensnahen Situation konfrontiert und lernen zwischen der eigenen Sprache und der Fremdsprache zu vermitteln (**5**).

1 WORDS Stage and film

NEUER WORTSCHATZ
theatre · concert · recorder

EINSTIEG
SB geschlossen. Semantisierung der Vokabeln: L schreibt die Wörter theatre und concert an die Tafel, die die S leicht aus dem Deutschen ableiten können. Im L-S-Gespräch werden orthographische Unterschiede besprochen und die Aussprache geübt. Das Wort recorder ist für die S schwerer zu erschließen und sollte deshalb beschrieben werden. L: A recorder is a musical instrument made of wood which you blow. You also have to cover holes with your fingers (Mimik, Gestik).

ÜBERLEITUNG
L: We have talked a lot about Lucy's and Leo's auditions for the school show. Now we want to find out how well you know words that go together with stage and film.

ERARBEITUNG
a) SB geöffnet. Die S übertragen die Tabelle in ihr Heft und vervollständigen diese in PA. Vorher macht LS darauf aufmerksam, dass im Kontext „Musikinstrumente spielen" immer der bestimmte Artikel verwendet wird: I learn the piano/drums/… Anschließend korrigieren sie ihre Ergebnisse selbstständig mit Hilfe einer Lösungsfolie.

➔ Lösungen auf Folie (von L erstellt)

Alternative
L schreibt die Lösungen für die Selbstkontrolle der S an die Tafel.

LÖSUNG

act in	learn	play	go to
a show	the piano	the drums	the theatre
a film	the drums	the piano	a play
	the guitar	the guitar	a show
	an instrument	an instrument	a concert
	the recorder	the recorder	a film
			a musical

ERARBEITUNG

b) Die S festigen nun in GA das Wortfeld *Stage and film*. Zunächst notieren sie sich in EA jeweils vier Fragen, die sie ihren Mit-S stellen werden. Dies kann z.B. je eine Frage zu jeder Spalte aus **a)** sein.

act in	learn	play	go to
Do you act in shows?	Are you learning the guitar?	Do you play an instrument?	Do you often go to musicals?

Anschließend stellen sie sich gegenseitig ihre Fragen in GA. Dies kann im Rahmen einer ►*Milling around activity* stattfinden.

AUSWERTUNG

Einige S präsentieren im Plenum, was sie über ihre Mit-S herausgefunden haben.

➔ Workbook 9 (p. 19)

➔ Your task, SB-Seiten 44–45

2 Have fun on Saturday (Comparison of adjectives)

NEUER WORTSCHATZ

syllable · **fashion** · **round** the world · **town hall** · **snow** · °snow leopard

EINSTIEG

SB geöffnet. Semantisierung der Vokabeln: Das Wort syllable sollte sowohl orthographisch als auch phonologisch genau eingeführt werden. Auch die Vokabeln fashion und snow leopard sind schwierig im Hinblick auf die Aussprache.

L: You will understand the next word without a problem. We need to say it together however. Please repeat after me: leopard. (S: …)

L: Good, who can explain what a snow leopard is?

(S: A leopard is like a cat. It's bigger than a cat and it's white with dark spots. Snow leopards live in very cold countries.)

ERARBEITUNG Language help

➔ GF 6 b–d: The comparison of adjectives (pp. 163–164)

SB geschlossen. L schreibt das Grundgerüst der *Language help*-Tabelle aus dem SB an die Tafel; die S übernehmen diese in ihr Heft. Anschließend füllen sie die ersten zwei Zeilen aus und machen sich die Regel noch einmal bewusst.

Comparison of adjectives

You know	small	smaller	smallest	(for one-syllable adjectives)
	happy	happier	happiest	(for two-syllable adjectives with -y at the end)
There is also	(beautiful)	(more beautiful)	(most beautiful)	(for adjectives with two or more syllables)
	(interesting)	(more interesting)	(most interesting)	

Anschließend suchen die S in der Fotostory *Auditions for the show* (**1**, SB-Seite 36) die Steigerungsformen zu *beautiful* und *interesting* und tragen diese in den Zeilen zu *„There is also"* in der Tabelle ein (Lösung: siehe TB). Auswertung im Plenum.

ERARBEITUNG
a) SB geöffnet. Die S arbeiten zunächst in EA und präsentieren ihre Ergebnisse dann ihrem Nachbarn. Auswertung im Plenum.
L: Who has a nice text for Andrew Lloyd Webber's musical Cats/Top models/Our round-the-world bike tour? …

LÖSUNG
1 Don't miss it – Andrew Lloyd Webber's most brilliant musical with some of Britain's most talented young singers.
2 Top models wear the most exciting new designer clothes in the most important fashion show this year.
3 Photo show with pictures of the most beautiful/dangerous mountains and the most dangerous/beautiful wild animals!

ERARBEITUNG
b) SB geöffnet. Die S arbeiten in PA. Währenddessen schreibt L den Text mit den Lücken an die Tafel / auf Folie, um ihn später mit den S vervollständigen zu können.

DIFFERENZIERUNG More help
Leistungsschwächere S bearbeiten den entsprechenden Lückentext auf SB-Seite 125, in dem die zu steigernden Adjektive bereits vorgegeben sind.

LÖSUNG
We went to the photo show at the town hall. The speakers showed us the most interesting photos of their world tour. They were on the road for four years. That's much longer than I imagined. I liked the pictures of the snow in Alaska – the coldest place on their trip. The sand in Sudan – the hottest place – was great too. But the most exciting part of their trip was in Asia. The mountains there are much higher than here. Lots of wild animals live there, and they are bigger and more dangerous than the animals in our country. The scariest animal of all was the snow leopard!

SICHERUNG
Die S korrigieren nach der Auswertung im Plenum ggf. Fehler in ihrem Heft.

→ Workbook 10–13 (pp. 19–20)
→ Your task, SB-Seiten 44–45

S. 39

3 Southwest Superstar

NEUER WORTSCHATZ
°southwest

EINSTIEG
L führt das neue Wort southwest ein.
L: What lies between north and west? (S: Northwest.)
L: And what lies between south and west? (S: Southwest.)

ÜBERLEITUNG
L: Which casting shows on TV do you know? (S: Germany's Next Topmodel, Das Supertalent, The Voice …) Right. The kids from our textbook know another one. It's called Southwest Superstar. Let's open our books at page 39 and find out more about it.

ERARBEITUNG
a) SB geöffnet. Die S lesen zunächst die Aufgabe und die entsprechenden *Multiple choice*-Antworten im SB. Anschließend erfolgt das **1. Hören** (Globalverstehen) des ganzen Audio-Tracks. Die S notieren sich während des Hörens jeweils nur die Ziffern 1, 2, 3 und 4 und den ihrer Meinung nach korrekten Buchstaben dazu. Anschließend überprüfen sie beim **2. Hören** ihre Ergebnisse. Auswertung im Plenum.

→ 1 44 Transkript online

LÖSUNG
1b · 2a · 3b · 4c

ERARBEITUNG
b) SB geschlossen. L schreibt das Grundgerüst einer Tabelle an die Tafel, die die S zunächst in ihr Heft übertragen. Anschließend erfolgt das **2.** bzw. **3. Hören** (Detailverstehen). Sie achten auf das, was die Lehrwerkskinder sagen, berücksichtigen – nach Möglichkeit – jedoch auch, wie sie dabei klingen *(excited, bored)* und halten ihre Notizen in der Tabelle fest. Ggf. erfolgt ein weiteres Hören. Anschließend vergleichen die S ihre Ergebnisse in PA.

Weitere Differenzierung
Leistungsschwächere S lassen die Spalte *Reasons* offen und konzentrieren sich auf *Interested* und *Not interested*.

	Interested	Not interested	Reasons
Sam	(X)		He watched the show and knows a lot about the people in it.
Lucy	(X)		It's her favourite TV show. She watched the show and knows a lot about the people in it.
Leo	(X)		He watched the show and knows a lot about the people in it.
Justin		(X)	He didn't see it, he doesn't sound interested in or excited about it and he doesn't know anything about the people in the show.

AUSWERTUNG
Die Auswertung erfolgt im Plenum. L hält die Ergebnisse in der Tabelle an der Tafel fest.

➜ Workbook 14 (p. 21)

4 Whose cat is that? (Possessive pronouns)

NEUER WORTSCHATZ
whose? · °pearl · °fur · **paw** · **stairs** *(pl)*

EINSTIEG
SB geöffnet. Zunächst erfolgt die Semantisierung der neuen Vokabeln. Whose kann sehr gut im Kontext des Klassenzimmers eingeführt werden.
L: Whose pencil is this? Is this your pencil, Fabienne?
Die anderen vier Vokabeln (pearl, fur, paw, stairs) können über die Illustrationen im SB semantisiert werden. Die S sprechen die neuen Wörter nach. Anschließend klärt L mit den S, was ein Possessivpronomen ist. Bisher haben sie diese Struktur vorbewusst verwendet bzw. ist sie lexikalisch in *Part C* und über das *Vocabulary* eingeführt worden. Hierfür schreibt L ein Beispiel an die Tafel und verweist auf die Box „Possessivpronomen *(Possessive pronouns)*" im *Vocabulary* auf SB-Seite 186.

This is **my** dog.	This dog is **mine**.
↘	↙
Possessivpronomen	alleinstehendes Possessivpronomen

ÜBERLEITUNG
L: Now we want to talk about cats and find out who they belong to. We have to use possessive pronouns to do that.

ERARBEITUNG
a) SB geöffnet. Die S erarbeiten diese Aufgabe in EA. Nachdem sie die Reime den Bildern zugeordnet haben, schreiben sie die Sätze vollständig in ihr Heft. Anschließend vergleichen sie ihre Ergebnisse in PA.

LÖSUNG
1E • 2C • 3B • 4D • 5A • 6F

ERARBEITUNG
b) SB geöffnet. Die S hören den Text und ergänzen die Possesivpronomina in **a)** während des Hörens.

→ 1 CD 45

LÖSUNG
1 ours • 2 mine • 3 hers • 4 his • 5 yours • 6 theirs

→ Workbook 15 (p. 21)

ERARBEITUNG
c) SB geöffnet. Die S arbeiten in PA. Sie üben die Reime, indem sie sich diese gegenseitig vortragen.

AUSWERTUNG
Anschließend lesen einige S die Reime im Plenum vor. Die zuhörenden S achten auf korrekte Aussprache und flüssiges Lesen und geben konstruktives ►*Feedback*.

→ Reading course: Reading aloud, SB-Seite 35

→ SF 19: Peer feedback, SB-Seite 155

5 Let's go to a musical!

NEUER WORTSCHATZ
°entertaining • °somewhere • °underground • °hero • °ogre • °donkey • °adventure • °princess • °terrible • °dragon • °cult • °believer • °available

EINSTIEG
L beschreibt die Situation, in der sich die beiden S befinden, und schafft die richtige Atmosphäre für die nachfolgende Mediation.
L: Imagine you and your best friend are in London, in one of the biggest and coolest cities in the world. You're having a great time. There are so many things to do in London. You can go shopping, to the movies or sightseeing … Both of you have the same idea: Let's see a musical!

ERARBEITUNG
Partner A liest die Anzeige zum Musical *We will rock you*. Partner B arbeitet auf SB-Seite 137 und liest die Anzeige zum Musical *Shrek*. Beide S machen sich Notizen zu ihren Texten. Anschließend berichten sie sich nacheinander, welche Idee sie haben, und einigen sich dann auf eines der beiden Musicals.

SICHERUNG
Die S schreiben einen kurzen Text, in dem sie erklären, warum sie sich für eines der beiden Musicals entschieden haben. Die Argumente werden der Lerngruppe präsentiert.

→ SF 12: Mediation (Revision) (p. 151)

→ Workbook 16 (p. 22)

→ FöFo 2.4

S. 40

6 Study skills: A vocabulary picture poster

NEUER WORTSCHATZ
°(to) like sth. about sth. • What **could** be better? • **clear** • **size** • **correct** • **like this**

EINSTIEG
L fragt die S, wie sie Vokabeln lernen. Hieraus ergibt sich ein offenes Gespräch.

ÜBERLEITUNG
L: Today we will learn how we can remember words even better.

ERARBEITUNG

a) ►*Think-Pair-Share*. **SB geöffnet**. Die S erlernen die *Picture poster*-Methode, um effektiver Vokabeln kategorisieren und hierdurch lernen zu können.

Think: Die S übertragen einen Schirm ins Heft und finden selbstständig Wörter zur vorgeschlagenen Überschrift.

Pair: Danach vergleichen sie ihre Ergebnisse in PA und ergänzen neue Ideen.

Share: Anschließend kooperieren die beiden Partner mit einem anderen Zweierteam. Beide Teams vergleichen ihre Ergebnisse nochmals und ergänzen ihre Listen um gute Ideen der anderen Gruppe. Anschließend wählt jeder S vier bis sechs Wörter aus seiner Liste aus, zeichnet jeweils ein Bild zu den ausgewählten Wörtern unter seinem *Umbrella word*. Alternativ können auch Bilder gesammelt werden (als HA geeignet).

b) SB geöffnet. Die S planen in ihrer nun einen *Picture frame* für ihre *Umbrella words*. Denkanstöße können sie sich durch die Bilder im SB holen. Ihre eigenen Bilder sollten sich allerdings von diesen unterscheiden.

Alternative

Aus zeitökonomischen Gründen können die Bilder entweder zu Hause gemalt werden oder die S konzentrieren sich auf wenige schwierige Vokabeln.

ERARBEITUNG

Hinweis: Bereits an dieser Stelle bietet es sich an, mit den S über Kriterien für das Geben von konstruktivem ►*Feedback* zu sprechen. Hierfür eignen sich das *Skills file 19: Peer feedback* und die Boxen in **c)**.

c) SB geöffnet. Die Gruppen tauschen untereinander ihre Poster aus und geben sich konstruktives Feeback. Hierfür macht sich jedes Gruppenmitglied Notizen. Die S können die Struktur aus dem SB übernehmen.

Im Anschluss an das Sammeln konstruktiver Kritikpunkte können diese in der gesamten Gruppe ausgetauscht werden.

Die Gruppe erarbeitet eine gemeinsame Kritik zum Poster der anderen Gruppe. Diese sollte auf einem Blatt zusammengetragen werden, das der betreffenden Person oder Gruppe weitergegeben werden oder zum Vortrag im Plenum dienen kann. Auf diese Weise können die Mit S überprüfen, ob die Kriterien für konstruktives Feedback eingehalten wurden.

➔ SF 3: Describing a picture (p. 146)

➔ SF 19: Peer feedback (p. 155)

➔ FöFo 2.5

➔ Workbook 17 (p. 22)

KOMMUNIKATIVE KOMPETENZEN
Die S können …
Hören/Sehen: halboffene und offene Fragen zu einem längeren Filmausschnitt beantworten (SB-Seite 41, 1a) und b)) • erkennen, welche Gefühle ein Sprecher während einer Äußerung zeigt (SB-Seite 41, 1 c)) • Gespräche über Kino und Film verstehen (SB-Seite 41, 2a) und b))
Sprechen: über Vorlieben und Abneigungen bei Filmen sprechen (SB-Seite 41, 2c))

S. 41

TIPPS FÜR IHRE PLANUNG
Thematisch geht es in der ersten Filmsequenz um den *Drama Club* der Plymstock School. Der zweite Ausschnitt zeigt Ruby, Jack und Oliver im Kino. Sie diskutieren, welchen Film sie sich anschauen möchten.

	Minute	Film 1: Plymstock Drama Club
1	0:00 bis 0:20	First impressions of the Drama Club
2	0:20 bis 1:07	What do students do in the Club? Feelings …
3	1:07 bis 1:38	What do students do in the Club? Plays, musicals, concerts
4	1:38 bis 2:05	The next show (Peter Pan) is hard work
5	2:05 bis 3:04	What do the students like most about the Drama Club?

	Minute	Film 2: Ruby, Jack and Oliver at the cinema
1	0:00 bis 0:32	Oliver waits for Ruby and Jack in the movie theatre
2	0:32 bis 1:26	On the way to the movies, Ruby and Jack talk about the films
3	1:26 bis 2:31	The three discuss which movie to watch
4	2:31 bis 2:54	The decision
5	2:54 bis 3:48	Right before and after the film

1 Plymkids

NEUER WORTSCHATZ
(to) **lie** +*simple past:* **lay** • (to) **wake** sb. **up** +*simple past:* **woke up** • **shy**

EINSTIEG
SB geschlossen. Semantisierung von neuem Wortschatz und Einstimmung auf das Thema „Sehen schulen“. L schreibt *Body language* an die Tafel, deutet auf seinen Körper und sagt: This is my body. It speaks a language. It can tell you a lot of things. (L macht einen schüchternen Eindruck.) It can tell you that I'm a shy person. What else can it tell you? (S: It tells us, that you like to do sports. You look fit.) L: It can tell you how I feel. It can tell you what I'm doing. For example, I'm lying on the table and sleeping (Gestik, Mimik). And now I'm waking up (Gestik, Mimik).

ÜBERLEITUNG
L: Let's find out what the bodies of the Plymkids can tell us.

ERARBEITUNG
a) SB geöffnet. Gemäß SB. Zur Erhöhung der individuellen Sprechzeit der S kann dies auch in PA erfolgen.

Alternative
SB geschlossen. 1. Sehen (Teil 1). Die S sehen den ersten Ausschnitt aus Film 1 und beantworten die Frage: What are the kids in the film doing? Where do you think they are?

LÖSUNG
They're in a gym and they're doing gymnastics. • They're moving around. • Maybe they're dancing.

ÜBERLEITUNG
L: Let's find out what the children are really doing. Let's watch the film clip.

ERARBEITUNG
b) SB geöffnet. Die S übertragen zunächst die Aktivitäten aus der Box in ihr Heft. Anschließend erfolgt das **1. Sehen** (Globalverstehen). Die S schauen den Film, zunächst jedoch ohne eine Auswahl der Aktivitäten zu treffen. Erst im Anschluss entscheiden sie in EA durch Ankreuzen im Heft, welche Aktivitäten die Kinder im Film ausführen. Danach vergleichen sie ihre Lösungen in PA, besprechen, um was für einen Club es sich handelt, und formulieren gemeinsam einen Lösungssatz. Anschließend erfolgt ein **2. Sehen**, bei dem die S ihre Ergebnisse überprüfen. Kurze Auswertung im Plenum.
Hinweis: L sollte die S vor dem 1. Sehen über das Prozedere informieren (Transparenz der Unterrichtsgestaltung) um ihnen den Stress zu nehmen. Er sollte ihnen sagen, dass sie den Filmclip mehrmals sehen werden, nach dem 1. Sehen die *Activities* ankreuzen und beim 2. Sehen ihre Ergebnisse selbst überprüfen können. *While-viewing activities* sind für die S dieser Klassenstufe häufig noch eine Herausforderung und sollten schrittweise und langsam geübt werden.

Weitere Differenzierung
In leistungsschwächeren Lerngruppen schauen die S den Filmclip in kleineren Abschnitten.

LÖSUNG
dancing • lying on the floor • moving and clapping • running • jumping • singing • waking up their faces
It's a school club where you learn to act. It's called a drama club.

ÜBERLEITUNG
L: We talked about body language at the beginning. Look at the three pictures of the Drama Club kids. What does their body language tell us about how they feel?

ERARBEITUNG
c) SB geöffnet. Die S schauen sich die Bilder an.

Weitere Differenzierung
L spielt die Sequenzen nochmals an. (Bild 1: Minute 0:48–0:55 • Bild 2: 0:55–1:00 • Bild 3: Minute 1:38–1:42)

LÖSUNG
scene 1: happy • scene 2: shy • scene 3: nervous

SICHERUNG
Die S schreiben zu jedem Bild je einen Satz. L gibt Satzanfänge vor, die die S im Heft vervollständigen.

In picture 1/2/3 the student looks ... (happy/shy/nervous).

2 EVERYDAY ENGLISH: At the cinema

NEUER WORTSCHATZ
comedy

EINSTIEG
L führt den Begriff comedy ein. L: A comedy film is a funny film. When you watch it, you laugh a lot. What comedies have you seen? (S: I have seen Shrek /...)

ÜBERLEITUNG
L: Let's see which films Ruby, Jack and Oliver like.

ERARBEITUNG

a) SB geöffnet. Die S übernehmen die Tabelle in ihr Heft. Anschließend erfolgt das **1. Sehen** des Filmclips bis Minute 2:20. Dann füllen die S in EA die Spalte *Who* in der Tabelle aus. Nach dem **2. Sehen** ergänzen sie die Spalte *Why*.

LÖSUNG

	Miley Cyrus	James Bond	Madagascar
Who?	Ruby	Oliver	Jack, Ruby
Why?	Miley Cyrus is her favourite actor.	It's the best of all the James Bond films.	The last Madagascar film was very funny and he heard that this one is even better.

ERARBEITUNG

b) SB geschlossen. 3. Sehen. Nachdem **1 a)** von den S bearbeitet wurde, wird nun der ganze Film gespielt. Die S finden heraus, für welchen Film sich Ruby, Jack und Oliver am Ende entscheiden. Sie tauschen sich in PA zu ihren Ergebnissen aus.

Weitere Differenzierung
In leistungsschwächeren Lerngruppen sehen die S die letzte Sequenz des Films (2:54 bis 3:48, vgl. Tabelle) ein 2. Mal.

Leistungsstärkere S notieren zusätzliche Informationen, z.B. warum die S bestimmte Filme nicht sehen wollen.

MUSTERLÖSUNG

The three friends decide to watch the film *The Hobbit*.
Oliver doesn't want to see Madagascar. He says it's a film for children.
Ruby and Jack like the movie. Jack says it's a great film. Ruby loves the dragon and thinks the film is scary. Oliver thinks the movie isn't bad. He still wants to see James Bond at the weekend.

SICHERUNG

Die Sicherung erfolgt im Plenum. L hält die Ergebnisse an der Tafel/auf Folie fest.

ERARBEITUNG

c) In PA versuchen sich die S nun selbst auf einen Film zu einigen. Hierfür verwenden sie Filme, die sie selbst gesehen haben oder noch sehen wollen.
Die S übernehmen die Tabelle inklusive der Filmvorschläge in ihr Heft. Für den Dialog verwenden sie die Redemittel im SB. Die S verschriftlichen den Dialog im Heft, um diesen später vor der Lerngruppe vortragen zu können. Dabei achten sie darauf, möglichst viele der Redemittel aus dem SB zu verwenden.

Weitere Differenzierung
Als Hilfestellung kann L einige Filme mit den S an der Tafel sammeln und diese nach Genres sortieren. *(Comedy, Action, Thriller, Computer animation, Documentary, Fantasy, Science fiction)*

SICHERUNG

Einzelne S tragen ihre Dialoge vor. Die zuhörenden S achten darauf, ob möglichst viele Redemittel aus dem SB benutzt wurden.

KOMMUNIKATIVE KOMPETENZEN
Die S können …
Lesen: einen kurzen Lektüretext global und im Detail verstehen (SB-Seiten 42–43, 1, 3 und 4) · sich mit Hilfe von Lesestrategien bei der Lektüre eines Textes neuen Wortschatz erschließen (SB-Seite 43, 2) · einen Lektüretext mit Gefühl laut vorlesen (SB-Seite 43, 3)
Sprechen: über eine pantomimisch dargestellte Textpassage sprechen (SB-Seite 43, 4a))
Schreiben: Dialoge im Kontext des Lesetextes erstellen (SB-Seite 43, 4b))

METHODISCHE KOMPETENZEN
Rollenspiele erarbeiten und aufführen (SB-Seite 43, 4a))

S. 42–43

Disco night

NEUER WORTSCHATZ
(to) **stick** sth. **into** sth. +*simple past:* **stuck** · **fork** **+knife,** *pl* **knives** **+spoon** · (to) **drop** sth. · **drama** · **gel** · **sunglasses** *(pl)* +**glasses** *(pl)* · **arm** · **flash** · (to) **shake** +*simple past:* **shook** · (to) **beep** · (to) **wish** · (to) **stand** +*simple past:* **stood** · **most people / most of them** · **one by one** · **except** · °sound system · **good-looking** · **Anyway, …**

EINSTIEG 1
SB geschlossen. L semantisiert neue Vokabeln, schreibt diese an die Tafel und liefert nach Möglichkeit einen Bildimpuls oder Realia. Die Vokabeln fork, sunglasses, shake, beep, one by one sollten nicht semantisiert werden, da die S sich diese in **2** selbst erschließen sollen.
L steckt ein Messer in einen Apfel. L: This is an apple and this is a knife. The knife goes into the apple. We say: (to) stick the knife into the apple. L weist auf den Plural und die Aussprache von knife/knives hin. gel: If you want to have hair like this (Bildimpuls oder TB), you need to put sth. in it. It's called gel. (L legt besonderen Wert auf die Aussprache des Wortes.) (to) drop something: L (lässt einen Stift fallen): Oops, I dropped it. I always drop things. It's annoying. flash: If you want to take a photo and it's dark, you have to use your flash.

➜ Realia (Apfel, Messer, Gabel, Löffel, Stift)

EINSTIEG 2
SB geöffnet. Die S beschreiben sich in PA gegenseitig jeweils eins der Bilder auf den SB-Seiten 42 und 43. Auswertung im Plenum.

ÜBERLEITUNG
L: Please read the text and find out what happens on disco night.

1 Lucy talks to Maya

ERARBEITUNG

SB geschlossen. 1. Lesen (Globalverstehen). Die S lesen den Text und bearbeiten anschließend **1** schriftlich in EA. Die Auswertung erfolgt in PA.

LÖSUNG

1 "Sam had to stay at home because Mrs Taylor sent his parents a note about his phone." • 2 "The Year 7 kids looked funny." • 3 "Justin didn't dance." • 4 "Justin took a photo and sent it to Sam." • 5 "When the music stopped, Leo didn't stop dancing." • 6 "When the music started again, all the students cheered."

➜ 1 46–49

Alternative

1. Hören (Globalverstehen). Die S hören den Text abschnittweise mit dem Leseauftrag: Listen and find out what happens on disco night. Don't take notes, just listen. Zwischen den Abschnitten stoppt L die CD kurz, damit die S gedanklich rekapitulieren können, was in dem Abschnitt passiert ist. Dann bearbeiten sie **1** schriftlich in EA. Auswertung in PA. Anschließend erfolgt ein **2. Hören** (Detailverstehen) mit **KV 8: Disco night.**

KV 8: Disco night.

2 New words

ERARBEITUNG

Die S erschließen sich mit Hilfe der ihnen bekannten Lesestrategien die neuen Vokabeln und Phrasen im Text. L verweist auf den *Reading course*.

➜ Reading course: Understanding new words, SB-Seite 19

MUSTERLÖSUNG

New word	Meaning of the word	Sentence
fork (l. 5)	Sam eats a potato with a fork, so fork means "Gabel".	I put food into my mouth with a fork.
sunglasses (l. 40)	A boy in the disco is wearing sunglasses and he probably can't see, so sunglasses means "Sonnenbrille".	When it's really sunny outside, I wear sunglasses.
shake (shook) his head (l. 58)	When Lucy asks Sam if he wants to dance, he shakes his head, so (to) shake your head means "den Kopf schütteln (nein sagen)".	In Maths I often shake my head because I don't know the right answer.
beep (l. 59)	When Justin sends Sam a text message, Sam's phone beeps, so (to) beep means "piepen".	Martin's phone always beeps in class.
one by one (l. 78)	One by one, all the kids stop dancing when the music stops, so one by one means "einer nach dem anderen".	When school is out, we leave the building one by one.

SICHERUNG

Die S tragen ihre Ergebnisse und Beispielsätze im Plenum vor. Die besten Beispielsätze werden an die Tafel geschrieben und von allen S ins Heft übertragen.

3 Reading aloud

EINSTIEG
Die S wiederholen die Tipps für das laute Lesen. L verweist auf die entsprechenden Notizen in ihrem Heft oder sammelt diese (erneut) an der Tafel (►TB HRU-Seite 61).

➜ Reading course: Reading aloud, SB-Seite 35

➜ SF 19: Peer feedback, SB-Seite 155

➜ Folie 7

ERARBEITUNG
SB geöffnet. Die S suchen in Gruppen à max. drei S nach Passagen, in denen eine Person Gefühle zeigt. Hierfür empfiehlt es sich, den S eine Kopie der Doppelseite zur Verfügung zu stellen, damit sie im Text Markierungen machen können. Sie können für jedes Gefühl eine andere Farbe wählen. Um sich die Relevanz von Gefühlen beim lauten Lesen noch einmal zu vergegenwärtigen, können die S den *Reading course* auf SB-Seite 35 aufschlagen.

➜ Kopie der SB-Seiten 42–43 für jeden S

Weitere Differenzierung
Leistungsschnellere Gruppen vertiefen, indem jedes einzelne Gruppenmitglied einige Zeilen mit Ausdruck vorliest und die S zusammen entscheiden, wer am besten vorliest. Dieser S liest die Sätze der Gruppe laut vor.

MUSTERLÖSUNG

excited	sad	surprised	happy	angry
ll. 20-21 (Leo)	ll. 5-7 (Sam)	l. 8 (Lucy)	ll. 18-19 (Lucy)	ll. 5-7 (Sam)
ll. 46-47 (Leo; Lucy)	ll. 9-15 (Sam)	ll. 37-40 (Lucy)	l. 51 (Lucy)	ll. 27-29 (Sam)
ll. 88-90 (Leo)	ll. 23-24 (Sam)	ll. 82-83 (Lucy)	[ll. 75-81 (Leo, keine wörtl. Rede)]	
l. 108 (Leo)	ll. 27-29 (Sam)	ll. 91-92 (Lucy)	ll. 93-94 (Sam)	
l. 110 (Lucy)	ll. 70-71 (Sam)	l. 96 (Lucy)	ll. 97-99 (Sam)	
			ll. 101-106 (Sam)	

AUSWERTUNG
Jede Gruppe präsentiert im Plenum ein Beispiel. Die zuhörenden S sagen, von wem das Zitat stammt und welches Gefühl durch das Lesen transportiert wurde. Außerdem achten die S darauf, ob die Kriterien für gutes lautes Lesen eingehalten wurden. Die verschiedenen Beobachtungsaufträge können an unterschiedliche S-Gruppen verteilt werden.

4 A part of the story

DIFFERENZIERUNG You choose
Die S wählen je nach Neigung zwischen zwei Aufgaben, die in unterschiedlicher Weise zu einer kreativen Auseinandersetzung mit dem Text anregen. In **a)** arbeiten sie darstellerisch in der Gruppe; in **b)** arbeiten sie allein und schreiben die Geschichte an einer Stelle weiter, die im Text nicht beschrieben wird.

➜ My Book

ERARBEITUNG
a) **SB geöffnet.** Die S finden sich zu Gruppen à vier S zusammen. Zunächst bekommen sie zwei Minuten Zeit, mit Hilfe des Textes in EA ein paar Ideen zu entwickeln. L setzt den Zeitrahmen und signalisiert das Ende. Anschließend präsentieren die S sich gegenseitig im Rahmen einer ►Kettenübung in der Gruppe ihre pantomimischen Darstellungen.

Weitere Differenzierung
Lernschnellere S wählen einen Teil der Geschichte aus und bereiten eine kleine pantomimische Aufführung im Plenum vor.

MUSTERLÖSUNG
Ein S macht eine Bewegung, als ob er eine Gabel in eine Kartoffel sticht, und schaut dabei sehr missmutig drein. (Sam, ll. 5–15)

ERARBEITUNG
b) SB geöffnet. Die S arbeiten in EA und lesen den Text still. Nach Bedarf können sie auch andere Passagen wie z.B. die Passage, in der Sam mit seinem Vater über seine Probleme in der Schule spricht (ll. 59–75) zu Rate ziehen. Sie arbeiten schriftlich einen Dialog dazu aus, wie Sams Vater einen Vortrag über Regeln hält und wie Sam darauf reagiert.

➔ My Book

DIFFERENZIERUNG More help
Leistungsschwächere S finden Ideen und sprachliche Hilfen zur Erstellung des Dialoges auf SB-Seite 125.

MUSTERLÖSUNG
Sam: "Can I please go, Dad? I've finished all my homework and I'll never use my phone again at school."
Dad: "I don't know, Sam."
Sam: "Please, Dad, let me go. All my friends are there."
Dad: "You have to follow the school rules, Sam."
Sam: "Yes, I understand, Dad. I don't usually listen to music in class."
Dad: "Nobody can learn when kids play music in class."
Sam: "I'm not going to do it again – really!"
Dad: "Ok, you aren't often in trouble at school, so you can go to the disco. But don't use your phone in class again."
Sam: "Great, Dad! Thank you! I will not use my phone in class again!"

SICHERUNG
Die Gruppen, die die pantomimischen Darstellungen oder ein *Role play* einstudiert haben, präsentieren diese nun vor der Klasse. Die restlichen S versuchen herauszufinden, um welche Stelle im Text es sich handelt.
Die S, die den Dialog erarbeitet haben, tragen diesen ebenfalls vor. Die Mit-S kritisieren konstruktiv (►*Feedback*) und entscheiden, ob die Dialoge glaubhaft und im Sinne des Textes sind.

➔ Workbook 18 (p. 23)
➔ LM Unit 2
➔ VAS 2.1, 2.2
➔ FöFo 2.6

S. 44–45

TIPPS FÜR IHRE PLANUNG

Die *Your task* der Unit 2 gibt den S große inhaltliche und methodische Freiheit. Die verschiedenen *Steps* liefern den S Hilfestellung, ohne sie als individuelle Lerntypen einzuschränken. L sollte im Hintergrund agieren, die S beraten und Fragen beantworten. *Step 1* und *Step 2* sind Arbeitsschritte, die die S inhaltlich ohne L bearbeiten können. L sollte jedoch die einzelnen Schritte zeitlich takten und zwischendurch – beispielsweise durch das Einläuten des nächsten *Steps* – für gemeinsame Plateaus sorgen, auf denen etwa eine Sicherung oder eine Prozessplanung stattfindet. Es bietet sich an, die einzelnen Schritte gemeinsam zu lesen und zu klären, was zu tun ist, denn einige S brauchen diese Art der Strukturierung. L kann zusätzliche Hilfen für leistungsschwächere S anbieten (z. B. in Form von Materialien). Die *Your task* eignet sich auch für eine phasenweise Auslagerung in die Hausaufgabe. Diese Phasen verschaffen den S Pausen und geben ihnen die Möglichkeit, weitere Ideen, die in einem anderen Umfeld entstanden sind, und Materialien von zu Hause einzubringen.
Sehr wichtig ist eine Präsentation am Ende des Projektes. So kann z. B. im Rahmen eines ►*Gallery walk* die Arbeit jedes S gewürdigt und kriterienorientiert beurteilt und kommentiert werden.

Music magazine

ERARBEITUNG STEP 1

Die S lesen im Plenum die Aufgabenstellung zur *Your task* und *Step 1* und sammeln Ideen zu den Auswahlmöglichkeiten an der Tafel. Anschließend entscheiden sie sich frei für ihr Lieblingsthema.

MUSTERLÖSUNG

Music group at my school	A singer / band / musician	My favourite instrument
the choir	Katy Perry	the piano
the school band	One direction	the guitar
the teachers' band	...	the drums

ERARBEITUNG STEP 2

Im Plenum lesen die S die Aufgabenstellung und als Beispiel *My favourite singer* auf SB-Seite 44. Anschließend arbeiten sie in EA. L weist sie dabei auf die *Wordbank* 2 zum Thema *Music* und das *Skills File 2: Mindmaps (Revision)* hin. Die S erstellen eine Mindmap zu ihrem Thema und vergleichen dieses im Anschluss mit ihrem Nachbarn. Dieser kann zusätzliche Impulse geben und ggf. die Mindmap erweitern. L steht als Ansprechpartner zur Verfügung.

➔ Wordbank 2 (p. 141)
➔ SF 2: Mindmaps (p. 146)

ERARBEITUNG STEP 3

Die S bereiten die graphische Gestaltung ihres Posters vor, indem sie Bilder suchen (online, Zeitschriften etc.) oder selbst zeichnen/malen. Aus zeitökonomischen Gründen eignet sich diese Phase sehr gut für eine Auslagerung in die Hausaufgabe. Ist ein Computerzugang in der Schule unproblematisch, kann eine Online-Bilderrecherche mit Unterstützung durch L auch dort erfolgen.

ERARBEITUNG STEP 4
Die S lesen die Aufgabenstellung zu *Step 4* im Plenum. Es empfiehlt sich, an dieser Stelle gemeinsam Kriterien für eine gute (Musikzeitschrift-) Seite oder ein gutes Poster zu erarbeiten und diese schriftlich zu sichern (z.B. *short texts with lots of different adjectives, headings, interesting pictures, captions, correct spelling, no copying from the internet* etc.). In Access Band 1, Unit 4, haben die S bereits erste Kenntnisse im Hinblick auf *Putting a page together* sammeln können, auf die jetzt rekurriert werden kann. Die eigentliche Erarbeitung der Texte kann auch im Rahmen einer HA geschehen, da die S dort eher in Ruhe und unter weniger Zeitdruck kreativ arbeiten können.

ERARBEITUNG STEP 5
Die S vergleichen ihre Texte in PA. Sie kritisieren diese konstruktiv unter Berücksichtigung der erarbeiteten Kriterien für eine gute Seite/ein gutes Poster und eines guten Feedbacks.
Hinweis: Die Kontrolle von großen S-Produkten ist aufwendig für L. Wenn L Fehler auf den Postern vermeiden möchte, sollten die Texte zusätzlich durch L korrigiert werden, bevor diese in der Klasse veröffentlicht werden.

➜ SF 19: Peer feedback (p. 155)

ERARBEITUNG STEP 6
Gemäß SB. Als HA geeignet.

ERARBEITUNG STEP 7
Bevor alle S-Arbeiten in einem Hefter gesammelt werden, werden sie in einem ►*Gallery walk* präsentiert. Auf diese Weise können alle S-Arbeiten gewürdigt, kriterienorientiert beurteilt und verglichen werden.

Alternative
Je nach Finanzlage der Schule kann tatsächlich für jeden S ein Magazin in einem Hefter zusammengestellt werden, damit die S dieses ihren Eltern zeigen können. Möglich ist auch, das Magazin in Form einer Wandzeitung in der Klasse oder im Foyer der Schule auszustellen.

SELBSTEVALUATION
Am Ende der Unterrichtseinheit gibt L den S Zeit zur Selbstevaluation und -reflexion. Diese eignet sich für eine Stillarbeitsphase im Unterricht, weil die S der Aufgabe dann tatsächlich nachkommen. Im Anschluss an die Einschätzung der eigenen Leistung, fragt der L nach den Ergebnissen dieser Einschätzung. Die S nennen einige Aspekte, die ihnen bei sich selbst aufgefallen sind.

Out and about

Storyline	Freitag nach der Schule treffen wir Maya und Lucy beim Shoppen in der Fußgängerzone. Sam und Justin hingegen planen den Dreh eines Kung Fu-Films. Während sie über den Plot sprechen, treffen sie auf Leo, den sie in ihr Konzept mit einbeziehen. Schließlich filmen die drei am See im Radford Park, doch der Dreh bringt einen der Freunde in Gefahr.
Kommunikativer Kompetenzschwerpunkt	**Speaking:** Unit 3 bietet eine Auswahl von Übungen und Themen zu Ausbau und Schulung der dialogischen und monologischen Sprechfertigkeiten. Die S üben sich in der englischsprachigen Gesprächsführung, indem sie Wege beschreiben und nach diesen Fragen, über einen Text zum Thema Einkaufen sprechen, selbst Einkaufsgespräche führen und über sich selbst sprechen. Die S können … Orte und Wege anhand eines Stadtplans beschreiben und danach fragen (SB-Seite 46–47) • über bestimmte Themen eines Textes sprechen (SB-Seite 49, 2 und 3) • Informationen aus einem Flyer adressatengerecht vermitteln (SB-Seite 51, 5) • Einkaufsdialoge führen (SB-Seite 52, 7) • über eigene Erfahrungen sprechen (SB-Seite 54, 3) • Orte und Wege im Heimatort beschreiben und danach fragen (SB-Seite 57, 2b) und c))
Sprechabsichten	Wegbeschreibungen (nach dem Weg fragen / jemandem den Weg beschreiben / sagen, wo sich etwas befindet) • Einkaufsgespräche • Personen und Dinge beschreiben (unbekannte Wörter beschreiben) • Touristen den Inhalt eines Flyers erklären
Schreibanlässe	Notizen über Einkäufe machen (SB-Seite 49, 2a)) • Fragen zu einem Text verfassen (SB-Seite 54, 2) • jemandem Tipps geben (SB-Seite 57, 1d) und e)) • beschreiben, was jemand getan hat und eine Geschichte schriftlich zusammenfassen (SB-Seite 59, 2) • mit Hilfestellung den Inhalt eines Textes zusammenfassen (SB-Seite 59, 1b)) • Sprechblasen mit Inhalten füllen oder eine Nachricht oder einen Dialog schreiben *(You choose,* SB-Seite 59, 3)
Language Skills	**Grammatische Strukturen**: *Relative clauses* • *Relative pronouns* • *Adjectives and adverbs* **Wortfelder**: *Maps and directions* • *Money and prices* • *Shopping: clothing, fashion* **Reading course:** *Scanning a text*
Study Skills	**Study posters.** Lernplakate kriterienorientiert erstellen (SB-Seite 56)
Kooperative Lernformen	*Milling around activity* (SB-Seite 51) • *Think-Pair-Share* (SB-Seite 52) • *Partner A and B activity* (SB-Seiten 51/137, 5)
Hör-/Sehverstehen: The world behind the picture	**A German tourist in Plymouth.** Eine deutsche Touristin in England (SB-Seite 57, 1) **Everyday English: The way to Peter's house.** Jack und Oliver auf dem Weg zu einer Feier (SB-Seite 57, 2)
Lernaufgabe: ***Your task***	**Town rally.** Eine Rally durch die eigene Stadt für einen Besucher aus Großbritannien bzw. für Mit-S gestalten (SB-Seite 60–61).

KOMMUNIKATIVE KOMPETENZEN
Die S können …
Hören: Wegbeschreibungen anhand von Straßennamen und Richtungsangaben verstehen und auf einer Karte nachvollziehen (SB-Seite 46, 2a))
Sprechen: sagen, wo sich Morph auf einem Stadtplan befindet und beschreiben, wie er aussieht (SB-Seite 46, 1a)) · beschreiben, wo sich bestimmte Orte bzw. Gebäude befinden und nach diesen fragen (SB-Seite 46, 1b)) · nach dem Weg zu bestimmten Orten fragen und jemandem den Weg dorthin beschreiben (SB-Seite 46, 2b))

METHODISCHE KOMPETENZEN
Wege mit dem Finger auf einem Stadtplan anzeigen (SB-Seite 46, 2a))

S. 46–47

TIPPS FÜR IHRE PLANUNG
Unit 3 begleitet die Lehrwerkskinder bei ihren Freizeitaktivitäten in Plymouth. Das *Lead-in* dient der sprachlichen und inhaltlichen Vorbereitung darauf. Die S erweitern ihren Wortschatz zu den Themen Gebäude, Ortsbeschreibungen und Wegbeschreibungen durch die Beschäftigung mit Bild- und Hörtexten (**1**, **2a)**) und wenden ihre neu erworbenen Kenntnisse bei eigenständigen Wegbeschreibungen anhand eines Stadtplanes an (**2b)**). Das *Lead-in* legt somit die Grundlage für die erfolgreiche Bewältigung der *Your task*, bei der die S am Ende der Unit eine Rally durch ihren Heimatort erstellen.

➜ Folie 8

NEUER WORTSCHATZ
out and about · **opposite** · **post office** · **station** · **church** · **roundabout** · **on the corner of** Church Road **and** London Road · (to) **cross** · (to) **turn left/right +Box "left – right"**, *Voc.*, SB-Seite 189 · **straight on** · **past** · **Excuse me, ...** · **Box "Entschuldigung"**, *Voc.*, SB-Seite 189 · (to) **tell** sb. **the way (to ...)** +(to) **ask** sb. **the way** · **visitor**

EINSTIEG
SB geschlossen. L führt das Thema Ortsbeschreibungen und dazugehöriges Vokabular anhand der Beschreibung eines Ortes, den L gerne besucht und der den S bekannt ist, ein. Hierbei illustriert L die Bedeutung der Vokabeln für die Ortsbeschreibung durch bestimmte Handhaltungen. Im Anschluss an ein kleines Ratespiel, beschreiben die S ihre Lieblingsorte in ihrem Heimatort. Auch hierbei kann L durch illustrierende Handhaltungen Hilfestellung leisten. Alternativ kann L einen Ort auch mit Hilfe eines mitgebrachten Bildes (mind. DIN A 3) präsentieren.

➜ Realia (Bild eines „Lieblingsortes" auf DIN A3 o. ä.)

L: Let's talk about nice places for free-time activities in … (Name der Stadt). When I'm not at home and not at school I sometimes go to … ("Lieblingsort" von L, möglichst an einer Straßenecke gelegen). It's my favourite place. It's <u>on the corner</u> (L formt mit beiden Händen eine Ecke) <u>of</u> … (Name der einen Straße) Road <u>and</u> … (Name der anderen Straße) Road.
(L hält einen Gegenstand (z. B. Federmappe, Blatt Papier) hoch, der den „Lieblingsort" symbolisiert): … (Ort) is also <u>next to</u> … (Name eines Gebäudes, das neben dem Lieblingsort steht) (L hält den Gegenstand neben die gehobene Handfläche der anderen Hand.).
And it is <u>in front of</u> (L hält den Gegenstand vor die gehobene Handfläche der anderen Hand) … (Gebäude/Ort, vor dem sich der Lieblingsort befindet).
It's <u>behind</u> (L hält Gegenstand hinter die gehobene Handfläche der anderen Hand) … (Gebäude/Ort, hinter dem sich der Lieblingsort befindet) and it's <u>opposite</u> (L hält den Gegenstand gegenüber die gehobene Handfläche der anderen Hand.) … (Name eines bekannten Gebäudes/Ortes gegenüber vom Lieblingsort).

L: Let's make a little quiz. Who remembers what is opposite (ggf. mit illustrierenden Handhaltungen unterstützen) my favourite place? (S: It's …)
Who remembers what is next to my favourite place? (S: …)
Who remembers what is in front of my favourite place? (S: …)
And what is behind my favourite place? (S: …)
Now, this one is tricky: Who remembers on which corner my favourite place is? (S: …)
Now you. Tell us about your favourite place and where it is.
S1: My favourite place is the sports club behind the school.
S2: …

1 Morph's map

EINSTIEG

SB geschlossen. Die S reaktivieren ihr Vorwissen über Plymouth, indem sie bekannte Orte und Gebäude der Stadt zusammentragen, ggf. können die S auch sagen, wo sich diese Orte in Plymouth befinden.
L: Let's talk about places in Plymouth. What places in Plymouth do you remember? (ggf. Zusatzfrage: Do you remember where it is?) (S: Plymstock School, the harbour, Plymouth Sound, the Hoe, the Lido, the Big Wheel, …)

ÜBERLEITUNG

L: You know Morph lives in Plymouth too. Where does he live there?
S: He lives in the library of Plymstock School.
L: Yes, and he likes to go places in Plymouth too. Let's find out more about this. Please open your books at page 46.

ERARBEITUNG

a) 👥 SB geöffnet. Ein S liest die Aufgabenstellung vor. Ein weiterer S vervollständigt das Beispiel für Partner B im Plenum. Anschließend erklären sich die S in PA gegenseitig, wo sie Morph in der Landkarte sehen können.

SICHERUNG

Zur Sicherung der Ergebnisse tragen die S im Anschluss an die PA ihre Fundorte der Morphs im Plenum zusammen und sagen, welchen dieser Morph-Orte sie am besten finden.
L: How many Morphs have you found? • In which places have you found Morph? • Which one of Morph's places do you like best?

MUSTERLÖSUNG

I can see Morph …
in front of the theatre (He's standing on the street.) • at the market (He's in a vegetable box.) • at the bus station (He's a bus.) • in the harbour (He's a boat.) • next to the Big Wheel at the Hoe (He's a tree.)

ERARBEITUNG

b) 👥 SB geöffnet. Die S fragen sich gegenseitig, wo bestimmte Orte auf dem Stadtplan von Plymouth zu finden sind und beschreiben deren Lage. L: Now, talk about the places in Plymouth like in the example.
L fordert zwei S auf, den im SB abgedruckten Beispieldialog vorzulesen und ein weiteres Beispiel selbstständig vorzutragen.

MUSTERLÖSUNG

1 theatre: It's on Royal Parade. / It's next to the roundabout. • 2 post office: It's near the harbour, between St. Andrew's Cross and the bus station. • 3 shopping centre: It's in Charles Street, near the bus station/post office. • 4 market: It's on the corner of Cornwall Street and Market Avenue. • 5 bus station: It's near the harbour, next to the post office. • 6 museum: It's on the Barbican, near the harbour. • 7 hotel: It's Citadel Road, near the Big Wheel • 8 church: It's on the corner of Catherine Street and Guildhall Square. • 9 roundabout: It's in front of/behind the theatre. • 10 harbour: It's near the bus station.

SICHERUNG

Zur Sicherung werden die Ergebnisse im Rahmen einer ►Kettenübung im Plenum vorgetragen, bei der immer der S, der die vorangehende Frage beantwortet hat, die nächste Frage stellt.

→ Your task, SB-Seiten 60–61

2 How do you get there?

EINSTIEG

SB geöffnet. L zeichnet fiktive Verkehrsschilder an die Tafel, um die für Wegbeschreibungen benötigten Vokabeln turn left (Pfeil, der nach links abbiegt), turn right (Pfeil, der nach rechts abbiegt), cross (Pfeil, der eine andere Linie kreuzt) und go past (Pfeil, der an einem Haus vorbeiführt) einzuführen. Die S erklären, was das jeweilige Verkehrsschild aussagen könnte und ordnen jedem Schild mit Hilfe der Vokabelbox bei **2b)** eine Bezeichnung zu.

L: Signs with directions help you to find the way to a place. Look at the signs and explain what they say.

Die S beschreiben die in den Verkehrsschildern vorgeschlagenen Wege in eigenen Worten und mit Hilfe von Handzeichen.

L: Now look at the box at **2b)** in your books (L hält SB hoch und zeigt auf die Vokabelbox) and try to find titles for each sign.

Die S nennen mögliche Titel für die Verkehrsschilder. L schreibt die jeweils passenden Titel zu den Schildern an die Tafel.

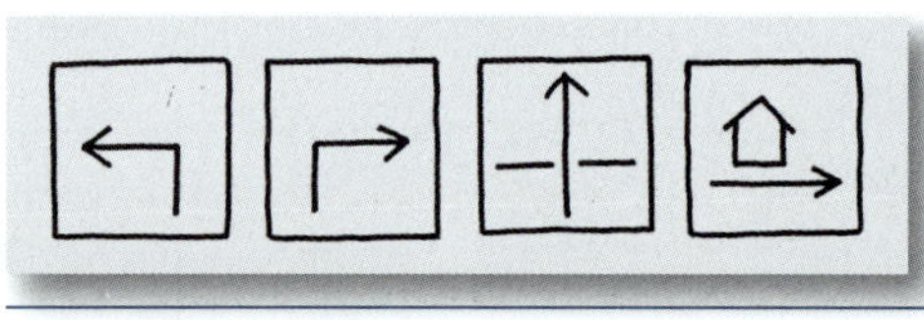

ERARBEITUNG

a) SB geöffnet. Die S hören Morphs Beschreibung von seinem Weg durch den Stadtplan von Plymouth und verfolgen seinen Weg mit dem Finger auf dem Plan im SB.

L: Let's listen to Morph and find out where he is and where he goes. While you listen, follow Morph with your finger on the map.

L hält dabei das SB hoch und zeigt einen fiktiven Weg mit dem Finger auf dem Stadtplan an.

→ 2 01 Transkript online

LÖSUNG

Morph is in the library.

His way on the map:

1) To the harbour: Hoe Approach, Notte Street, Vauxhall Street, Vauxhall Quay: harbour
2) To the bus station: Vauxhall Quay, Vauxhall Street (turn right), Breton Side: bus station
3) To the market: Exeter Street, St. Andrew's Cross, Royal Parade, Derry's Cross, Raleigh Street, New George Street: market

KV 9: How do you get there? zeigt Morphs Weg(e) in Plymouth mittels einer gepunkteten Linie und kann zur Auswertung auf Folie gezogen werden.

ERARBEITUNG

b) Die S üben Wegbeschreibungen, indem sie sich gegenseitig den Weg von der Bushaltestelle zu bestimmten Orten in Plymouth beschreiben und danach fragen.
Ein S liest dafür zunächst den Arbeitsauftrag vor. Zwei weitere S spielen einen Musterdialog vor, bevor alle S diese Aufgabe bearbeiten.

Alternative
Die Aufgabe kann auch im ►*Milling around*-Verfahren durchgeführt werden, sodass S immer wieder neue Dialogpartner befragen.

SICHERUNG

Die Sicherung der eingeübten Wegbeschreibungen kann als Quiz erfolgen, bei dem jeweils ein S einen Weg auf dem Stadtplan von Plymouth beschreibt und die anderen S diesen Weg mit dem Finger auf dem Plan verfolgen und dabei herausfinden müssen, zu welchem Ort die Wegbeschreibung führen sollte. Wer die richtige Antwort herausgefunden hat, darf dann den nächsten Weg beschreiben.

Weitere Differenzierung
Leistungsstärkere S können ihren Schulweg in einem kleinen Text oder mit einer beschrifteten Zeichnung beschreiben.

➜ Your task, SB-Seiten 60–61

Your task

L kann zum Abschluss der Einführungsseiten im Sinne der Lernzieltransparenz auf die Lernaufgabe am Ende der Unit hinweisen, bei der Wegbeschreibungen im Heimatort eine zentrale Rolle spielen werden (SB-Seite 60).

➜ Your task, SB-Seiten 60–61

KOMMUNIKATIVE KOMPETENZEN
Die S können …

Hören: EXTRA Hauptinformationen aus verschiedenen Einkaufsgesprächen entnehmen (SB-Seite 48, BF)
Lesen: einen Text mit überwiegend bekanntem Sprachmaterial zum Thema Einkaufen verstehen (SB-Seiten 48–49, 1) • Satzhälften lesen und inhaltsgebunden zusammensetzen (SB-Seite 49, 3)
Sprechen: über Einkäufe sprechen (SB-Seite 49, 2b))
Schreiben: Notizen über Einkäufe machen (SB-Seite 49, 2a))

METHODISCHE KOMPETENZEN
Zu einem Hördialog (SB-Seite 48, *Background file*) und zu einem Text (SB-Seite 49, 2) Notizen erstellen

S. 48–49

TIPPS FÜR IHRE PLANUNG
Im Zentrum der kommunikativen Arbeit in *Part A* stehen Dialoge zum Thema Einkaufen. Durch ein *Background file* zum Thema Geld ergänzt, werden hier verschiedene Einkaufssituationen bei einer Einkaufstour von Lucy und Maya vorgestellt. Sprachlich begegnen die S an dieser Stelle erstmals lesend den *Relative clauses*. Diese reproduzieren die S in **3** vorbewusst, bevor die Bewusstmachung, die eigenständige Produktion und die Einübung des neuen sprachlichen Mittels in *Part A Practice* erfolgen. Es empfiehlt sich, das *Background file* vor dem Lesen des Textes zu thematisieren; danach bilden **1**, **2** und **3** eine in sich geschlossene Einheit, die direkt in die Übungssequenz führt.

EINSTIEG
SB geschlossen. L führt in das Thema Einkaufen ein, indem L von eigenen Einkäufen berichtet, S nach ihren letzten Einkäufen fragt und das Vokabular für den Bezahlvorgang vorstellt. Anschließend kann das *Background file* mit Informationen zur britischen Währung und Hörbeispielen von Einkaufssituationen zur vertiefenden Einführung in das Thema genutzt werden.
L: What was the last thing that I bought? Can you guess it?
Die S raten, was L zuletzt gekauft hat.
L: (Geht auf S-Antworten ein.) The last thing that I bought was a …. What was the last thing that you bought?
Die S nennen Gegenstände, die sie gekauft haben.
L: When I bought my … it cost 12 euros, but I only had a 20 euro note with me. So I gave the 20 euro note to the shop assistant and she gave me back some change because, when you give more money to the shop assistant than what the things cost, you get back some money. Who can tell how much change I got back? The book cost 12 euros, but I gave 20 euros to the assistant...
S: Eight euros.

EXTRA Background file: Money

NEUER WORTSCHATZ
°euro • °cent

INFO-BOX
Im Gegensatz zu vielen anderen Staaten der Europäischen Union hat Großbritannien im Zuge des Vertrags von Maastricht (1992) nicht den **Euro** eingeführt, sondern verwendet für den nationalen Zahlungsverkehr nach wie vor das britische **Pfund** (*Pound Sterling*). Ein britisches Pfund teilt sich in 100 *pence* auf, wobei das Münzgeld in den Werten 1 *penny*, 2, 5, 10, 20 und 50 *pence* sowie 1 und 2 *pounds* vorhanden ist. Banknoten gibt es im Wert von 5, 10, 20 und 50 *pounds*. Das Währungszeichen £ wird bei der Schreibung von Geldbeträgen immer vor den Betrag geschrieben (z. B. £25.99), aber nachstehend ausgesprochen (That's twenty-five pounds and ninety-nine pence.).

ÜBERLEITUNG
L: The people in Britain don't use euros and cents like the people in Germany. They use pounds and pence. Please open your books at page 48 and have a look at the Background file so we can find out more about this.

ERARBEITUNG 1
SB geöffnet. Zur Absicherung von Hörverständnis und Aussprache liest L die unterschiedlichen Bezeichnungen für Geld in der Tabelle für *Pounds and pence*, sowie *Euros and cents* vor. Die S lesen still mit. Anschließend lesen die S diese Bezeichnungen laut vor.

ERARBEITUNG 2
SB geschlossen. 1. Hören (Globalverstehen): Die S hören fünf kurze Einkaufsdialoge und notieren, was jeweils gekauft wird. Dafür schreiben sie vor dem Hören Zahlen von 1 bis 5 auf ihr Blatt.
L: Now you will listen to five different shopping dialogues. Take a piece of paper and write down the numbers from one to five so you can take notes when you listen.
L wartet, bis die S die Zahlen aufgeschrieben haben.
L: Take notes on what the people in the dialogues buy.
2. Hören (Detailverstehen): Die S notieren sich, wieviel die Dinge in den Einkaufsdialogen kosten und wieviel Wechselgeld gegeben wird.
L: Now, find out how much the things cost and how much change the people get. Take notes on this.

➜ 2 04–08 Transkript online

LÖSUNG
1 The boy buys five tomatoes. They cost £2.03. He gets £2.97 change.
2 The man buys things for £31.79 and pays by card.
3 The boy buys a cheeseburger and a small cola. They cost £3.74. He gets 6p change.
4 The girl buys a T-shirt. It costs £9.99. She gets 1p change.
5 The girl buys an ice cream and a bottle of water. They cost £3.20 or €4. She gets 80p change.

SICHERUNG
Die S vergleichen ihre Ergebnisse in PA und korrigieren sich gegenseitig.
Anschließend lesen sie ihre Ergebnisse zur Absicherung im Plenum vor.

Access to cultures
L: Do you know any (European) countries that do not use the euro?

1 At the shops

NEUER WORTSCHATZ
pedestrian zone · **after** · **just after ...** · (to) **cost** *simple past:* **cost** · (to) **close** · (to) **need to do sth.** · **chocolate** · **flower** · **stall** · **city** · **plastic** · °triangle · °set square · **felt pen** · **as** · **cash desk** · **shop assistant** (*kurz auch*: **assistant**) · **set** · **Have you got ...?** **+Box "German 'haben'"** *Voc.*, SB-Seite 190 · **change**

ÜBERLEITUNG
L: Let's find out about what Maya and Lucy buy. Please open your books at page 48.

ERARBEITUNG
SB geöffnet. 1. Lesen/Hören (Globalverstehen): Die S hören den Einkaufsdialog von Maya und Lucy von der CD und lesen still mit. Anschließend benennen sie die Gegenstände, die Maya und Lucy kaufen wollen. L hält diese in einem Tafelbild (siehe: **2 What do they buy?**, Musterlösung) fest.
L: Listen to the CD and read the text. · L: What do Maya and Lucy want to buy?

➜ 2 02–03

2. Lesen (Detailverstehen): Die S lesen den Text mit verteilten Rollen laut. Ggf. werden die Rollen abschnittsweise neu an die S verteilt, damit mehr S vorlesen können. Anschließend bearbeiten sie Aufgabe **2** zur Absicherung ihres Detailverstehens.
L: Read the text aloud. Who wants to be Lucy? Who wants to be Maya? Who is the narrator? Who is the assistant?

ÜBERLEITUNG
L: Now, take notes on the questions in Number 2 on page 49.

2 What do they buy?

ERARBEITUNG
a) SB geöffnet. Die S machen sich fragengestützt Notizen zu Detailinformationen aus dem Lesetext.

DIFFERENZIERUNG More help
Leistungsschwächere S arbeiten auf SB-Seite 126. Dort finden sie Hilfen zur Strukturierung der Aufgabe und ihrer Ergebnisse in Form einer Tabelle.

MUSTERLÖSUNG

Maya and Lucy at the shops

Who?	What?	Why?	Does she buy it/them?	Why not?
Maya	chocolates	a present for Lucy's grandparents	No	Lucy doesn't want to go to the chocolate shop in the Barbican.
Lucy	felt pens	-	Yes	
Maya	flowers	a present for Lucy's grandparents (Lucy's grandma likes flowers.)	No	Lucy says that her grandma just likes to see them.
Lucy	a set square	She needs it for maths. Hers broke last week.	No	You can only buy them in maths sets.
Lucy	trainers	She could have fun in them.	No	They cost a lot of money.

ERARBEITUNG
b) 👥 Anschließend erklären sich S ihre Ergebnisse gegenseitig in PA.

MUSTERLÖSUNG
– Maya wants to buy chocolates. She needs a present for Lucy's grandparents. But she doesn't buy chocolates because Lucy doesn't want to go to the Barbican where the chocolate shop is.
– Lucy buys felt pens.
– Maya wants to buy flowers. She needs a present for Lucy's grandparents and Lucy's grandma likes flowers. She doesn't buy flowers because Lucy says that her grandma just likes to see them.
– Lucy wants to buy a set square. She needs it for maths and hers broke last week. She doesn't buy it because you can only buy set squares in maths sets.
– Lucy wants to buy trainers because she could have fun in them. She doesn't buy them because they cost a lot of money.

SICHERUNG
Die S tragen ihre Ergebnisse im Plenum vor. L trägt diese in die Tabelle an der Tafel ein.

3 Have a go

ERARBEITUNG
Die S reproduzieren die im Lesetext neu eingeführten *Relative clauses*, indem sie dem Lesetext entsprechend inhaltlich passende Haupt- und Relativsätze zusammenfügen.

Weitere Differenzierung
In leistungsschwächeren Lerngruppen erhalten die S ein paar Minuten Zeit zur eigenständigen Bearbeitung der Aufgabe und zum Notieren ihrer Ergebnisse.

LÖSUNG
1f • 2d • 3a • 4e • 5b • 6c

SICHERUNG
Die S lesen die zusammengefügten Sätze im Plenum vor und korrigieren sich ggf. gegenseitig.

S. 50

TIPPS FÜR IHRE PLANUNG
In *Part A Practice* erfolgt zunächst die Bewusstmachung, Systematisierung und Einübung der *Relative clauses* mit den Relativpronomina *who, which* und *that*. Die Bearbeitung der *Looking at language*-Box wird dabei der Übungssequenz (**1–4**) vorangestellt, bei der die S ausgehend von systematisch gelenkten Einsetz- und Kombinationsübungen (**1**, **2**) zur selbstständigen Produktion von Relativsätzen (**3**, **4**) in authentischen Kontexten geführt werden.
Im Anschluss an eine Mediationsübung (**5**), wird dann die Sprechkompetenz im Themenbereich Einkaufsgespräche geschult (**6**, **7**) und anhand eines Songs (**8**) vertieft.

➔ Folie 9

Looking at language

EINSTIEG
SB geschlossen. Die S aktivieren ihr Hör- und Leseverständnis von Relativsätzen bei einem Quiz in PA. Hierzu erhalten sie nach Partner A und B getrennte Karten mit Quizfragen, die *Relative clauses* enthalten (► KV 10) und die sie sich gegenseitig stellen.
L: Today we're going to start with a little quiz. You play it with your partner. Everyone gets one card with questions and the correct answers. Don't show it to your partner! Partner A reads the questions and partner B guesses the correct answers. When you have finished, you switch roles.

KV 10: Partner quiz (Relative clauses).

Alternative
Die S lesen den Lehrwerkstext **1** *At the shops* mit verteilten Rollen zur Aktivierung des Vorwissens vor.

➔ LAS 3.1

ERARBEITUNG
SB geöffnet. L liest die Erklärung zu *Relative clauses* mit den beiden Beispielsätzen vor oder gibt diese Aufgabe an leistungsstärkere S ab. Anschließend erarbeiten die S anhand der Aufgaben (**a)**, **b)**, **c)**), die sich auf Satzbeispiele aus **1** *At the shops* beziehen, selbstständig, wann welches Relativpronomen verwendet wird.
L: Now, work through **a)**, **b)** and **c)** and write down the correct answers.
a) SB geöffnet. Die S suchen die beiden angegebenen Sätze aus **1** *At the shops* heraus und ergänzen das dort zu findende Relativpronomen.

LÖSUNG
Footloose Shoes: for boys and girls <u>who</u> have lots of money.
There aren't any shops <u>which</u> sell school things in the Barbican.

ERARBEITUNG
b) SB geöffnet. Die S suchen zwei weitere Sätze aus **1** *At the shops* heraus und ergänzen die hier verwendeten Relativpronomen in den vorgegebenen Sätzen.

LÖSUNG
It's your grandma that likes chocolates, right?
Well, there's the little shop that makes its own chocolates.

ERARBEITUNG
c) SB geöffnet. Anhand ihrer Ergebnisse aus **a)** und **b)** leiten die S ab, wann welches Relativpronomen verwendet wird und ergänzen diese in ihrer Abschrift des Diagramms aus der *Language practice*-Box.

LÖSUNG
things: which · people or things: that · people: who

SICHERUNG
Die S tragen ihre Ergebnisse, die in einem TB festgehalten werden, im Plenum vor. Das TB übertragen sie in ihre Unterlagen.

Relative Clauses
give information about a thing or a person.

Example:
The thing which is yellow.
The person who wears a blue pullover.

We use the relative pronoun
– which for things
– who for persons
– that for things and persons

Alternative
Die S lesen das *Grammar file* zum Thema *Relative clauses* und bearbeiten die dazugehörige Übung.

➜ GF 7: Relative clauses (p. 165)

➜ Your task, SB-Seiten 60–61

1 I like people who laugh a lot (Relative pronouns: who or which)

ERARBEITUNG
a) SB geöffnet. Die S ordnen verschiedene Worte den Relativpronomen *who* oder *which* zu. Dafür schreiben sie die im Buch vorgegebene Tabelle ab und ergänzen diese.

LÖSUNG

"who"-words	"which"-words
people	shops
parents	books
bands	animals
teachers	clothes

SICHERUNG
Die S lesen ihre Ergebnisse im Plenum vor und vergleichen bzw. korrigieren ihre Ergebnisse.

ANWENDUNG
b) SB geöffnet. Die S bilden Relativsätze, indem sie vorgegebene Satzbausteine zusammenfügen und sich jeweils für das passende Relativpronomen entscheiden.

Weitere Differenzierung
Leistungsstärkere S können hier auch eigene Satzbausteine einbringen.

MUSTERLÖSUNG
I like / don't like shops which sell computers.
I like / don't like people who laugh a lot.
I like / don't like parents who make silly jokes.
I like / don't like …

➜ Workbook 6 (p. 30)

➜ Your task, SB-Seiten 60–61

2 Shopping in town (Relative pronouns: who, which or that)

NEUER WORTSCHATZ
(to) **know about** sth.

ANWENDUNG
SB geöffnet. Die S übernehmen die Fragen und Sätze aus dem SB in ihr Heft und fügen das jeweils fehlende Relativpronomen ein.

LÖSUNG
1 Do you have a T-shirt which/that isn't too expensive?
2 I'm looking for the assistant who/that sold me this pen.
3 How much are the cameras which/that you can use in water?
4 I need a present for a friend who/that likes music.
5 Where are the nice toys which/that you had last week?
6 I need somebody who/that knows about phones!
7 I bought a torch here which/that broke the next day.
8 I'd like some trainers which/that are OK for the gym.

DIFFERENZIERUNG Early finisher
Leistungsschnellere S schreiben mit Hilfe der vorgegebenen Satzanfänge drei bis vier eigene Sätze mit Relativpronomen auf, die sie oder ihre Freunde in einem Einkaufszentrum sagen könnten.

MUSTERLÖSUNG
Let's find a shop which sells sweets. • I'm looking for a shop that sells flowers. • I know somebody who would like to have these trainers. • …

SICHERUNG
Die S lesen ihre Sätze im Plenum vor und korrigieren diese ggf. gegenseitig.

➜ Workbook 7 (p. 30)
➜ Your task, SB-Seiten 60–61

S. 51

3 GAME Who is who? (Relative pronouns: who/that)

ERARBEITUNG
a) SB geöffnet. Die S schreiben vier Relativsätze auf, mit denen sie verschiedene Personen ihrer Schule beschreiben.

DIFFERENZIERUNG More help
Leistungsschwächere S finden für diese Aufgabe auf SB-Seite 126 Hilfestellung in Form von Satzbausteinen, aus denen sie Relativsätze herstellen können.

ANWENDUNG
b) SB geschlossen. Die S gehen im Rahmen einer ►*Mingling activity* durch den Klassenraum, um mit verschiedenen Partnern zu sprechen, und beschreiben diesen auf Grundlage ihrer in **a)** geschriebenen Relativsätze Personen ihrer Schule. Die jeweiligen Partner versuchen zu erraten, um wen es sich handelt.

SICHERUNG
Einige S beschreiben eine Person des Schullebens für die ganze Lerngruppe, die dann zu erraten versucht, um wen es sich handelt.

➜ Your task, SB-Seiten 60–61

Weitere Differenzierung
In leistungsstärkeren Lerngruppen kann an dieser Stelle auch die Aufgabe gestellt werden, eine berühmte Persönlichkeit für die Lerngruppe zu beschreiben.

4 I don't know the English word

ANWENDUNG

Die S beschreiben mit Hilfe von Relativsätzen, was sie in den sechs Bildern der Aufgabe sehen. Der Partner errät, um welches Bild es sich dabei handelt. L weist die S darauf hin, dass sie sich abwechseln sollten.

DIFFERENZIERUNG More help

Leistungsschwächere S finden auf SB-Seite 126 Hilfe in Form von inhaltlich passenden Satzenden zu den Sprechblasen.

DIFFERENZIERUNG Early finisher

Leistungsstärkere S verstecken anschließend einzelne Gegenstände hinter ihrem Rücken und beschreiben ihrem Partner den jeweiligen Gegenstand mit Hilfe von Relativsätzen.

MUSTERLÖSUNG

1 It's a person who helps when an animal is sick.
2 It's a thing that you use when you play tennis.
3 It's a thing that you use when you do maths.
4 It's an animal that has eight legs and lives in the sea.
5 It's a person who helps when there is a fire in your house.
6 It's a thing that you use when you run in a gym.

SICHERUNG

L malt Gegenstände/Personen oder schreibt verschiedene deutsche Begriffe an die Tafel und lässt S diese auf Englisch mit Hilfe von Relativsätzen erklären.
Vorschläge für Begriffe: Schule, Auto, Gitarre, Pferd, Sänger, Fußballspieler, Fußball, …
L: Please explain in English what these (things) are.

➜ Workbook 8–9 (p. 31)
➜ FöFo 3.2
➜ Your task, SB-Seiten 60–61

5 Helping tourists in Dresden

ERARBEITUNG

a) SB geöffnet. Partner A liest den deutschsprachigen Werbeflyer zur Peekaboo-Tour in Dresden und erklärt Partner B anschließend auf Englisch, was bei dieser Tour passiert und was sie kostet. Partner B hört zu und stellt Fragen an Partner A, falls etwas unklar ist.
Partner B erarbeitet den Werbeflyer zum Kinderstadtplan für Dresden auf SB-Seite 137. Anschließend erklärt er Partner A den Inhalt auf Englisch und beantwortet ggf. Fragen dazu.

➜ SF 12: Mediation (Revision) (p. 151)

MUSTERLÖSUNG

Partner A:
The Peekaboo-Tour DresdenCity Express is a tour through Dresden that uses little signs and quizzes to guide people through the city. You can find the signs and quizzes in the windows of shops, in buildings and at important sights. The visitors work together on the tasks from the tour package and walk through the city of Dresden. The tour is about 1.5–2 hours long. There is a Mr Peekaboo help hotline when you do the tour. The tour costs €12.50 for adults and €5.50 for children.

Partner B:
The children's map of Dresden is a map which shows buildings, numbers and colourful symbols. They are painted by hand. There is a game on the map that helps to plan a tour through Dresden. You can get a flyer with interesting information about all the great things that you can see in Dresden too. The map costs €9.90 and you can buy it at the tourist information in the Kulturpalast and at the tourist information at the train station.

SICHERUNG
Die S präsentierten ihre Ergebnisse im Plenum und ergänzen bzw. korrigieren sich gegenseitig.

➜ Workbook 10 (p. 32)

➜ Your task, SB-Seiten 60–61

S. 52

6 WORDS A bottle of milk

NEUER WORTSCHATZ
gram · packet · tin · Box "a bottle of ..., a packet of ...", *Voc.*, SB-Seite 190 · **juice · tomato** *pl.* **tomatoes**

EINSTIEG
SB geschlossen. L führt die Vokabeln für Mengenbezeichnungen mit Hilfe einer Einkaufsliste und einer mit einigen Lebensmittelpackungen, die in der Einkaufsliste vorkommen, gefüllten Einkaufstasche ein. Zunächst präsentiert L den Inhalt der Einkaufstüte, indem L jede Packung einzeln herausnimmt, sagt, worum es sich handelt und die Packung dann vor sich auf den Tisch legt. Anschließend holt L die Einkaufsliste heraus und fordert S auf, zu überprüfen, ob alles richtig eingekauft wurde. Während L die Liste vorliest, sagen die S *yes* wenn die entsprechende Packung vorhanden ist, und *no*, wenn diese Packung nicht vorhanden ist. Einzelne S können auch nach vorne kommen und die jeweilige Packung hochhalten. Abschließend sagen S, was noch eingekauft werden muss.

➜ Realia (Einkaufstüte mit verschiedenen Packungen, Dosen etc. und eine Einkaufsliste)

➜ Folie 10

L: I went shopping at the supermarket this morning. Let me show you what's in my shopping bag: a bottle of apple juice, a packet of spaghetti, a tin of tomatoes, 100 grams of cheese, ... (Hier sind L beliebige Lebensmittelsorten möglich, um die Vokabeln für die Packungsarten und Mengen einzuführen.) That looks delicious, but have I bought everything that I need? Let's check my shopping list: Is everything there? Say yes when the thing is there. Say no when the thing is not there.
L liest die Einkaufsliste vor. Diese enthält Packungen aus der Einkaufstüte und Dinge, die fehlen. Einzelne Teile können auch mit der korrekten Packungsart, aber mit falschem Inhalt (z. B. eine Dose Tomaten anstatt einer Dose Mais) oder umgekehrt (eine Tüte Mais statt einer Dose Mais) in der Einkaufstüte gelandet sein. Die S sagen als Chor *Yes* oder *No*. Wenn ein Teil aus der Einkaufsliste falsch eingekauft ist, erklären die S, was falsch ist. Abschließend fragt L: So, what have I forgotten? Please tell me what I still need to buy.

ERARBEITUNG
a) SB geöffnet. Die S üben die Vokabeln für Mengenbezeichnungen ein, indem sie Bilder den entsprechenden Mengen- oder Packungsangaben zuordnen. An dieser Stelle sollte L auf die Besonderheit bei der Pluralbildung von älteren englischen Worten wie *tomatoes* und *potatoes* im Gegensatz zu neueren Worten wie z. B. *photos* hinweisen.

LÖSUNG
200 grams of cheese · a bag of potatoes · a bottle of milk · a bottle of orange juice · a box of chocolates · a packet of biscuits · a packet of cornflakes · a tin of tomato soup · a kilo of tomatoes

ERARBEITUNG
b) 👥 SB geöfnet. Die S erarbeiten den Einkaufsdialog, indem sie die jeweils passenden Mengen- bzw. Packungsbezeichnungen in die Lücken des Dialogs einfügen. Dies kann sowohl mündlich als auch schriftlich erfolgen. Anschließend üben sie Dialog in PA ein.

Weitere Differenzierung
Leistungsstärkere S erstellen einen eigenen Dialog mit selbst gewählten Lebensmitteln und Mengen, den sie dann einüben.

LÖSUNG
Sam: I think we need milk, Dad.
Dad: OK, a bottle of milk.
Sam: Oh, and a bottle of orange juice.
Dad: Right. Then we need a bag of new potatoes.
Sam: What about a box of chocolates for mum?
Dad: Good idea! And some biscuits for us.
Sam: Yeah! A packet of biscuits.
Dad: Then we need some of the cheese that your mum likes. How much?
Sam: She always buys 200 grams of cheese.
Dad: OK. Then I want a packet of cornflakes for breakfast tomorrow.
Sam: I want to make a big tomato salad – I need a kilo of tomatoes.
Dad: And let's get a tin of vegetable soup too.
Sam: Vegetable soup? But Dad, it's only you who likes vegetable soup.

SICHERUNG
Die S präsentieren ihre Einkaufsdialoge im Plenum.

➜ Workbook 11 (p. 32)

7 Cool presents for kids

NEUER WORTSCHATZ
sock

EINSTIEG
SB geschlossen.
L: Think of your next birthday. What is the perfect present for you and what do you think it costs?

➜ FöFo 3.1

ERARBEITUNG
a) SB geöffnet. L: Let's have a look at some more presents and at what they cost. Please look at exercise number 7 on page 52. Talk to your partner about how much the presents cost. Talk to your partner like in the example in **a)**.
Die S fragen sich gegenseitig nach dem Preis verschiedener Geschenkartikel und nennen den jeweils angegebenen Preis.
Ggf. machen zwei S einen Musterdialog für die Lerngruppe vor, bevor diese mit der PA beginnt.

ERARBEITUNG
b) SB geöffnet. Die S diskutieren in PA über mögliche Geschenke für ihre Mit-S aus der Auswahl an Geschenken in **7**.

➜ Workbook 12 (p. 33)

DIFFERENZIERUNG More help
Leistungsschwächere S finden auf SB-Seite 127 Vokabelhilfen für die Begründung der Auswahl von Geschenken oder zur Begründung von deren Ablehnung.

Weitere Differenzierung
Leistungsstärkere S diskutieren zusätzlich über mögliche Geschenke für ihre Eltern, Nachbarn, Lehrer, etc..
Ggf. entwickeln die S einen eigenen Einkaufsdialog.

SICHERUNG
Die S stellen ihre Geschenkvorschläge im Plenum vor und begründen diese.

Alternative
Die S üben Einkaufsdialoge mit Hilfe von
KV 11: British money (Shopping game).

8 SONG Money

NEUER WORTSCHATZ
°(to) keep • °bee

ERARBEITUNG
a) SB geöffnet. Die S lesen den Text einer Liedstrophe zum Thema Geld durch und erklären anschließend, was darüber gesagt wird.

MUSTERLÖSUNG
The writer thinks that the best things in life are free, but he isn't interested in these things. He just wants to have money.

ERARBEITUNG
b) SB geöffnet. 1. Hören: Die S hören das Lied an und lesen den Songtext dabei mit. **2. Hören:** Die S singen das Lied mit und klatschen dazu.

→ 2 09

ERARBEITUNG
c) ►Think-Pair-Share. SB geöffnet. Zunächst schreibt jede/r S drei tolle Dinge auf, die kostenlos sind *(Think)*. Anschließend vergleichen die S ihre Ideen in PA und wählen zusammen die drei besten kostenlosen Dinge aus ihren Ideensammlungen aus *(Pair)*. Danach arbeiten die S mit einem weiteren S-Paar zusammen, mit dem sie ihre Auswahl vergleichen und dann zusammentragen, welche tollen Dinge im Leben kostenlos sind und wann es aber doch nötig ist, Geld zu haben *(Share)*.

Die *Share*-Phase kann als *Classroom discussion* durchgeführt werden oder die S bereiten kleine Vorträge zu den Fragen vor.

SICHERUNG
Die S tragen im Plenum vor, welche tollen und kostenlosen Dinge sie in der GA zusammengetragen haben und erklären, in welchen Situationen es ihrer Meinung nach nötig ist, Geld zu haben.

KOMMUNIKATIVE KOMPETENZEN

Lesen: einen Text nach bestimmten Informationen/Schlüsselwörtern absuchen (SB-Seite 53, b))

Sprechen: Lösungen mit dem Partner vergleichen (SB-Seite 53, c))

S. 53

TIPPS FÜR IHRE PLANUNG

Im *Reading course* dieser Unit wird die Lesetechnik *Scanning* eingeführt und geübt. Ausgehend von einer erläuternden Einleitung, die das *Scanning* von Schlüsselwörtern in den Mittelpunkt stellt, notieren die S zunächst die Schlüsselwörter aus Fragen zum nachfolgenden Lesetext (**a)**), scannen dann den Text in Hinblick auf diese Schlüsselwörter und deren Kontext (**b)**) und beantworten anschließend in PA die Fragen (**c)**).

Scanning a text

NEUER WORTSCHATZ

(to) **scan a text** · **souvenir** · °(to) plan · °fountain · °restaurant · °deck · °view · °all year round · °only: the only ... · °ice rink · °including · °session · °hire · °octopus · °(to) relax · °(to) enjoy · °delicious · °rescue centre · °sanctuary · °keeper · °insect

EINSTIEG

Die S erläutern die Technik des *Scanning* anhand des Beispiels einer Scannerkasse im Supermarkt. L gibt nötige Erklärungen und Hilfen, um den Vorgang zu erklären.

Weitere Differenzierung
Bei leistungsschwächeren Lerngruppen empfiehlt es sich, diesen Einstieg in Deutsch zu vollziehen.

L: Imagine you're in a supermarket and want to buy something. When you want to pay, you go to the shop assistant and give her the things you want to buy. Then the shop assistant does something with the things (L illustriert mit Gesten den Scanvorgang) and then she tells you how much you have to pay. What does the shop assistant do with the things so she knows the price? (S: Put the things on the scanner?)
Explain what the scanner does. (S: It looks for the code.) So a scanner only looks for special information. It doesn't read everything. You can read like a scanner too. When you only look for specific information, you can read very fast.

ERARBEITUNG

a) SB geöffnet. Die S lesen den einleitenden Text zum *Reading course* und die Aufgabenstellung zu **a)** laut vor. Anschließend prägen sie sich die Schlüsselwörter, nach denen sie den Text scannen sollen, ein, indem sie die fettgedruckten Wörter aus den Fragen in **a)** abschreiben.

ERARBEITUNG

b) SB geöffnet. Die S scannen den Lesetext nach den in **a)** aufgeschriebenen Schlüsselwörtern.

ERARBEITUNG

c) SB geöffnet. Die S prüfen ihre Leseergebnisse ab, indem sie die Fragen aus **a)** in PA beantworten bzw. sich gegenseitig korrigieren.

LÖSUNG

1 At two places (Tinside Lido and Sea life).
2 At the Plymouth Pavilions (skating lessons) and at the sea life learning centre.
3 To the Plymouth Pavilions (Ice Disco).
4 In the aquarium shop.
5 At the Monkey Sanctuary, one of the rescue centres for animals in Plymouth.
6 A day ticket for children under 15 at the Tinside Lido (£4.70), a skating session at the Plymouth Pavilions (£4.50) if you bring your own skates, and the sanctuary garden tickets for children under five (free).

SICHERUNG

Die S tragen ihre Ergebnisse im Plenum vor und korrigieren bzw. ergänzen die Antworten ggf. gegenseitig.

➜ SF 9: Scanning (p. 149)

➜ FöFo 3.3

➜ Workbook 13 (p. 33)

KOMMUNIKATIVE KOMPETENZEN
Die S können …

Lesen: einen Text mit überwiegend bekanntem Sprachmaterial zu vertrauten Themen verstehen (SB-Seite 54, 1, 2)
Sprechen: sich mit Mit-S zum Thema Verantwortung austauschen (SB-Seite 54, 3)
Schreiben: Fragen zum Text verfassen (SB-Seite 54, 2)

S. 54

TIPPS FÜR IHRE PLANUNG
In *Part B* begleiten die S Sam und Justin bei ihrem Plan, einen Kung Fu-Film am See im Radford Park zu drehen. Da Lucy, die für den Charakter des mit Sam rivalisierenden Kung Fu-Meisters eingeplant war, derzeit aber beim Einkaufen ist, wird diese Rolle an Leo übertragen. Mit Hilfe von Sam und Justin kann er seine Mutter überreden, ihn zum See mitgehen zu lassen. Im Lesetext werden die S behutsam mit der besonderen Verantwortung konfrontiert, die Mrs Cooper und Leos Freunde für Leo, der das Down-Syndrom hat, übernehmen müssen. Nach der Absicherung des Textverständnisses (**2**) sprechen die S über Situationen, in denen sie selber Verantwortung übernehmen müssen (**3**).
In sprachlicher Hinsicht begegnen die S auf dieser Seite erstmals lesend den *Adverbs*, welche anschließend in *Part B Practice* erklärt und eingeübt werden.

1 On the way to Radford Park

NEUER WORTSCHATZ
magic · (to) **make** sb. sth. · (to) **fight** sb., *simple past:* **fought** · **just then** · he shook his head **slowly** · **wall** · **in a loud voice** · **good** · **responsible** · **well** · (to) **worry (about)**

EINSTIEG
SB geschlossen. Die S reaktivieren ihr Vorwissen zum Lehrwerkscharakter Leo Cooper, indem sie bekannte Informationen zu Leo in einem TB zusammentragen.
L: Do you remember Leo? Please tell the class what you know about him.

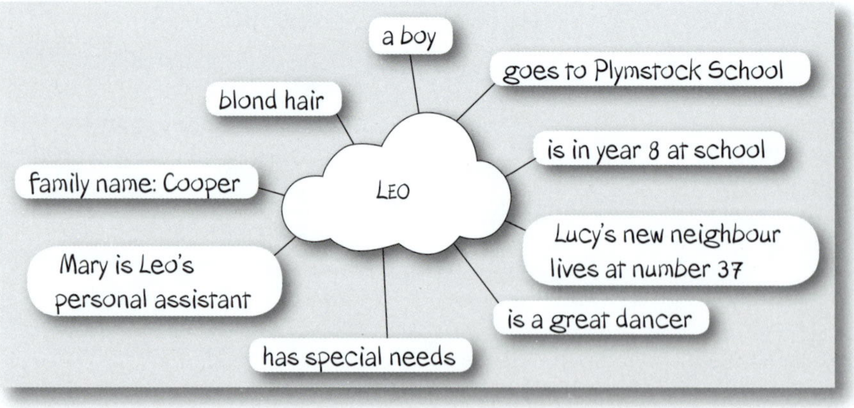

INFO-BOX
Menschen mit **Down-Syndrom** (Trisomie 21, Down syndrome) haben in jeder ihrer Körperzellen 47 statt der üblichen 46 Chromosomen, da das Chromosom 21 nicht wie üblich doppelt, sondern dreifach vorliegt. Aufgrund dieses angeborenen überzähligen Chromosoms haben Menschen mit Down-Syndrom gewisse körperliche und geistige Besonderheiten, die sie von anderen unterscheiden. In Hinblick auf die geistigen Fähigkeiten von Menschen mit Down-Syndrom reicht die Spanne von schwerer Behinderung bis zu fast durchschnittlicher Intelligenz, wobei der jeweilige Entwicklungsstand der Menschen auch stark von den ihnen zugänglichen Förderangeboten abhängig ist. Immer mehr Schülerinnen und Schüler mit Down-Syndrom nutzen heutzutage die Angebote von sogenannten Integrations- oder Inklusionsklassen, die es ihnen ermöglichen, auch allgemeinbildende Schulen zu besuchen, um Wege in den regulären Arbeitsmarkt zu finden. Menschen mit Down-Syndrom werden immer wieder neben besonderen kreativen und künstlerischen Fähigkeiten, auch eine hohe emotionale und soziale Kompetenz zugesprochen, da sie häufig sehr große Anteilnahme am Gemütszustand anderer zeigen können und sehr sensibel auf die Stimmungen in ihrem persönlichen Umfeld reagieren. Im englischsprachigen Raum ist es inzwischen üblich, von *people with special needs* in diesem Kontext zu sprechen.

ÜBERLEITUNG
L: Let's find out what Leo and his friends plan to do together.

ERARBEITUNG
SB geöffnet. 1. Lesen/Hören: Die S lesen still mit, während sie den Text von CD bzw. von L vorgelesen hören, um sich mit der Aussprache der Wörter und der Textstruktur vertraut zu machen. **2. Lesen:** Die S fühlen sich in die einzelnen Charaktere ein, indem sie den Text mit verteilten Rolen laut vorlesen.

➔ 2 CD 10

2 What happens?

NEUER WORTSCHATZ
(to) **happen (to)**

ERARBEITUNG
a) SB geöffnet. Die S prüfen ihr Leseverständnis des Textes aus **1** ab, indem sie vorgegebene Fragen zum Text beantworten.

LÖSUNG
1 Sam and Justin are going to the park because they want to make a film there.
2 They meet Leo and his mother.
3 Leo does the Spiderman trick nicely.

ERARBEITUNG
b) Die S schreiben drei eigene Fragen zum Inhalt des Textes auf.

Weitere Differenzierung
Leistungsstärkere S schreiben noch mehr (ggf. auch „schwerere“) Fragen zum Text auf.

ERARBEITUNG
c) Die S tauschen ihre Fragen **b)**, mit ihren Partnern aus und beantworten diese.

SICHERUNG
Einzelne S stellen ihre Frage im Plenum. Hier bietet sich eine S ►Kettenübung an.

3 You're responsible

ERARBEITUNG
Die S finden sich in Kleingruppen à drei bis vier S zusammen und erzählen sich gegenseitig, wann sie Verantwortung für jemanden oder für etwas übernehmen müssen.

MUSTERLÖSUNG
– Sometimes I have to …
– look after my brother/sister / go to the shops for my parents / help my grandparents / take phone messages when my parents are out / clean my room / …

Weitere Differenzierung
In leistungsschwächeren Lerngruppen werden zur Vorentlastung an der Tafel allgemeine Situationen gesammelt, in denen S Verantwortung übernehmen könnten.
L: Let's collect situations in which (young) people have to be responsible.

SICHERUNG
L: Please tell us what you have talked about in your groups.

S. 55

TIPPS FÜR IHRE PLANUNG
Part B Practice beginnt mit der Bewusstmachung des Unterschiedes zwischen *Adjectives and adverbs* mit Hilfe des Lesetextes aus *Part B*. Das Lesen des *Grammar file* wird als zusätzliche Lernhilfe empfohlen. Anschließend werden zunächst die Schreibweise von Adverbien und deren Verwendung im Satz eingeübt (**1**) sowie die unterschiedliche Verwendung von Adjektiven und Adverbien (**2**). Ein Ratespiel (**3**) dient der aktiven Anwendung von Adverbien. Abschließend erstellen die S im Rahmen der methodischen Kompetenzschulung Lernplakate zu den *Adverbien* (**4**).

➔ Folie 11

Looking at language

NEUER WORTSCHATZ
(to) **describe** sth. **(to** sb.**)** · **irregular**

ERARBEITUNG
a) SB geöffnet. L bittet S, die Einführung und den Arbeitsauftrag zu **a)** vorzulesen. Anschließend suchen die S in EA die Sätze aus dem Lesetext von SB-Seite 54 heraus und schreiben diese auf.

➔ LAS 3.2

LÖSUNG
1 "That's a <u>nice</u> idea, Sam," said Justin. (Adjective)
2 "You do that Spiderman trick very <u>nicely</u>, Leo." (Adverb)
3 He looked at Sam and Justin and laughed <u>loudly</u>. (Adverb)
4 "Yay!" Leo shouted in a <u>loud</u> voice. (Adjective)

ERARBEITUNG
b) SB geöffnet. Die S vervollständigen den Merksatz zur Bildung von Adverbien auf Grundlage ihrer Ergebnisse in **a)**. Anschließend suchen sie weitere Adverbien aus dem Text auf SB-Seite 54 heraus und schreiben diese auf.

➔ GF 8: Adverbs of manner (pp. 166–167)

LÖSUNG
To make an adverb, add <u>–ly</u> to the adjective.
More adverbs: slowly · quietly · excitedly · sadly · happily · carefully · well

SICHERUNG
Die S vergleichen und korrigieren ihre Ergebnisse aus **a)** und **b)** im Plenum, indem einzelne S ihre Ergebnisse laut vorlesen. Anschließend schreiben sie die ersten beiden erläuternden Sätze aus der *Looking at language*-Box zu ihren Ergebnissen aus **a)** und **b)** in ihr Heft.

Vertiefung
Ausgehend von der Sprechblase von Morph *(Careful! Some adverbs are irregular!)* lesen die S gemeinsam das *Grammar file* zu den Adverbien auf den SB-Seiten 166–167 und informieren sich über die Bildung von regelmäßigen und unregelmäßigen Adverbien.

1 Mad – madly (Adjectives and adverbs)

ERARBEITUNG
a) SB geschlossen. L weist auf die Besonderheit in der Schreibweise von Adverbien hin, deren Stammadjektive auf *-y* (*angry – angrily, happy –* happily) enden.
SB geöffnet. Anschließend üben S die Bildung und Schreibweise von Adverbien ein, indem sie die jeweils passenden Adverbien zu den vorgegebenen Adjektiven aufschreiben.

LÖSUNG
angrily • badly • dangerously • happily • loudly • madly • nervously • quietly • slowly • wildly

SICHERUNG
Zum gemeinsamen Vergleichen und Korrigieren lesen die S ihre Ergebnisse im Plenum vor und buchstabieren ggf. die Schreibweise der gebildeten Adverbien.

ERARBEITUNG
b) SB geöffnet. Die S hören verschiedene Beispiele an und bilden auf der Grundlage der Höreindrücke anschließend Sätze mit Adverbien.

➔ 2 11–17 Transkript online

LÖSUNG
2 Somebody is riding a bike dangerously.
3 A man is speaking quietly.
4 Somebody is eating loudly.
5 A woman is shouting angrily.
6 People are clapping wildly.
7 A girl is singing badly.

➔ Workbook 14–15 (p. 34)

SICHERUNG
Die S tragen ihre Sätze in der Klasse vor und vergleichen bzw. korrigieren diese gemeinsam.

Weitere Differenzierung
KV 12: In Radford Park. ermöglicht den S die neuen Adverbien sicher gelenkt einüben zu können, indem sie mit Hilfe vorgegebener Adverbien Tätigkeiten beschreiben, die sie in einem Bild sehen.

2 Sam's film (Adjectives and adverbs)

ERARBEITUNG
SB geöffnet. Die S üben die unterschiedliche Verwendung von Adjektiven und Adverbien ein, indem sie sich in vorgegebenen Sätzen zwischen der Verwendung eines Adjektives oder eines Adverbs entscheiden müssen.

LÖSUNG
1 Wu runs <u>excitedly</u> to the boat.
2 He's a bit <u>nervous</u>.
3 He gets the magic book and puts it <u>carefully</u> into his bag.
4 Suddenly the boat starts to move <u>wildly</u> – it's Master Wong.
5 "I want that book too!" shouts Wong <u>loudly</u>.
6 Wong and Wu start to fight. They're <u>good</u> fighters and they fight <u>well</u>.
7 "There is no winner!" says Wu. So they leave the boat and read the book <u>happily</u> together.

➔ Workbook 16–18 (pp. 34–36)

SICHERUNG
Die S lesen ihre Ergebnisse im Plenum vor und korrigieren sich ggf. gegenseitig.

3 GAME Are you playing the drums quietly?

ERARBEITUNG

a) Die S finden sich in Kleingruppen à 3–5 S zusammen und erstellen die für das Spiel nötigen Spielkarten, indem sie in ihrer Gruppe 15 Kärtchen mit unterschiedlichen Aktivitäten (z. B. *play the drums*) und zehn Kärtchen mit Adverbien (z. B. *loudly*) beschriften.

ERARBEITUNG

b) Die einzelnen Gruppen bereiten das Spiel vor, indem sie die Kärtchen mit den Aktivitäten mischen und sie als Stapel mit der beschrifteten Seite nach unten auf den Tisch legen. Die Karten mit den Adverbien werden aufgedeckt rund um den Stapel mit den Aktivitätenkärtchen angeordnet.

ERARBEITUNG

c) Die S spielen das Spiel in ihren Kleingruppen und wenden Adverbien an, indem jeweils ein Gruppenmitglied ein Kärtchen mit einer Aktivität nimmt und dann diese Aktivität in einer Weise schauspielerisch darstellt, die einem der zuvor aufgeschriebenen Adverbien entspricht. Die anderen Gruppenmitglieder erraten, um welche Aktivität es sich handelt und auf welche Art und Weise diese durchgeführt wurde. Anschließend übernehmen nacheinander auch die anderen Gruppenmitglieder die Rolle des Schauspielenden während der jeweilige Rest der Gruppe errät, um welche Tätigkeit und welche Art und Weise es sich handelt.

SICHERUNG

➜ FöFo 3.4

Die Kärtchen mit den Aktivitäten aller Gruppen werden gemischt und im Klassenraum auf einen Stapel gelegt. Anschließend kommen einzelne S nach vorne, nehmen sich eine Karte und machen die jeweils angegebene Aktivität pantomimisch vor. Der Rest der Lerngruppe errät, um welche Tätigkeit es sich handelt und auf welche Art und Weise diese ausgeführt wurde.

L: Now, let's play the game together. Bring your activity cards to this table (L zeigt auf den Tisch, auf dem die Aktivitätenkarten gesammelt werden sollen) so we can play together.

(L mischt die Aktivitätenkarten und formt damit einen Stapel.)

L: To play this game together you come here, take a card, read it (but don't tell the others what's on it) and act the activity out. Make sure you act it out in a way that the others can guess what you are doing and how you are doing it.

S. 56

4 Study skills: Study posters

NEUER WORTSCHATZ

topic · (to) **hang** *simple past:* **hung** · (to) **highlight** · (to) **underline** · **draft**

EINSTIEG 1

SB geschlossen. Die S reaktivieren und erweitern ihr Wissen zu Lernmethoden, indem sie verschiedene Vorschläge zusammentragen, wie sie Grammatikthemen, wie z. B. die Bildung von Adverbien, am besten lernen können.

L: There are different ways to learn English grammar. Think of our new topic: adverbs. What can you do to learn them? (ggf.: What other things can help you to study grammar topics?) (S: Write the rules into an exercise book. / Use notes or cards/a computer programme to learn the rules. / Play grammar games. / Do exercises. / …)

ÜBERLEITUNG

L: Now we'll learn about another way to study grammar. Study posters help you to learn too. So, let's find out more about this. Please open your books at page 56.

EINSTIEG 2

SB geöffnet. Die S betrachten und beschreiben das Lernplakat auf SB-Seite 56 zu *Relative clauses*. Dabei sollte das gesamte Poster, also die darauf stehenden Sätze und Wörter sowie gestalterische Details beschrieben werden.

L: Look at the poster on page 56. Please describe what you see.

Anschließend werden die Überschrift der Seite und die einleitenden Sätze zu den Lernplakaten vorgelesen.

ERARBEITUNG

a) SB geöffnet. Die S ordnen die sechs im SB gegebenen Tipps für die Gestaltung von Lernplakaten den passenden Sprechblasen von Morph zu.

Im Anschluss an die Bearbeitung dieser Aufgabe empfiehlt sich die Erstellung eines TB, welches die S in ihre Aufzeichnungen übertragen. Dieses sollte die sechs Tipps aus dem SB aufgreifen, sodass die S bei der nachfolgenden Gestaltung ihrer Lernposter einen Leitfaden in ihren Aufzeichnungen haben, auf den sie zurückgreifen können.

Eine intensive Auseinandersetzung mit den Kriterien für Lernposter kann dadurch erzielt werden, dass die S die sechs Tipps zur Postergestaltung bewerten und nach ihrer Wichtigkeit anordnen, sodass im TB der Tipp mit der für die S höchsten Priorität als erstes erscheint, der Tipp mit der geringsten Bedeutung als letztes.

Tips for good study posters

1 Choose a good title.
2 Use tables or boxes to arrange information.
3 Write example sentences.
4 Use colour to highlight words.
5 Underline important words.
6 Use big letters.

MUSTERLÖSUNG

1 Use colour to highlight words. (... gehört zu dem Morph mit der roten Sprühdose, auf der linken Seite des Plakats.)
2 Write example sentences. (... gehört zu dem Morph mit dem Bleistiftarm, unten im Plakat.)
3 Underline important words. (... gehört zu dem Morph, der wie eine Linie unter dem Beispielsatz ... *who goes to boarding school.* angeordnet ist.)
4 Use big letters. (... gehört zu dem Morph, der wie ein Pfeil aussieht.)
5 Choose a good title. (... gehört zu dem Morph, der die Schilder mit *Relative clauses* und *who, which, that* in den Händen hält, über dem Plakat.)
6 Use tables or boxes to arrange information (... gehört zu dem Morph, der wie ein Bilderrahmen aussieht, auf der rechten Seite des Plakats.)

ERARBEITUNG

b) SB geöffnet. Die S fertigen einen Entwurf für ein Lernposter zum Thema Adverbien an. Dazu sammeln sie zunächst mit Hilfe der *Looking at language*-Box und des *Grammar file 8* Informationen zu Adverbien. Anschließend zeichnen und schreiben sie den Entwurf ihres Lernposters in Anlehnung an die in **a)** erarbeiteten Tipps und überprüfen ihren Entwurf abschließend auf Fehler.

→ Looking at language (p. 55)

→ GF 8 (pp. 166–167)

ERARBEITUNG
c) **SB geöffnet.** Die S vergleichen ihre Entwürfe in Kleingruppen und wählen die besten Ideen aus jedem der Entwürfe aus.

ERARBEITUNG
d) **SB geöffnet.** In ihrer Gruppe erstellen die S auf der Grundlage der in **c)** gesammelten Ideen gemeinsam ein Lernposter zu Adverbien auf einem großen Papierbogen. (DIN A 3 oder DIN A 2).

➜ Realia (Poster in DIN A 3 oder DIN A 2 für jede Gruppe, Plakatstifte. Material zum Befestigen der Poster.)

ERARBEITUNG
e) Die von den Gruppen erstellten Poster werden im Klassenraum aufgehängt. Damit alle S die Gelegenheit haben, die Lernposter der anderen Gruppen eingehend zu betrachten, bietet sich hier ein ►*Gallery walk* an, bei dem sich die S selbstständig durch den Klassenraum bewegen und die an verschiedenen Stellen im Klassenraum aufgehängten Poster betrachten können.
Anschließend werten die S die Plakate unter Berücksichtigung der zuvor erarbeiteten Tipps/Kriterien aus, indem sie sagen, was sie an den einzelnen Plakaten gut fanden. Das von den S als das beste Lernplakat ausgewählte Werk darf schließlich weiterhin im Klassenraum hängen bleiben.

SICHERUNG
Die S schreiben die Satzanfänge aus der *Study skills*-Box ab und vervollständigen diese. Nach dem Vergleichen der Ergebnisse im Plenum lesen sie das *Skills File* zum Thema *Study posters* und gleichen ihre Ideen mit den dort gegebenen Erklärungen ab.

➜ SF 4: Study posters (p. 147)

➜ Workbook 19 (p. 36)

➜ Your task, SB-Seiten 60–61

S. 57

TIPPS FÜR IHRE PLANUNG

In *The world behind the picture* erleben die S anhand von zwei Videosequenzen Alltagssituationen, in denen es darum geht, sich in einer unbekannten Umgebung in Großbritannien zurechtzufinden. In **(1)** begleiten die S die Deutsche Sandra nach Plymouth, die dort einigen Schwierigkeiten begegnet, weil Dinge dort anders als in Deutschland funktionieren. Die S schulen ihre interkulturelle Kompetenz, indem sie Ratschläge erarbeiten, die in diesen Situationen helfen können. In **(2)** sehen sie Jack und Oliver, wie diese den Weg zu einer Feier, zu der sie eingeladen sind, suchen und nach ein paar Problemen auch finden. Ausgehend von dieser Situation üben die S abschließend selbst Wegbeschreibungen ein, indem sie sich gegenseitig Orte und Wege in ihrem Heimatort beschreiben.

1 A German tourist in Plymouth

EINSTIEG

SB geschlossen. L fragt S, ob sie schon einmal an einem fremden Ort gewesen sind, an dem Dinge anders als gewohnt waren. Die S berichten.
L: Can you remember a time when you visited another country or a place and things were different there? (S: …) Please describe things there that were different to the things in Germany.

ERARBEITUNG

a) SB geöffnet. Die S betrachten das Bild im SB und beschreiben, wie man sich an einem Ort fühlt, den man nicht kennt.

MUSTERLÖSUNG

When I'm in a place that I don't know
- I feel alone/afraid/excited/scared/… .
- I need help/information/friends/… .
- I want to go home/meet a person that I know/phone my parents/… .

ERARBEITUNG

b) SB geschlossen. 1. Sehen (Globalverstehen). Die S sehen die Videosequenz im Hinblick auf Sandras Probleme im unbekannten Plymouth an. Anschließend schreibt L wichtiges Vokabular mit deutscher Übersetzung oder einem entsprechenden Bild an die Tafel.

Vocabulary help

(Bild von einem Stecker)	plug
(Bild von einer Steckdose)	socket
(Bild von einem Schalter)	switch
anschalten	to switch on
(auf)laden	to charge

ERARBEITUNG

c) SB geöffnet. Die S beschreiben sich gegenseitig Sandras Probleme in Plymouth. Bei Vokabelfragen ergänzt L die benötigten englischen Ausdrücke an der Tafel.

MUSTERLÖSUNG

1 Sandra gets into the car on the wrong side.
2 Sandra's German plug (for her mobile phone) doesn't fit the UK socket.
3 Her phone doesn't start charging.
4 When Sandra wants to cross a street, she nearly has an accident.
5 The bus doesn't stop at the bus stop.
6 When Sandra wants to buy ice cream, she gives the salesperson the wrong coins.

ERARBEITUNG

d) SB geöffnet. Die S erarbeiten mit ihren Partnern Tipps zur Lösung von Sandras Problemen und schreiben diese auf ein Blatt Papier. Anschließend sehen sie die Videosequenz ohne Ton an und halten die aufgeschriebenen Tipps in der jeweils passenden Situation hoch.

MUSTERLÖSUNG

1 As a passenger: Get into the car on the left side.
2 Use an adapter for your German plugs.
3 Turn on the switch to turn on power in the socket.
4 When you cross a street: Look right!
5 Wave for the bus to stop.
6 Pay with pounds.

SICHERUNG

Vergleich und Besprechung der Tipps im Plenum.

➜ Your task, SB-Seiten 60–61

ERARBEITUNG

e) EXTRA Die S machen sich Gedanken über Schwierigkeiten, denen fremde Besucher in Deutschland begegnen könnten. Sie fertigen eine Liste mit Dingen, die bei einem Deutschlandbesuch zu tun bzw. zu lassen sind, an.

MUSTERLÖSUNG

Tips for British tourists in Germany

DOs	DON'Ts
Drive on the right side.	Don't drive on the left side.
When you cross the street: Look left.	
Pay with euros.	Don't pay with pounds or other coins.
Just wait for the bus. It will stop for you at the bus stop.	
Shake hands with people that you know.	

SICHERUNG

Die S tragen ihre Vorschläge für die *DOs and DON'Ts* im Plenum vor und vergleichen diese.

Access to cultures

Die S führen anschließend in PA ein Gespräch, in dem sie einem Besucher erklären, was man in Deutschland tun oder nicht tun sollte, und führen dies ggf. im Plenum vor.

2 EVERYDAY ENGLISH The way to Peter's house

EINSTIEG
SB geschlossen. Die S sammeln Vorschläge, wie sie den Weg zu bestimmten Orten finden können.
L: Imagine you are invited to a birthday party of a friend, but you don't know the way to his house. What can you do to find the way to your friend's house? (S: You can ask somebody / check a map/....)

ÜBERLEITUNG
L: Let's find out how Jack and Oliver find their way to Peter's house.

ERARBEITUNG
a) SB geöffnet. 1. Sehen. Die S sehen die Videosequenz an. Anschließend lesen sie die Fragen in **a)** und notieren ihre Antworten stichwortartig. **2. Sehen.** Die S überprüfen ihre Antworten anhand des Films.

➔ Transkript und MP3-Datei online

MUSTERLÖSUNG
1 He checked the Internet before he left home.
2 They turned into Woodford Crescent.
3 An elderly lady tells them the right way.

SICHERUNG
Die S besprechen und vergleichen ihre Antworten im Plenum.

ERARBEITUNG
b) SB geöffnet. Die S beschreiben mit Hilfe des adäquaten Vokabulars bestimmte Plätze in ihrem Heimatort und lassen die anderen S erraten, um welchen Platz bzw. Ort es sich handelt.

ERARBEITUNG
c) Die S üben Wegbeschreibungen ein, indem sie sich gegenseitig nach dem Weg von einem zum anderen Ort in ihrer Heimatstadt fragen und den Weg schildern.

➔ FöFo 3.5
➔ Your task, SB-Seiten 60–61

KOMMUNIKATIVE KOMPETENZEN
Die S können …
Lesen: einen Lektüretext global verstehen und mit Hilfen wichtige inhaltliche Aspekte entnehmen (SB-Seite 58–59, 1) • einen längeren Text nach bestimmten Wörtern scannen (SB-Seite 59, 2)
Schreiben: mit Hilfestellung den Inhalt eines Textes zusammenfassen (SB-Seite 59, 1b)) • Sprechblasen mit Inhalten füllen oder eine Nachricht oder einen Dialog schreiben (*You choose*) (SB-Seite 59, 3)

METHODISCHE KOMPETENZEN
Unbekanntes Vokabular mit Hilfe verschiedener Worterschließungstechniken verstehen (SB-Seite 59, 2)

S. 58–59

TIPPS FÜR IHRE PLANUNG
Im Text von Unit 3 begleiten die S Justin, Sam und Leo bei ihrem Videodreh am Radford See, in dessen Verlauf Sam in große Gefahr gerät, als er seine Kung Fu-Künste auf einem alten, brüchigen Boot vorführt. Maya, die mit Lucy etwas später im Park angekommen ist, rettet ihn schließlich und schwimmt mit ihm zurück zum Ufer, an dem die anderen Kinder bereits warten. Nachdem die S ihr Textverständnis mit Hilfestellung abgesichert und eine selbstständige Inhaltswiedergabe erstellt haben (SB-Seite 59, 1), trainieren sie Lesetechniken, die sie in den *Reading courses* aus Unit 1 (Worterschließungstechniken) und Unit 3 (*Scanning*) kennengelernt haben (SB-Seite 59, 2). Anschließend setzen die S die gelesene Geschichte und deren mögliche Folgen in eine kreative Textform um (SB-Seite 59, 3).

Master Wu and the magic book

NEUER WORTSCHATZ
°gatehouse • **broken** • **that's why** • **gate** • **Cut!** +(to) **cut** *simple past:* **cut** • (to) **disappear** • **up here** • **roof** • **view (of)** • **shore** • (to) **whisper** • **further** • **hole** • **up to** • **waist** • **the only …** • **wood** • (to) **hurry** • **thanks to** Maya • **lip** • (to) **hug** sb. • (to) **rescue** • **by** sb. • °ninja

EINSTIEG
SB geschlossen. L bringt ein sehr alt aussehendes Buch oder ein Bild davon mit oder zeichnet eines an die Tafel. Die S spekulieren, um was es sich dabei handeln könnte und wozu jemand das gebrauchen könnte.
L: Look what I've found! What do you think, what could this be?

➔ Realia (ein sehr alt aussehendes Buch bzw. ein Bild davon)

Anschließend schreibt L *Master Wu and the magic book* an die Tafel, lässt die S Vermutungen anstellen, was in diesem alten Buch zu finden sein könnte, und notiert die Ideen an der Tafel.
L: Look at this book title. It's a very old, very special book. What do you think? What can you find in this book?

Master Wu and the magic book
What could you find in it?

- old stories
- an old family tree
- magic spells
- secrets
- kung fu tricks

ÜBERLEITUNG
L: Now, let's find out what the text Master Wu and the magic book is about. Please open your books at page 58 and read the text.

ERARBEITUNG
SB geöffnet. 1. Lesen/Hören (Globalverstehen). Die S lesen still mit, während sie den Text von der CD/von L vorgelesen hören. Anschließend fragt L die S, worum es im Text geht.
L: What is the text *Master Wu and the magic book* about? (S: …)
2. Lesen. Die S lesen den Text, ggf. mit verteilten Rollen, laut vor.
L weist darauf hin, dass die S die Stimmungen aus dem Text beim Vorlesen zum Ausdruck bringen sollen.

Weitere Differenzierung
Beim **2. Lesen** kann eine Wiederholung der Regeln für das (laute) Vorlesen eingeschoben werden.

➔ Reading course, SB-Seite 35

1 At Radford Park

ERARBEITUNG
a) SB geöffnet. Die S geben wesentliche Inhalte aus dem gelesenen Text wieder, indem sie aus vorgegebenen Satzbausteinen Sätze zum Inhalt des Lesetextes bilden.

Weitere Differenzierung
Leistungsstärkere S können hier auch eigene Sätze zum Text bilden.

LÖSUNG
- Leo followed Sam to the boat.
- Justin filmed a scene at the gatehouse.
- Leo hid behind the gatehouse.
- Justin filmed a scene from the roof of the gatehouse.
- Sam jumped onto the deck of the old boat.
- Lucy and Maya arrived at the park.
- Lucy and Maya hid behind the gatehouse.
- Sam jumped up and fell through a hole in the boat.
- Maya swam to the boat.
- Sam and Maya swam back to the shore.

➔ 2 18–22

ERARBEITUNG
b) Die S vergleichen ihre in **a)** gebildeten Sätze und wählen dabei sechs Sätze aus, die geeignet sind, um damit eine knappe Zusammenfassung des Lesetextes zu verfassen.

Die S fassen den Text in PA entsprechend zusammen, indem sie abwechselnd 1–2 Sätze zum Text sagen. Dabei beachten sie nach Möglichkeit die Chronologie.

DIFFERENZIERUNG More help
Leistungsschwachere S können sich auf SB-Seite 127 durch Anleitungen zur Auswahl und Erstellung der Textzusammenfassung Hilfe holen.

SICHERUNG
Die Zusammenfassungen verschiedener S werden im Plenum vorgelesen und ausgewertet.

2 New words

ERARBEITUNG
Die S wenden die im *Reading course* der Unit erlernte Technik des *Scanning* an, um vorgegebene und für die S neue Vokabeln aus dem Text herauszusuchen. Anschließend entscheiden sie, mit welchen Worterschließungstechniken sie die Bedeutung der einzelnen Wörter am besten erschließen können.

DIFFERENZIERUNG More help
Leistungsschwächere S finden auf SB-Seite 127 Zeilenangaben zu den einzelnen Wörtern, sodass ihnen das Finden der Wörter im Text erleichtert wird, sowie eine Aufstellung verschiedener Worterschließungstechniken, aus der sie die für sie geeigneteste Technik auswählen können.

MUSTERLÖSUNG

Master Wu and the magic book

New words	I can understand the word ...
gatehouse (Torhaus)	... from the pictures and from other English words.
gate (Tor)	... from the context, from the pictures and because it is like the German word Gatter.
roof (Dach)	... from the context.
view (Aussicht)	... from the context.
whispered (flüsterte)	... from the context.
hole (Loch)	... from the context.
hurried (beeilte)	... from the context.
lips (Lippen)	... because it is like the German word Lippen.

SICHERUNG
Die S tragen ihre Ergebnisse im Plenum vor und vergleichen diese.

3 What next?

DIFFERENZIERUNG You choose
SB geöffnet. Die S entscheiden sich entsprechend ihrer persönlichen Neigung für eine der drei vorgeschlagenen Aufgaben.
a) Die S malen ein Bild von der Situation, in der Sam nach Hause kommt und seiner Mutter begegnet. Zusätzlich denken sie sich aus, was beide in dieser Situation sagen würden, und schreiben dies mit Hilfe von Sprechblasen in das Bild.
b) Die S denken sich eine Text-Nachricht aus, die Maya nach diesem Ereignis an ihre Freundin Abby senden könnte und schreiben diese auf.
c) Die S denken sich einen Dialog aus, den Justin mit seinem Vater auf Skype führen könnte und schreiben diesen auf.

Alternative
KV 13: A story to tell. Im Anschluss an die Behandlung des Unittextes denken sich die S einen eigenen Film über einen sehr alten Gegenstand aus und stellen einige Filmszenen durch Bilder und Texte dar. Die KV informiert über die Arbeitsschritte und bietet Bilderrahmen fürs Zeichnen der Szenen. Die Präsentation der Ergebnisse erfolgt in einem ►*Gallery walk*.

SICHERUNG
Die S finden sich entsprechend der von ihnen gewählten Aufgabe in Gruppen zusammen (Gruppe **a)**, **b)** und **c)**) und lesen sich gegenseitig ihre Texte vor bzw. präsentieren ihre Bilder mit den Sprechblasen. Jede Gruppe wählt dann die zwei besten Texte/Bilder aus ihrer Gruppe aus, welche danach im Plenum präsentiert werden.

DIFFERENZIERUNG Early finisher
Leistungsschnellere S finden auf SB-Seite 134 ein Buchstabenrätsel.

➜ Workbook 20 (p. 37)

➜ LM Unit 3

➜ VAS 3.1, 3.2

S. 60–61

TIPPS FÜR IHRE PLANUNG
Die bereits im *Lead-in* angekündigte Lernaufgabe (*Your task*) dieser Unit fordert die S auf, eine Rallye durch ihren Heimatort zu erstellen. Dabei wenden sie in Unit 3 und vorangehenden Units erlernte Fertigkeiten und Kompetenzen, wie Wegbeschreibungen zu erstellen und zu verstehen sowie das Zusammenstellen einer Seite/eines Posters, an.
SB-Seite 60 wird von den S weitgehend in EA bearbeitet. Erst, wenn sie ihre Rallye fertiggestellt haben, tauschen sie diese mit einem Partner aus und probieren dann dessen Rallye aus.
Die Selbstevaluation auf SB-Seite 61 findet anschließend in deutscher Sprache statt, um bei der Aufarbeitung der Schwächen keine sprachliche Hürde aufzubauen.

Town rally

ERARBEITUNG STEP 1
SB geöffnet. Die S lesen gemeinsam die einleitende Aufgabenstellung und STEP 1. Danach wählt jeder S sechs Orte seiner Heimatstadt für die Erstellung einer Rallye aus. Wichtig ist bei der Auswahl, dass diese Orte gut erreichbar sind (z.B. the school, a supermarket, a bus stop, another shop, a church, a monument). Vokabelhilfen für diesen Arbeitsschritt finden die S in der entsprechenden *Wordbank*.

➔ Wordbank 3 (p. 142)

ERARBEITUNG STEP 2
Die S schreiben zu jedem der Orte eine Frage auf, die nur zu beantworten ist, wenn man sich an dem jeweiligen Ort befindet. Beispielfragen sind in Morphs Sprechblasen in der Illustration unter der Aufgabe zu finden.

MUSTERLÖSUNG
1 What are the words that you can read on the headmaster's door?
2 What does one kilo of bananas cost?
3 How many times does bus 360 come on Sundays?
4 What colour is the jacket in the shop window?
5 How many bells does the church tower have?
6 How old is the monument?

ERARBEITUNG STEP 3
Die S entscheiden sich für eine Reihenfolge der sechs Orte, die am besten als Weg zurückgelegt werden kann.

ERARBEITUNG STEP 4
Die S probieren die von ihnen geplante Route aus und gleichen ihre Wegbeschreibungen an einem Stadtplan ab. Hier empfiehlt es sich, die S erst ihre Wegbeschreibungen aufschreiben zu lassen und ihnen dann die Aufgabe zu geben, diese auszuprobieren. So können die S eventuelle Korrekturen sofort vornehmen.

ERARBEITUNG STEP 5
Die S stellen ihre Rallye zusammen, indem sie den Ausgangsort mit der zu diesem Ort gehörigen Frage aufschreiben, anschließend eine Wegbeschreibung hinzufügen, wie man von diesem Ort zum nächsten kommt, und diesen Arbeitsschritt bis zum letzten Ort ihrer Rallye wiederholen. Danach können die S ihre Rallye mit Bildern von einigen Orten illustrieren. Zur Fertigstellung ihrer Arbeiten schreiben sie ihren Namen und ihre Klasse dazu.

ERARBEITUNG STEP 6
Ihre fertiggestellten Rallyes tauschen die S mit einem Partner aus und probieren dessen Rallye.

Hinweis: SB-Seite 61 bearbeiten die S überwiegend allein. Um die Reflexionsphase zu lenken, kann L, nachdem die S ausreichend Zeit hatten, sich individuell mit den Fragen zur Selbsteinschätzung auseinanderzusetzten, die S auffordern, sich gezielt zu dem Kompetenzbereich (*Words*, *Grammar* oder *Writing*) zu äußern, der ihnen nach eigener Meinung noch Probleme bereitet, oder in dem sie sich verbessern wollen (rote oder gelbe Ampel).
Beispiel: L: Wo hast du eine rote Ampel gezeichnet? (S: Bei *Words* ist meine Ampel rot. Ich wusste häufig nicht, welche Worte ich nehmen kann, um einen Weg ganz genau zu beschreiben.) Was kannst du machen, um dich zu verbessern? Hast du einen Tipp für die anderen? (S: Ja, man kann auf Seite 46, 47 und 57 die Übungen machen oder in der *Wordbank* nach Wörtern suchen. Im *Workbook* gibt es auch Übungen dazu.)

S. 62–65 und 118–121

Access story: Because of Winn-Dixie

Die Auszüge aus *Because of Winn-Dixie* dienen v. a. dem *Reading for fun*. Daneben zielen sie auf die zentrale Kompetenz des extensiven Lesens. Geübt werden u. a. das Erschließen unbekannten Wortschatzes und eigenständiger Umgang mit Annotationen. Die Auszüge könen auch zum weiteren Üben des lauten Lesens verwendet werden.
Der Roman *Because of Winn-Dixie* von Kate DiCamillo steht auch als Lektüre in der *Cornelsen English Library* zur Verfügung
(ISBN: 978-3-06-033077-5).

On Dartmoor

Storyline	In dieser Unit geht es um Dartmoor, seine besondere Landschaft und seine Legenden. Die Lehrwerkskinder sind zu Besuch bei Lucys Großeltern und erkunden deren Farm und die Umgebung. Maya und Lucy sind von den kleinen Lämmchen begeistert – doch als eines verschwindet, beginnt eine aufregende Suche. Am Ende der Unit gibt es außerdem eine fantastische Legende, erzählt von Lucys Großvater.
Kommunikativer Kompetenzschwerpunkt	**Reading**: Im Mittelpunkt der Unit stehen der Ausbau und die Schulung der Lesekompentenz. Die S können … einen kurzen Text verstehen und ihm wichtige Details entnehmen (SB-Seite 68, 1; 69, 2 und 3; 68, BF; 72, 1 und 2; 74, a)–d); 76, 1 und 2a)) • wichtige Informationen in einem Sachtext markieren (SB-Seite 74, b)) • sich mit Hilfe von Lesestategien unbekannte Wörter erschließen (SB-Seite 74, a)) • EXTRA einen Text gut vorlesen (SB-Seite 74) • einen Vers eines Gedichtes verstehen (SB-Seite 77, 4a) und b))
Sprechabsichten	Bilder beschreiben und *I spy with my little eye* spielen (SB-Seite 66, 1) • sagen, was sie schon bzw. noch nicht getan haben (SB-Seite 69, 4a) und b) und SB-Seite 71, 3c)) • in der Gruppe diskutieren, wer beschrieben wird (SB-Seite 71, 5b)) • seine Mit-S darüber befragen, was sie bereits getan haben (SB-Seite 73, 2c)) • *Keywords* und *Phrases* in PA vergleichen sowie Unterschiede und Verbesserungen besprechen (SB-Seite 74, e)) • ein Gespräch in einer Touristeninformation führen und dabei Informationen aus einem Prospekt zusammenfassen (SB-Seite 75, 1d)) • Vermutungen über den Fortgang einer (Film-)Geschichte anstellen (SB-Seite 75, 2c))
Schreibanlässe	EXTRA Sätze über Morph verfassen (SB-Seite 70, 1) • beschreiben, was man diese Woche bereits getan hat (SB-Seite 71, 5a)) • beschreiben, was Mit-S an interessanten Dingen bereits getan haben (SB-Seite 73, 2d)) • einen kurzen Text darüber verfassen, warum man (nicht) gerne nach Becky Falls fahren würde (SB-Seite 74, f)) • EXTRA beschreiben, wie *Letterboxing* funktioniert (SB-Seite 75, 2b)) • einen Dialog verfassen (SB-Seite 75, 2d)) • ein eigenes Ende für eine Geschichte erfinden (SB-Seite 76, 3a)) • eine *Dartmoor Pixie* beschreiben (SB-Seite 81, 3a))
Language Skills	**Grammatische Strukturen:** *Present perfect* • *Some/any and their compounds* • *Verb + adjective after state verbs* **Wortfelder:** *The countryside* • *On the farm* • *Farm animals* **Reading course:** *Marking up a text* (SB-Seite 74)
Study Skills	*Describing a picture* (SB-Seite 79, 5)
Kooperative Lernformen	*Partner A and B activity* (SB-Seiten 71/138, 79/136/139) • *Jigsaw* (Gruppenpuzzle) (SB-Seite 77)
Hör-/Sehverstehen: The world behind the picture	**Everyday English: At the information centre.** Ruby erfragt Informationen zu einem Ausflug nach Dartmoor. (SB-Seite 75, 1) **Letterboxing.** Sarah, Paul und Anna erfahren auf einem Dartmoor-Ausflug, was *Letterboxing* ist. (SB-Seite 75, 2)
Portfolioarbeit: *MyBook*	Einen Dialog zu einer Filmszene schreiben. (SB-Seite 75, 2d))
Lernaufgabe: *Your task*	**The countryside.** Ein Gedicht verfassen über einen Ort auf dem Land. (SB-Seite 82–83)

KOMMUNIKATIVE KOMPETENZEN
Die S können …
Hören: einem Radiointerview Detailinformationen entnehmen (SB-Seite 67, 2a) und 3 EXTRA)
Sprechen: *I spy with my little eye* spielen (SB-Seite 66, 1a)) · ein Bild beschreiben (SB-Seite 66, 1b))
Schreiben: Notizen zu einem Hörtext anfertigen (SB-Seite 67, 2b))

METHODISCHE KOMPETENZEN
Notizen zu einem Hörtext anfertigen (SB-Seite 67, 2 b)) · ein Bild beschreiben (SB-Seite 66, 1b))

S. 66–67

TIPPS FÜR IHRE PLANUNG
Im Zentrum des *Lead-in* steht ein genaues Beschreiben von Landschaftsbildern (**1**) und das Sammeln von Lexik (**1**) sowie soziokulturellem Wissen zur Region Dartmoor (**2**, **3**). Dies sind *Skills*, die auf die *Your task* vorbereiten, in der die S ein Gedicht über eine Landschaft ihrer Wahl schreiben.

➜ Folie 12

EINSTIEG
SB geschlossen. Die Hinführung zum *Lead-in* erfolgt durch Reaktivierung des Vorwissens (Lexik), Semantisierung und Festigung des neuen Vokabulars und Einführung der Sprachmittel für die Bildbeschreibung.
L: Look at the photo. What can you see?
L deutet dabei auf die von den S genannten Dinge und semantisiert das neue Vokabular mit Hilfe des Fotos und durch Paraphrasieren. (Bild: grass, field, °tor, valley, ponies (auf Ausspracheunterschied zum Deutschen achten), cows, goats, sheep (one sheep, many sheep), mist, footprints, countryside; Paraphrasieren: mist: very small drops of water in the air just above the ground, you can't see very well); footprints: when you walk in the snow or the sand you leave footprints, one foot, two feet; tor: a small hill with rocks at the top.)
L: This photo does not show a town or a city – it shows land outside towns or cities with fields, woods, lakes ... it shows the countryside.) Let's play a game. I spy with my little eye something that begins with p as in **p**op song (Tafel/Folie). (S: pony)
Die S festigen so das neu gelernte Vokabular.
L: Where's the pony? It's in the foreground. (Etc.)
Bei einem zweiten Durchgang fragen und antworten die S.

ÜBERLEITUNG
L: Now we're going to look at more photos of a beautiful part of Britain: Dartmoor. Lots of tourists visit Dartmoor every year. They go rock climbing, horse riding, canoeing, fishing and hiking. But they have to be careful: a lot of rain falls on Dartmoor, so hikers have to watch out for bogs – wet, soft ground where your feet can get stuck. And Dartmoor is famous for ghost stories. Hikers might meet the "headless horseman" or the "large black dog", very strange and spooky, typically British. Now open your books at pages 66 and 67, have a look at the photos.

1 Dartmoor countryside

NEUER WORTSCHATZ
background · **foreground** · **at the bottom (of)** · **countryside** · (to) **begin**, *simple past:* **began** · **field** · **footprint** +**foot**, *pl* **feet** · **grass** · **mist** · **pony** · °tor · **valley**

➜ Your task, SB-Seiten 82–83

ERARBEITUNG
a) **SB geöffnet.** Die S spielen in Kleingruppen à drei bis vier S.

ERARBEITUNG
b) 👥 SB geöffnet. Gemäß SB.
L: Now let's imagine you want to describe one of the photos to somebody who can't see it. Maybe the person is blind or you are talking to him or her on the phone. Imagine your partner is that person. Choose one photo. Say what you see and where it is in the picture. Use the phrases in the picture with the pony. Take turns.

Weitere Differenzierung
L stellt weitere sprachliche Mittel bereit, z. B. sunshine, foggy, chilly, freezing cold, stream, bank.

MUSTERLÖSUNG
There's a tor in the background. On the left, I can see a group of ponies. At the top, I can see blue sky and white clouds. In the foreground, there's a beautiful, wild pony.

➜ Wordbank 4 (pp. 143–144)

➜ SF 17: Describing pictures (p. 154)

S. 67

2 A walk on Dartmoor

NEUER WORTSCHATZ
cow · **sheep**, *pl* **sheep** · **goat** · **etc. (et cetera)** · °across · °below · °bridge · °empty

EINSTIEG
SB geschlossen. *Pre-listening* (inhaltliche, sprachliche und methodische Vorentlastung). L: Do you sometimes listen to the radio? What do you listen to? Music, interviews, ...? Justin hears a radio interview. The interviewer is a woman called Janet Barker. She's speaking to a local farmer, Clyde Perkins (Tafel/Folie). He knows a lot about Dartmoor because he lives there. And he can tell Janet a lot about Dartmoor, which is very interesting to the listeners. The program is called 'Janet Barker's Radio Walks' (Tafel/Folie) because they take a walk on Dartmoor while they talk to each other. What do you think they talk about? (S: They talk about the animals/the ponies/the weather/...)

ERARBEITUNG
a) SB geschlossen. L kann entweder die von den S genannten *Topics* an die Tafel schreiben - die S übernehmen sie in ihr Heft - oder die S bitten, sich die fünf in **2a)** genannten *Topics* genau durchzulesen und ins Heft abzuschreiben. Die S sollten zwischen den *Topics* Platz für Notizen lassen.
1. Hören (Globalverstehen).
L: Now listen to the interview. Remember, there's one woman's voice, the interviewer, and one man's voice, the farmer. What else do you think you might hear? (S: wind/animal sounds/rain/...) Don't worry if you don't understand everything Janet and Clyde say. Just try to find out which topics they talk about and tick them.

➜ 2 CD 23 Transkript online

➜ SF 14: Listening (Revision) (p. 152)

Weitere Differenzierung
Bei Bedarf hören die S das Interview ein zweites Mal.

LÖSUNG
what the countryside looks like · farm animals (cows, sheep, goats, etc.) · what the weather is like

ERARBEITUNG
b) *Pre-listening* (methodische Vorentlastung).
L: Now we're going to play a game. We're going to listen to the interview again. This time, it's your task to take notes, to write down important words or phrases you hear about the topics. Let's see who takes the most notes on a certain topic. You can concentrate on one topic, two topics, or all three of them (Differenzierung). Before we start, think about your topic for a moment. What did Janet and Clyde talk about? Do you remember? Don't write down complete sentences, just keywords or phrases.
2. Hören (Detailverstehen).

➜ SF 10: Taking notes (Revision) (p. 150)

Weitere Differenzierung
Bei Bedarf hören die S das Interview mehrmals mit demselben Arbeitsauftrag.

MUSTERLÖSUNG

What the countryside looks like:	open country, moor, hills, grass, forests, no trees
Farm animals:	sheep are eating grass, animals live on hills all year long, even during the cold winter
What the weather is like:	very windy and cold, more rain and snow than in other parts of Devon, the weather can change suddenly

➜ Your task, SB-Seiten 82–83

AUSWERTUNG
Die S vergleichen ihre Notizen in PA.
L: Compare your notes with your partner. Who of you has taken more correct notes on a certain topic? Add your partner's notes to your own.

Vertiefung
L: Now use your notes to give a short talk on Dartmoor. Take turns talking about the topics.

➜ Workbook 1–2 (p. 42)

3 EXTRA A Dartmoor legend: "The Devil's footprints"

NEUER WORTSCHATZ
°legend · °Devil, devil · **poem** · °across · °below · °bridge · °empty

ERARBEITUNG
SB geöffnet. *Pre-listening*: L semantisiert neuen Wortschatz und bereitet das Hören vor.
L: You have learned a lot about Dartmoor. Would you like to hear a really scary Dartmoor legend now? A story from old times that might or might not be true? Don't get scared! It's about the Devil. In some religions people believe that there is a very bad person, the Devil. Let's listen to the Dartmoor legend "The Devil's footprints". Please pay attention to the following question: What did people find in the snow in 1885?
Anschließend erfolgt das **1. Hören**. Die S hören den Text ganz und tauschen sich in PA zur Frage aus. Danach erfolgt das **2. Hören**. L: Let's listen again and find out: what did people think about it?

➜ 2 24 Transkript online

Weitere Differenzierung
Leistungsstärkere S bearbeiten beide Fragen, leistungsschwächere konzentrieren sich auf die erste Frage.

LÖSUNG
They found footprints in the snow that went on for miles in a straight line. The footprints looked like a goat's, but a goat with only two legs. These footprints went up the walls and across the roofs of houses.
The people thought that only the Devil could do that.

AUSWERTUNG
Die Auswertung erfolgt im Plenum.

Access to cultures
L: Do you know any German legends like this?

Your Task

L kann zum Abschluss der Einführungsseiten zur Unit 4 im Sinne der Lernzieltransparenz auf die Lernaufgabe am Ende der Unit hinweisen (SB-Seiten 82–83).

KOMMUNIKATIVE KOMPETENZEN
Die S können …

Lesen: einen kurzen Text verstehen und ihm wichtige Details entnehmen (SB-Seite 68, 1, und SB-Seite 69, 2 und 3) • EXTRA einen Sachtext über Dartmoor Ponies verstehen (SB-Seite 68, Background File)
Sprechen: sagen, was sie schon bzw. noch nicht getan haben (SB-Seite 69, 4a) und b) und SB-Seite 71, 3c)) • in der Gruppe diskutieren, wer beschrieben wird (SB-Seite 71, 5b))
Schreiben: schreiben, was jemand schon bzw. noch nicht gemacht hat (SB-Seite 71, 3d) und 4a))

S. 68

TIPPS FÜR IHRE PLANUNG
Neben der Bereitstellung soziokulturellen Wissens dienen die Texte **1**, ein Dialog in vier Szenen, und **2**, eine Bildergeschichte, in erster Linie der Einführung des *Present perfect (Past participle of regular and irregular verbs, positive and negative statements* mit und ohne *Adverbs of indefinite time*), sowie der Einführung zweier *Compounds von „any" (anything* und *anybody*). Diese Strukturen werden in *Part A* erst einmal als *Lexical chunks* wahrgenommen und in einer ersten Übung nur vorbewusst reproduziert (**4**). In **3** wird Leseverstehen (Verständnissicherung durch Zuordnung von Äußerungen zu Sprechern) mit der Festigung der *Personal pronouns* verbunden. Für die S sollte die Storyline im Zentrum stehen, die Strukturen werden anschließend im *Practice*-Teil ausführlich behandelt. Sie werden an dieser Stelle nur insoweit als *Lexical chunks* "semantisiert", dass die S den passenden Handlungsrahmen für die Struktur erkennen und der Text vorentlastet wird.

1 Saturday morning

NEUER WORTSCHATZ
twice • **once** • **not … anybody/anyone** • **over there** • **told** • **just** • **made** +**Box "Irregular past participles"**, *Voc.*, SB-Seite 193 • **not … anything** • **anybody? / anyone?** • (to) **look around (the farm)** • **hay** • **key** • **Box "before"**, *Voc.*, SB-Seite 193 • (to) **own** • **moor** • once/twice **a week/year** • °(to) round up ponies

EINSTIEG
SB geschlossen. Zur Vorentlastung erzählt L, dass sie noch nichts gegessen hat und erst einige *Scones* essen muss. L betont die neuen Strukturen stark und wiederholt ggf..
L: Please excuse me, but I haven't had breakfast today. I haven't eaten anything today. (L packt *Scones* aus.) I've never been so hungry before. Not this year, not last year, never before. (L isst Scones.) Mmm, these scones are wonderful. They're all for me. (L schaut sich im Raum um.) Does anybody want a scone? Is anybody hungry? You, … (Name eines S)? (L schaut sich im Raum um.) OK, I have to look around the classroom to see your hands … you, and you. Ah, over there (Geste) more hands. So many of you want a scone. I'm very sorry, but like I've just told you, they're all for me. I haven't finished them yet, but now I'm not so hungry anymore and we can start with the lesson. (Einige S werden sich melden und fragen, ob sie jetzt *Scones* haben können, da L satt ist.) I'm so sorry, but 'no'. I've told you already. I've told you once (Gestik), now I've even told you twice (Gestik) that they're all for me. I haven't finished yet – I'm just taking a break.
Die Vokabeln hay, key, to own and moor erschließen die S später aus dem Kontext oder sie werden an geeigneter Stelle angesprochen.

➜ Realia (*Scones* oder Kekse)

ÜBERLEITUNG
L: Scones are simply lovely. Can you make scones? (S: ...) Which of you makes the best scones? (Einige S melden sich.) Lucy's Grandma makes the best in Tavistock – that's a large market town in West Devon. It's on the River Tavy (L kann Bilder aus dem Internet zeigen). Lucy, Maya, Justin and Sam are on their way to Tavistock to visit Lucy's grandparents on their farm on Dartmoor. Let's listen to them.

➜ Realia (Fotos von Tavistock auf Folie)

ERARBEITUNG
SB geschlossen. 1. und **2. Hören.** Die S hören den Text in vier Abschnitten, die den vier Szenen entsprechen, und bearbeiten jeweils im ► *Think Pair Share*-Verfahren die Aufgaben auf **KV 14: Saturday morning**. Die S lesen jeweils kurz vor dem Hören die Aufgaben, damit die Verstehensabsicht gelenkt wird. Anschließend erfolgt im Plenum die Sicherung.

➜ 2 25–28

KV 14: Saturday morning. Die KV bietet *Right-/wrong*-Aufgaben und Lückentexte.

EXTRA Background file

NEUER WORTSCHATZ
°foal · °(to) be born · °mostly · °(to) spend, spent, spent +(to) spend time · °strong

ERARBEITUNG
a) SB geöffnet. Gemäß SB.

AUSWERTUNG
b) Gemäß SB.

MUSTERLÖSUNG

Interesting facts about Dartmoor ponies
- about 3,000 ponies on Dartmoor
- live on the open moor
- new foals in spring
- farmers take them back to farm in autumn
- farmers count the ponies and sell some
- others go back to open moor and spend the winter there

S. 69

2 Saturday afternoon

NEUER WORTSCHATZ
that way · **mud** · (to) **leave** sth., **left**, **left** +**Box "(to) leave, left, left"**, *Voc.*, SB-Seite 193 · **bath**

EINSTIEG
SB geschlossen. Reaktivierung des Vorwissens: L: Do you remember what town the kids travelled to on Saturday? Why? Who did they visit? What did they do? (S: They travelled to Tavistock because they visited Lucy's grandparents. The girls fed the rabbits with grandma and the boys looked around the farm with grandpa.) Now it's Saturday afternoon. Have a look at what the children are doing in the afternoon.

ERARBEITUNG
Die S lesen die Bildergeschichte still in EA.

3 Who says what?

ERARBEITUNG

Hinweis: Diese Übung dient in doppelter Weise der Verständnissicherung. Durch die Zuordnung von Aussagen zu Sprechern (*Who are the speakers?*) wird der Handlungsstrang noch einmal reflektiert. Dazu bietet es sich an, die S die Sätze aus dem Gedächtnis zuordnen zu lassen. Zur Überprüfung schauen sie anschließend in den Text.
Durch die Zuordnung der *Pronouns* zu Personen (*Who do the pronouns stand for?*) werden Beziehungen erkannt. Dies ist eine sehr wichtige Übung, da auch fortgeschrittene S häufig bei der Textproduktion *Pronouns* so verwenden, dass der Bezug nicht klar ist.

SB geöffnet. L: Let's play a game: Who says "Leave some for Sam"? (S: Grandpa.) Who says "I've just made some scones"? (S: Grandma.)
L: Now you try to do this for numbers 2 to 7. Write the names of the speakers in your exercise book after the numbers. If you don't remember, have a look at the text and find out, but first try without looking.

LÖSUNG

1 Lucy is the speaker, and the *we* stands for Lucy, Sam and Justin.
2 Sam is the speaker, and the *she* stands for Lucy's grandma.
3 Lucy's grandma is the speaker, and the *you* stands for Sam and Justin.
4 Sam is the speaker, and the *you* stands for Mr Tizzard/Lucy's grandpa.
5 Mr Tizzard/Lucy's grandpa is the speaker, and *they* stands for the ponies.
6 Mr Tizzard/Lucy's grandpa is the speaker, and the *we* stands for Sam, Justin, Lucy, Maya and Lucy's grandparents.
7 Mr Tizzard/Lucy's grandpa is the speaker, and the *he* stands for Sam.

SICHERUNG

Die Sicherung erfolgt im Plenum. Die Ergebnisse werden an der Tafel festgehalten; dies kann auch durch S erfolgen.

4 Have a go

ERARBEITUNG

Hinweis: Die Struktur (*Present perfect positive and negative statements with adverbs of indefinite time*) wird hier vorbewusst von den S reproduziert. Dies wird durch L im Einstieg unterstützt.

a) **SB geöffnet.** L: I have already eaten scones today. I have already brushed my teeth today. I have already walked to school today. What about you? Say what you have already done today.
Anschließend gemäß SB. Die Sicherung erfolgt im Plenum.
b) **SB geöffnet**. L: I haven't eaten a chocolate biscuit yet. I haven't had a bath yet. I haven't phoned my mother yet. I haven't phoned my friend Marie yet. (etc.) What about you? Say what you haven't done yet today.
Anschließend gemäß SB. Die Sicherung erfolgt im Plenum.

Weitere Differenzierung
Die Aufgabe lässt sich für leistungsstärkere S erweitern, indem sie *Positive and negative statements* kombinieren.
L: I have already eaten some eggs today. But I haven't eaten a chocolate biscuit yet. What about you?

S. 70

TIPPS FÜR IHRE PLANUNG

Nach der Bewusstmachung der Form des *Present perfect* in *Looking at language* kann die Übungssequenz **1** bis **5** chronologisch bearbeitet werden. Während **1** als geschlossene Übung nur das Einsetzen von *has(n't)* oder *have(n't)* erfordert, bilden die S in **4** und **5** kreativ und eigenständig *Positive* und *Negative statements*. Für leistungsschwächere S stehen bei **2b)** und **4a)** Hilfen bereit. **3d)** eignet sich gut als HA.

➜ Folie 13

Looking at language

NEUER WORTSCHATZ

Box "Irregular past participles", *Voc.*, SB-Seite 194

ERARBEITUNG

a) SB geöffnet. L schreibt die beiden Sätze aus **a)** an die Tafel. Erarbeitung gemäß SB. Aus den S-Antworten entsteht im anschließenden UG nach und nach das TB.

b) SB geöffnet. Die S ergänzen die Infinitive und unterstreichen *have/has* (grün), *Past participle* (rot). Sie formulieren den Regelsatz im Unterrichtsgespräch und nennen die *Irregular verbs*. L ergänzt die Überschrift.

Alternative

Die S unterstreichen in diesem Schritt auch die *Adverbs of indefinite time* (blau).

LÖSUNG

a) und **b)**

The Present perfect
I've texted you the time that we arrive.
No, Mum hasn't phoned me.
Yes, we've checked the times of the bus back to Plymouth. (check)
Yes, she has already phoned twice this morning. (phone)
Lucy has told me all about you! (tell)
I've just made some scones – they're still warm. (make)
I haven't eaten anything today. (eat)
I haven't had breakfast yet. (have)
I've never been on a tractor before. (be)
You form this tense with have/has + past participle.
Irregular verbs: tell, make, eat, have and be.

➜ GF 9 a–c, e: The present perfect (pp. 167–169)

➜ List of irregular verbs (p. 248)

➜ Boxes "Irregular past participles", Voc., SB-Seiten 193, 194 und 195)

➜ LAS 4.1

ÜBERLEITUNG

L: It's 10:00 now. What has already happened in this lesson? I've switched on the OHP, Valentin has opened a window, etc. (S: …) What hasn't happened yet? You haven't opened your textbooks yet, I haven't … (S: …) Now, imagine it's 8:35 at Plymstock School. What has already happened and what hasn't happened yet?

1 8.35 at Plymstock School (Present perfect: statements)

Hinweis: In dieser ersten Übung wird im Sinne der Progression und der Isolierung der Schwierigkeiten von den S nur erwartet, die zur Person (Singular oder Plural) und Situation (+ / -) passende Form von *have* einzusetzen.

ERARBEITUNG

a) SB geöffnet. Gemäß SB. Die Auswertung erfolgt zunächst in PA und dann im Plenum. L: Write the numbers 2 to 9 in your exercise book and add the right forms. Compare with your partner. Then let's check together.

Weitere Differenzierung

Für leistungsstärkere S kopiert L die Sätze ohne „+/–" auf einen AB.

LÖSUNG
2 But Lucy and Justin haven't arrived yet. • 3 Justin hasn't finished his breakfast yet. • 4 The school library has already opened. • 5 Morph has already hidden on a shelf. • 6 The library cat hasn't seen him yet. • 7 Miss Bell has already opened her classroom. • 8 Some of the students have already come in. • 9 But lessons haven't started yet.

➜ Workbook 3–4 (p. 43)

DIFFERENZIERUNG Early finisher
Leistungsschnellere S verfassen weitere, eigene Sätze über Morph im *Present perfect*.

2 My mobile has fallen into the river (Present perfect: statements)

NEUER WORTSCHATZ
Oh dear!

ERARBEITUNG
a) SB geöffnet. Die S bearbeiten die Aufgabe in EA.

LÖSUNG
eaten – eat • fallen – fall • gone – go • heard – hear • hidden – hide • left – leave • made – make • met – meet • seen – see • taken – take • written – write

ERARBEITUNG
Hinweis: Bei dieser anspruchsvollen Übung müssen die S zuerst aus dem Kontext schließen, welches der Verben aus der Box jeweils in die Lücke passt. Dann muss das *Present perfect* korrekt gebildet werden.
b) SB geöffnet. L führt durch ein Beispiel zur Aufgabe hin, gibt Tipps zum Vorgehen und Hilfen zur Bildung der Struktur:
L (lässt eine Handy-Attrappe auf den Boden fallen): Oh dear, my mobile has fallen on the floor. I hope it's not broken. (L schreibt an die Tafel: My mobile … on the floor.) L: Can you fill in the gap? (S: has fallen.) L: Very good! Can you also do that with sentences 2–8? Write them in your textbook, leave a line between each sentence, then think about which of the verbs from the green box might fit and fill in the gap with the correct form of the present perfect. Remember it has two parts: have/has + past participle.
Die S vervollständigen die Sätze mit den passenden Verben im *Present Perfect*.
L: Compare with your partner, then we will check together.
Alternativ kann ein S die Lücken auf Folie füllen.

Weitere Differenzierung
Um **b)** erfolgreich bewältigen zu können, sollten sich die S in **a)** die Bedeutung der Verben vergegenwärtigen und möglichst viele Beispielsätze bilden mit den *Past participle*-Formen in der Box. L: What have you already done today? Make up things like: „I've broken my nose."

LÖSUNG
2 We've taken the wrong bus! • 3 I've left my money at home. • 4 Grandma has made scones for us. • 5 My parents have gone away for the weekend. • 6 Sorry, but I've broken a cup. • 7 We've seen that film before. • 8 Jack has eaten too many chocolates.

DIFFERENZIERUNG More help
Diejenigen S, die bei dieser komplexen Aufgabe Hilfe brauchen, arbeiten auf SB-Seite 128. Hier wird Ihnen die Entscheidung für das passende Verb abgenommen. Sie müssen nur noch die korrekte *Present perfect*-Form bilden.

ERARBEITUNG
c) 👥 Durch diese Übung wird ein Handlungsrahmen geschaffen, der den Gebrauch des *Present perfect* – i.e. eine Handlung hat oft Auswirkungen auf die Gegenwart – verdeutlicht.
L führt in einen entsprechenden Handlungsrahmen beispielhaft ein. In PA ordnen die S die Sätze zu. Sie vergleichen mit einem anderen S-Paar. Danach spielen sie die kleinen Dialoge nach (►*Dramatic reading*), möglichst mit der ►*Read and look up*-Methode. Einige S spielen vor der Klasse vor.

LÖSUNG
1b · 2c · 3h · 4f · 5g · 6e · 7a · 8d

➜ Workbook 5 (p. 44)

S. 71

3 I've done all my homework (Present perfect: statements)

Hinweis: In einem schülernahen, kommunikativen Rahmen verwenden die S mündlich und schriftlich in dieser Übung das *Present perfect* in *Positive and negative statements*. L führt jeweils in einem kleinen UG in die Situation ein. Bearbeitung gemäß SB. Die Verschriftlichung in **c)** eignet sich auch gut als HA.

ERARBEITUNG
a) L: I love weekends. They're great because I can do what I want. I sleep until late in the morning, I go swimming and dancing. What about you? (S: ...) Sometimes the weekend isn't all free. I have a list of jobs, for example, do the shopping, wash the car, take the dog for a walk ... What about you? (S: ...) When do you usually do these jobs – on Saturday or Sunday? (S: ...) Let me introduce you to Jo and Jill. They also have a list of jobs for this weekend.
SB geöffnet. L: One of you is Jo and one Jill. Jo, you go to page 138. Have a look at the ten jobs you have to do over the weekend. It's always good to write down lists of jobs so you don't forget any, so please copy the table you find in **3a)** in your exercise book.

ERARBEITUNG
b) Die S arbeiten in EA. L: Just like me, Jo and Jessie don't always manage to do all the jobs on Saturday, and they even do some jobs as late as possible – on Sunday evening. Does that also happen to you sometimes? (S: ...) L: Bad planning, but it happens to all of us. – Imagine it's Sunday morning now. As Jo or as Jessie, you can decide on your own which jobs you've already done and which ones you haven't done yet. Tick five jobs that you've done. Don't show your partner.

ERARBEITUNG
c) L: Now Jo and Jessie, talk to each other. You want to find out which jobs your partner has already done and which ones he/she hasn't done yet. Fill in the table for your partner so that you can remember what he/she hasn't done yet.

ERARBEITUNG
d) Gemäß SB. Gut geeignet als HA.

➜ Workbook 6 (p. 44)

4 They've just seen a ghost (Present perfect: statements)

ERARBEITUNG 1
a) SB geöffnet. L führt in die Übung ein, indem er die S für die Gefühle sensibilisiert, die sich in den Gesichtern von Personen zeigen können.
L: Have a look at the couple in the picture. Please describe what you see. (S: The man is on the left and the woman is on the right. Their mouths are open and their eyes are wide open.) Do you have an idea how they feel? Are they happy, excited, sad, scared, interested or bored? (S: They're probably very scared.) Why? What do you think? What has just happened, just a second ago? Maybe they have seen ... (S: A ghost/...)

Just a second ago .... Maybe they **have just seen** a ghost. Now they look scared.

Alternative
SB geschlossen. L zieht die Bilder aus **4a)** auf Folie und gestaltet damit den Einstieg in die Übung oder verwendet eigene Bilder.

➜ Realia (Bilder aus **4a)**, oder ähnliche Fotos auf Folie)

ERARBEITUNG 2
L: Look at the other pictures on page 71 and decide how the people feel. Write down your ideas about what has just happened to make them feel that way. Do this on your own – you can compare and discuss your ideas later.
If you simply can't think of anything or have problems saying it in English, turn to page 128 for more help. You can also turn to page 128 just for a moment and then go back to page 71 quickly and try on your own again.

Alternative
Die S arbeiten in PA. Dies erleichtert vielen S das Finden und Versprachlichen einer Begründung und fördert u. U. die Kreativität der S. Weniger S müssten weitere Hilfen in Anspruch nehmen.

DIFFERENZIERUNG More help
Leistungsschwächere S bekommen auf SB-Seite 128 Hilfe in Form von Textbausteinen (Ideen, Lexik und Satzstruktur).

MUSTERLÖSUNG
1 They have just seen a ghost/lion. • 2 She has just won a race. • 3 He has just heard some bad news. • 4 They have just missed their bus. • 5 He has just watched a funny film / heard a joke.

AUSWERTUNG
b) Die S vergleichen ihre Ergebnisse.

ERARBEITUNG EXTRA
Gemäß SB.

➔ Workbook 7 (p. 44)

5 This week, this month, this year

Hinweis: In spielerischer Form werden hier *Positive and negative statements* trainiert. Das Spiel eignet sich nicht nur für das Plenum, sondern auch für etwas größere Gruppen (à vier bis sechs S), damit mehr S Sprechanlässe haben. Bei mehr als vier S wird das Spiel spannender.

ERARBEITUNG
a) L teilt bunte Kärtchen aus und füllt beispielhaft eines für sich selbst am OHP aus. Das Kärtchen sollte als Model am OHP bleiben, eventuell sollte L die Struktur und das *Adverbial* optisch hervorheben.
L: Let me think. What have I done this week? This month? This year?
Now write three sentences like these on your card. Don't show it to your partner. Don't think aloud! It's a secret because we're going to play a game. But you have to be honest and tell the truth. Don't write your name on the card!

➔ Realia (leere Folie, bunte Kärtchen)

ERARBEITUNG
b) L demonstriert nach dem Einsammeln an einer Karte oder mehreren Karten die möglichen *Positive and negative statements* und die nötigen *Phrases*. Das Modell sollte für die S sichtbar sein. Die S spielen in Gruppen oder im Plenum.

The German word is similar
That must be ... because he's ... this week.
It can't be him/her because he/she hasn't ... this ....

KOMMUNIKATIVE KOMPETENZEN
Die S können …

Lesen/Hören: einen kurzen Text verstehen und ihm wichtige Details entnehmen (SB-Seite 72, 1 und 2)

S. 72

TIPPS FÜR IHRE PLANUNG
Der Dialog in zwei Szenen (**1**) dient der Einführung neuen Wortschatzes und der Fragestellung im *Present perfect*. Die Struktur wird von den S hier vorerst nur als *Lexical chunk* wahrgenommen. In **2** wird das Leseverstehen überprüft. Für die S sollte die spannende Geschichte im Zentrum stehen, die Struktur wird dann im *Practice*-Teil ausführlich behandelt.

➔ LAS 4.2

1 The lambs in the barn

NEUER WORTSCHATZ
lamb · **barn** · °sleeping beauty · °princess · **bacon** · **egg** · **a glass (of)** · **Box "Verb + Adverb, Verb + Adjektiv"**, *Voc.*, SB-Seite 194 · **delicious** · Have you ever **been to** …? · °abbey · Have you … **yet**? · **I'd love to** … · **dirty** · **a pair (of)** · **boot** · (to) **lose**, **lost**, **lost** · **strong** · **anything?** · **sweet** · **heavy** · **one more photo** · **quick** · (to) **be missing**

EINSTIEG
SB geschlossen. L bringt verschiedene Dinge in einer Tasche mit: ein schmutziges und ein sauberes Glas, Milch, mehrere Eier, Speck.
L: Oh, this bag is so heavy (Gestik, Mimik), I can hardly carry it. What do you think is in this bag? (Die S spekulieren.) L: Do you remember when we, sorry *I*, had all the scones for breakfast one morning because I was so hungry? The same thing has happened to me again. I haven't had any breakfast today. I haven't eaten anything yet. I'm sooo hungry. In this bag I've got my breakfast for today. What am I going to have for breakfast? What do you think? (Die S spekulieren.)
L bittet einen S, Dinge aus der Tasche zu holen. Dabei semantisiert L egg, one more egg, bacon, a glass of milk, lamb (Achtung Aussprache: stummes b); delicious, dirty glass.
L: I'd love to eat now, but I must have lost my pan. Is it anywhere in the classroom? Can you find it? I shouldn't lose things all the time.
Während des UG ergibt sich auch die Gelegenheit, häufig die neue Struktur (*Present perfect questions*) zu demonstrieren: Have you ever tried …? Have you eaten … yet? Have you ever been to a farm and tried sheep's milk?

➔ Realia (ein schmutziges und ein sauberes Glas, Milch, mehrere Eier, Speck, eine Tasche)

ERARBEITUNG 1
SB geschlossen. Die S bearbeiten eine *Pre-listening*-Aufgabe zu *Sunday morning on the farm* auf **KV 15: The lambs in the barn.**
L: Lucy and Maya are still on Lucy's grandparents' farm. It's Saturday morning now. Lucy and Maya have just woken up. Let's listen to the dialogue between the two girls and Lucy's grandparents. But before we do that, what do you think they will talk about? Here is a list of topics. Talk to your partner about your ideas. Do also say why you think so.

KV 15: The lambs in the barn. Die KV bietet Listening-Aufgaben zum Text und die entsprechenden Lösungen.

ERARBEITUNG 2
SB geschlossen. 1. Hören (Globalverstehen). L: Let's listen and find out. Please tick the topics they talk about. Compare with your partner.
Die Sicherung erfolgt im Plenum.

➔ 2 29–30

KV 15: The lambs in the barn.

ERARBEITUNG 3
SB geschlossen. 2. Hören (Detailverstehen). L: Before we listen a second time, have a look at the questions on the worksheet. Try to listen for detail.

2 29–30

KV 15: The lambs in the barn.

Weitere Differenzierung
Leistungsschwächere S bearbeiten so viele Fragen, wie sie schaffen.

ERARBEITUNG 4
SB geschlossen. *Pre-listening* zu *At the barn*.
L: Maya and Lucy are on their way to the barn to give the lambs' mothers some hay and fresh water. Grandpa has pointed out something they have to be careful about. Do you remember about what? Why? What do you think is going to happen?
Die S spekulieren, dass die Mädchen die Tür offen lassen und ein oder mehrere Lämmchen ins Freie gelangen.
SB geschlossen. 1. Hören (Globalverstehen). L: Let's listen and find out what happens.

2 29–30

LÖSUNG
Maya hasn't closed the barn door and one lamb isn't there.

ERARBEITUNG 5
SB geschlossen. 2. Hören (Detailverstehen). L: Before we listen a second time for the details, have a look at the statements on your worksheet. It's your task to find out if they're right or wrong.

2 29–30

KV 15: The lambs in the barn.

Weitere Differenzierung
Leistungsschwächere S bearbeiten so viele *Statements* wie sie schaffen.

SICHERUNG
Die Sicherung erfolgt zunächst in PA, dann im Plenum. Während des UG kann (to) be missing semantisiert werden.

ERARBEITUNG
SB geöffnet. *Post-listening* im Plenum.
L: How does Maya feel? (S: She feels very sad.)
L: What does Lucy want to do? (S: She wants to go and find the lamb.)
L: What do you think is going to happen next?
Die S spekulieren.

Vertiefung
Die Szene eignet sich gut zum anschließenden ►*Dramatic reading*. Methodisch empfiehlt sich zunächst ein ►*Buzz reading*, dann ►*Read and look up*; anschließend spielen die S die Szene (frei) vor.

2 Who does what?

ERARBEITUNG
Die S lesen den Text mehrmals, um sich genau zu merken, wer was tut (*plot*, Leseverstehen). Anschließend erfolgt die Bearbeitung in EA oder als Gruppenwettbewerb: Die S bekommen Vorbereitungszeit, dann diktiert L die Sätzchen und die S schreiben die Antworten auf. Beim Gruppenwettbewerb dürfen sie sich in der Gruppe besprechen und gemeinsam auf die Rechtschreibung achten.

LÖSUNG
Maya drinks sheep's milk. • Grandma gets boots for Maya. • Grandpa calls Maya and Lucy princesses. • Lucy turns on the light in the barn. • Maya and Lucy give the sheep hay. • Maya wants to take photos. • Maya leaves the barn door open.

S. 73

NEUER WORTSCHATZ
Box "Irregular past participles", *Voc.*, SB-Seite 195

ERARBEITUNG Language help
a) SB geöffnet. L verweist auf die Fragebildung, Platztausch von Subjekt und *have/has* und bittet die S, dies auch mit den folgenden Sätzen zu tun:
Maya: I have taken five photos now.
Lucy: Have - you - taken - enough - photos? (jumbled words)
Grandpa: Lucy, I know you have been to Tavistock Abbey, but I don't know about Maya.
Grandpa: Maya, - have - you - been - to Tavistock Abbey - yet? (jumbled words)
Grandpa: I have made your favourite breakfast.
Lucy: Have - you - made - bacon and eggs? (jumbled words)
Die S schreiben in ihr Heft. Ein S ordnet von L selbst erstellte Kärtchen mit den Wörtern der Fragesätze an der Tafel.

➜ Realia (von L erstellte Kärtchen mit den Wörtern der Fragesätze, Magnete)

ERARBEITUNG
b) SB geöffnet. L verweist kurz auf die Fragebildung mit *ever* und *yet*. Auf eine Kognitivierung des unterschiedlichen Gebrauchs wird in dieser Klassenstufe verzichtet. Die S entnehmen die Regel intuitiv dem kommunikativen Zusammenhang, in dem die Sätze verwendet werden.

➜ GF 9d, e: The present perfect (pp. 168–169)

1 Has the rain stopped yet? (Present perfect: questions with yet)

ERARBEITUNG
a) SB geöffnet. Die S beschreiben, was auf den Bildern geschieht, L korrigiert ggf.. Danach wiederholen die S dies in PA. L: Take turns and describe what you can see in the pictures. What is happening?

LÖSUNG
1 It is raining. • 2 Grandpa is shopping. • 3 The girls are cycling to Plymouth. • 4 The cats are sleeping. • 5 The teacher is correcting the homework.

ERARBEITUNG
b) SB geöffnet. Die S formulieren die Fragen mit Hilfe der Vokabelangaben in den Boxes. Sie vergleichen zuerst in PA, dann im Plenum. Ein oder mehrere S schreiben die Fragen an die Tafel und lassen Platz für die Antworten.

LÖSUNG
1 Has the rain stopped yet? • 2 Has Grandpa finished the shopping? • 3 Have the girls arrived in Plymouth yet? • 4 Have the cats woken up yet? • 5 Has the teacher corrected the homework yet?

ERARBEITUNG
c) SB geöffnet. 1. Hören. Die S beantworten die Frage nur mit *Yes* oder *No*, indem sie entweder ein grünes oder ein rotes Kärtchen hochhalten (► *Right/wrong cards*). Die Sicherung erfolgt im Plenum durch L.
SB geöffnet. 2. Hören. Die S beantworten die Frage in ganzen Sätzen (siehe Lösung).
Sie vergleichen in PA, indem sie den kleinen Dialog (Frage - Antwort) sprechen. Sie wechseln sich dabei ab.

➜ 2 31–35 Transkript online

LÖSUNG
1 Yes, the rain has stopped. • 2 No, Grandpa hasn't finished the shopping yet. • 3 No, the girls haven't arrived in Plymouth yet. • 4 Yes, the cats have woken up. • 5 No, the teacher hasn't corrected the homework yet.

➜ Workbook 8 (p. 45)

2 Have you ever tried sheep's milk? (Present perfect: questions with ever)

Hinweis: Die S verwenden die neue Struktur in dieser Übung frei in einem kommunikativen Rahmen, der altersgemäße, authentische Sprechanlässe bietet. Die Herausforderung ist groß, da nicht nur die Fragen mit den richtigen *Past participle*-Formen korrekt gebildet werden müssen, sondern die S sich auch kreative Fragen, die sie ihren Mit-S stellen, ausdenken müssen. Deshalb gibt es die beiden Varianten der Übung, einmal mit und einmal ohne *More help* (im Infinitiv formulierte Ideen für Fragen). Für beide Varianten empfehlen sich Auffrischungsübungen zur Bildung der *Past participles* bevor die S mit der Übung beginnen.

ERARBEITUNG
a) SB geöffnet. Die S kopieren den Fragebogen in ihr Heft oder verwenden **KV 16: Have you ...?** und ergänzen fünf Fragen. Sie sollten dabei möglichst ihren eigenen Wortschatz verwenden.

Alternative
KV 16: Have you ...?

DIFFERENZIERUNG More help
Leistungsschwächere S arbeiten auf SB-Seite 128. Dort finden sie sprachliche und inhaltliche Hilfen für die Formulierung ihrer Fragen.

ERARBEITUNG
b) SB geöffnet. Die S fügen zwei Spalten hinzu und ergänzen die Häufigkeitsadverbien in der grünen Box. L kann eventuell Beispielssätze bilden, um die Bedeutung der Adverbien zu wiederholen.

Alternative
KV 16: Have you ...?

ERARBEITUNG
c) SB geschlossen. Die S befragen ihren Partner/ihre Partner (► *Milling around activity*) und notieren sich die Antworten. Dabei achtet L darauf, dass die S kommunizieren und sich nicht das Geschriebene zeigen.

Alternative
KV 16: Have you ...?

ERARBEITUNG
d) SB geöffnet. Gemäß SB.

Alternative
L erfragt mündlich einige Sätze als Modell und korrigiert bei Bedarf. Danach notieren sich die S einige Sätze. Einzelne S lesen Sätze vor, ersetzen den Namen aber durch *he* oder *she*, sodass die Klasse raten kann, wer interviewt wurde (bei ► *Milling around activity*). Dies kann auch in Gruppen gespielt werden, um die *Individual speaking time* zu erhöhen

➜ Workbook 9 (p. 45)
➜ Folie 14
➜ FöFo 4.1

KOMMUNIKATIVE KOMPETENZEN
Die S können …

Lesen: einen Sachtext (Prospekt) verstehen und ihm Informationen entnehmen (SB-Seite 74, a)–d)) • wichtige Informationen (*Keywords* und *Phrases*) in einem Sachtext markieren (SB-Seite 74, b)) • sich mit Hilfe von Lesestrategien unbekannte Wörter erschließen (SB-Seite 74, a)) • EXTRA einen eigenen Text gut vorlesen (SB-Seite 74)

Sprechen: erarbeitete *Keywords* und *Phrases* in PA vergleichen sowie Unterschiede und Verbesserungen besprechen (SB-Seite 74, e))

Schreiben: mit Hilfe der *Keywords* und *Phrases* einen kurzen Text darüber verfassen, warum sie den Park (nicht) gerne besuchen würden (SB-Seite 74, f))

METHODISCHE KOMPETENZEN
einen Text markieren und Stichpunkte notieren (SB-Seite 74, c) und d))

S. 74

TIPPS FÜR IHRE PLANUNG
Der *Reading course* trainiert zwei für das Leseverstehen zentrale Kompetenzen: erstens das Erschließen unbekannten Wortschatzes möglichst ohne Hilfe eines Lexikons (*Understanding new words*), zweitens die Unterscheidung zwischen Wesentlichem und Unwesentlichem bezüglich einer bestimmten Fragestellung (*Marking up a text).*
Um die S für das Training dieser *Skills* zu motivieren führt L in eine Rahmenhandlung ein, die den S einen Anlass bietet, diese Techniken anzuwenden, um ein bestimmtes Ziel zu erreichen.

Marking up a text

NEUER WORTSCHATZ
(to) **mark** sth. **up** • °falls • °woodland • °insect • °ugly • °bug • °wheelchair • °indoor (people) • °creative • °meal • °waterfall • °half an hour • °national • °detail

➜ Your task, SB-Seiten 82–83

EINSTIEG
SB geschlossen. L: Imagine you are on an exchange in Devon (you have a partner, an English boy or girl your age, and you visit his/her family; later, your partner is going to visit you in Germany). Your host family (the family you are staying with) wants to take you to famous places in Devon. They like churches and abbeys and want to take you to Tavistock Abbey on your last day. You like theme parks much better, places where you can do fun things, be outdoors and not <u>indoors</u>, be near animals. You have found a brochure on *Becky Falls Woodland Park,* and just from the pictures you think this is exactly the place to go on your last day in Devon. You need more information on the Park so that you can talk to your host family and tell them why it would be the perfect place to go. The following exercise can help you to find all the information you need.

ERARBEITUNG
a) L: You don't have a dictionary at the moment. But you remember the skills page you worked with at school or have a quick look at *Skills File 6: Understanding new words*. Now read the text and try to understand as much as you can.
SB geöffnet. Die S lesen den Text und versuchen, den unbekannten Wortschatz herzuleiten.

➜ SF 6: Understanding new words (Revision) (p. 148)

LÖSUNG

The German word is similar	I know parts of the word	The context helps
insect (Insekt)	woodland (wood, land)	ugly (Meet lots of strange animals in our "Ugly Bug" show. ...)
creative (kreativ)	wheelchair (chair)	indoor people
waterfall (Wasserfall)		wheelchair (We're sorry, but our woodland walks aren't wheelchair-friendly.)
half an hour (halb)	half an hour (hour)	meals (Becky Falls has a fantastic café with hot meals, snacks ...)
detail (Detail)		

SICHERUNG
L erfragt, was den S geholfen hat, und sichert an der Tafel. L greift dabei auf die Kategorien in *Skills File 6* zurück.

➔ SF 6: Understanding new words (Revision) (p. 148)

ERARBEITUNG
b) SB geöffnet. L: You want to tell your host family what you can do at Becky Falls, but they also need to know how to get there and if they have to bring a picnic or if they can get a meal there.
Gemäß SB. Sicherung im Plenum.

LÖSUNG
The marked sentences are about what you can do at Becky Falls.

Erweiterung
Vorübung für das Gespräch mit den Gasteltern:
L: Tell me what you can do at Becky Falls. (meet strange insects, feed and touch wild animals, go on river and woodland walks, swim in the river, go to the theatre) What would you do first? Would you like to meet strange insects? Why (not)? Have you ever touched a wild animal? When and where, what animal, and what was it like?

ERARBEITUNG
c) SB geöffnet. L teilt eine Kopie des Textes aus und die S bearbeiten die Aufgabe. Sicherung im Plenum.

➔ Kopie des Textes Becky Falls Woodland Park für jeden S

LÖSUNG

Where can you eat?	3rd paragraph	"Becky Falls has a fantastic café, ..."
How can you get there?	5th and 6th paragraphs	"Becky Falls is half an hour by car from Exeter ..." "see ... website for details"

ERARBEITUNG
d) SB geschlossen. Die S bearbeiten die Aufgabe mit ihrer Kopie des Textes.

➔ SF 11: Making up a text (p. 150)

➔ Kopie des Textes Becky Falls Woodland Park für jeden S

LÖSUNG

You can eat at a café or at a picnic area, for example right at the waterfall. You can get there by car (half an hour from Exeter, 40 minutes from Torbay or Plymouth) or by the Haytor Hoppa bus (see the website for details).

AUSWERTUNG

e) 👥 Die S vergleichen ihre Ergebnisse. Nur wenn sie sich nicht einigen können, bitten sie L um Hilfe.

ERARBEITUNG

f) SB geöffnet. Die S arbeiten mit dem SB und ihren *Keywords and phrases*.

Als Vorbereitung auf das Gespräch mit den Gasteltern bearbeiten die S die Aufgabe. Dabei dürfen sie auswählen, ob sie gerne Becky Falls besuchen wollen oder doch lieber Tavistock Abbey. In beiden Fällen begründen sie ihre Antwort.

MUSTERLÖSUNG

I would like to go to Becky Falls. The first reason is that you can see so many wild animals – and you can touch and feed them. I would like to see the insects very much because I haven't seen very large and scary insects before. The second reason is that you can go for interesting walks. I would like to go for a walk along the river and see the waterfall. You can even have a picnic right next to it. That's great, we could bring our own food. The third reason is that I have never swum in a river but I would really like to try it. It must be a great experience, but only on a hot day.

I wouldn't like to go to Becky Falls because I'm an indoor person. I don't like long walks and I hate spiders and other insects. I don't want to see them. I also don't want to touch wild animals and it's much too cold for swimming, especially in a dangerous river. I could go to the theatre but I'm not really a creative person. I don't want to just have fun. I want to learn something about history or architecture, for example about Tavistock Abbey.

DIFFERENZIERUNG Early finisher

👥 Die S lesen ihren Text zuerst ein- oder mehrmals einem oder mehreren Partnern vor und versuchen dann, immer freier zu sprechen (►*Read and look up*-Methode).

➜ Workbook 10 (p. 46)

ERARBEITUNG

👥 Einer der Partner nimmt die Rolle des Gastvaters/der Gastmutter ein und schlägt ein Ziel vor (Would you like to go to ...?), der andere Partner begründet, warum er/sie lieber etwas anderes unternehmen würde.

➜ Your task, SB-Seiten 82–83

AUSWERTUNG

Einige S spielen die kleine Szene vor der Klasse vor.

S. 75

TIPPS FÜR IHRE PLANUNG
Der erste Videoclip zeigt eine Szene im Informationszentrum. Ruby möchte wissen, wo und wie sie und ihre Freunde einen schönen Tag in Dartmoor verbringen können und erhält einige wichtige Informationen, vor allem zu Becky Falls.
Der zweite Videoclip zeigt im ersten Teil (00:00–05:45) Sarah, Paul und Anna auf einer Wanderung in Dartmoor. Sie kommen zu *Scary Tor*, einer *Letterboxing*-Station, und finden einen Liebesbrief, der scheinbar an Anna gerichtet ist. Im zweiten Teil (05:46–07:39) wird klar, dass der Brief mit dem Heiratsantrag für eine andere Anna bestimmt ist.

1 EVERYDAY ENGLISH At the information centre

NEUER WORTSCHATZ
(to) **decide** · (to) **be interested (in)** · **waterfall** · **train** · (to) **take, took, taken**

EINSTIEG
SB geöffnet. Die S beschreiben das Bild auf SB-Seite 75. Sie spekulieren darüber, wo die Szene spielen könnte. L beschreibt die Situation und entlastet das Hör-/Sehverstehen im UG vor, indem sie in die Situation einführt und to decide semantisiert. Die anderen Vokabeln (interested, waterfall, take the train) sind bekannt oder können durch den Kontext bzw. durch Ähnlichkeit mit dem Deutschen erschlossen werden.
L: Ruby is on holiday. Here you can see her at the information centre with the information officer. What do you think? Why is she at the information centre? (S: ...) She wants to decide/to choose where to go, so she needs some information.

Alternative
SB geschlossen. L zeigt das Bild auf SB-Seite 75 per Folie.

ERARBEITUNG
a) SB geschlossen. 1. Sehen/Hören. Die S bearbeiten die Aufgabe, nachdem sie die Fragen gelesen haben.

➜ Transkript online

MUSTERLÖSUNG
Ruby wants to know what they could do on Dartmoor. She wants to do something exciting. She decides to go to Becky Falls. Oliver wants to go letterboxing.

AUSWERTUNG
b) Die S vergleichen zunächst in PA, dann im Plenum.

ERARBEITUNG
c) Die S notieren sich die Zahlen 1 bis 12 in ihr Heft schreiben während des Hörens jeweils R (Ruby) oder IO (*information officer*) dahinter. **2. Hören/Sehen.** Sie bearbeiten die Aufgabe, nachdem sie die Dialogteile gelesen haben. Alternativ können die S auch schon vor dem Sehen über die Zuordnung spekulieren.

LÖSUNG
Ruby: 2 · 4 · 5 · 7 · 9 · 10
Information officer: 1 · 3 · 6 · 8 · 11 · 12

AUSWERTUNG
Die S vergleichen in PA, verteilen dann die Rollen und üben ►*Dramatic reading* des Dialoges (►*Read and look up*-Methode). So bereiten sie **d)** vor.

ERARBEITUNG
d) Die Sie werden dazu angehalten, den Dialog auszubauen. Einige Paare spielen ihn vor der Lerngruppe vor.

MUSTERLÖSUNG

Partner B: What can I do for you?
Partner A: I need some information.
Partner B: What are you interested in?
Partner A: I want to go to Becky Falls. What can you do there?
Partner B: You can go for great walks and meet strange insects, and you can feed and touch wild animals.
Partner A: I love swimming. Is there a pool?
Partner B: In warm weather you can swim in the river – that's more exciting than swimming in a pool.
Partner A: How can I get there?
Partner B: The best way is to take the train.
Partner A: Are there any picnic areas?
Partner B: Yes, right at the waterfall, for example.
Partner A: Thank you very much.
Partner B: You're welcome. Have fun at Becky Falls. It's a great place to go.

➜ FöFo 4.2

➜ Your task, SB-Seiten 82–83

2 Letterboxing

INFO-BOX

Letterboxing (letterbox = Postfach) ist eine Freizeitbeschäftigung, bei der es darum geht, im Gelände versteckte Behälter mit Hilfe von Hinweisen, Karte und Kompass zu finden. Sie entstand 1854 in Dartmoor. Der Finder trägt sich mit seinem Stempel in das in der *Letterbox* befindliche Logbuch ein. Zusätzlich kann er sein eigenes Logbuch mit dem Stempel, der sich in der *Letterbox* befindet, abstempeln.

NEUER WORTSCHATZ

°letterboxing · °letterbox · **stamp**

ERARBEITUNG

a) SB geöffnet. Die S spekulieren mit Hilfe der Bilder und basierend auf ihrer Kenntnis des Clips *At the information centre* (SB-Seite 75, **1**) darüber, was Oliver wohl mit *Letterboxing* meinen könnte.
Anschließend erfolgt das **1. Hören/Sehen**. Die S schauen den ersten Teil des Clips. Beim ersten Sehen sollten sie nur herausfinden, welcher der Sätze in **a)** nicht im Clip vorkommt. (S: The sentence we don't need is: "6 The kids feed the ponies.")
Vor dem **2. Hören/Sehen** bekommen die S die Sätze als Papierschnipsel (zu zweit oder jeweils für eine Vierergruppe) und ordnen sie während des Hörens/Sehens der Reihenfolge nach. Sie verwenden dafür **KV 17: Letterboxing**.

KV 17: Letterboxing.

AUSWERTUNG

b) Die S vergleichen ihre Ergebnisse. Sicherung im Plenum.

ERARBEITUNG EXTRA

L: Not everybody knows how letterboxing works. You remember, Ruby doesn't know. Can you tell her? Can you explain how it works?
Die S bearbeiten die Aufgabe schriftlich.

Alternative
Die S bearbeiten die Aufgabe mündlich in PA.

LÖSUNG

When you go letterboxing, you need a personal stamp for you/your group and a stamp book. Then you go for a walk on Dartmoor where there are several letterboxing stations, for example on Scary Tor. When you are at a station, you look for the hidden letterbox, for example under the rocks of a tor. You open it, take out the letterbox book and put your stamp in it, so that everyone knows that you were really there. You can also take out the letterbox stamp and put it in your book.
In my area I could go letterboxing in our local park, the Tiergarten.

ERARBEITUNG
c) Gemäß SB. Die S spekulieren über den Fortgang der Handlung.

MUSTERLÖSUNG
Maybe a boy called John loves Anna secretly and was there before to put the letter in the box. He wants to tell Anna that he loves her.
Maybe somebody is going to scare the kids at Scary Tor. He/she wants to dress as a ghost and look really scary.
Maybe the letter is for another Anna. She is coming and the kids are going to give her the letter.

ERARBEITUNG
d) 1. Hören/Sehen. Die S sehen den zweiten Teil ohne Ton.
L: Now you're going to find out what really happened. Watch carefully. We're going to watch the scene without the sound. Can you still find out who that letter is for?

Weitere Differenzierung
Die S sehen den zweiten Teil mehrmals.

LÖSUNG
The letter is for another Anna. John is her boyfriend and he has put the letter in the letterbox to surprise Anna. He wants to marry her.

ERARBEITUNG
Die S erhalten ein Raster für die Schreibaufgabe (Tafel/Folie). Sie schreiben einen möglichen Dialog und vergleichen dann mit dem Clip.
L: I'm so sorry, but the button I have to press for the sound doesn't work. Let's do that on our own. Together with your partner, write down what you think the people in the clip are saying. There are lots of correct possibilities. Just try. You can watch the clip several times.

Alternative
Die S verwenden das Raster auf **KV 17: Letterboxing.**

Letterboxing (part 2)
Dialogue
Anna:
John:
Anna:
John:
Anna (the kid):
Anna:
John:
Anna (reads the letter):
Paul:

MUSTERLÖSUNG

Anna:	Is it there? Have you found it?
John:	No, but it has to be here!!!
Anna:	It doesn't matter. Let's go on.
John:	No, we can't. I have to find it, it's important!
Anna	(the kid): Sorry, I opened it because my name is also Anna, but this is for you.
Anna:	For me?
John:	Yes, please open it.
Anna:	(reads the letter) Yes, I will marry you!
The kids (Paul):	This is fun!

KOMMUNIKATIVE KOMPETENZEN
Die S können …

Hören: das Ende einer Geschichte verstehen (SB-Seite 76, 3b))
Lesen: eine Geschichte verstehen und ihr konkrete Informationen entnehmen (SB-Seite 76, 1 und 2a)) • einen Vers eines Gedichts verstehen (SB-Seite 77, 4a) und b))
Sprechen: Ideen mit dem Partner austauschen (SB-Seite 76, 2b)) • den Inhalt eines Verses mündlich wiedergeben (SB-Seite 77, 4c)) • sich in der Gruppe einigen und Vorschläge austauschen (SB-Seite 76, 3a) und SB-Seite 77, 4d))
Schreiben: ein eigenes Ende für eine Geschichte schreiben (SB-Seite 76, 3a))

METHODISCHE KOMPETENZEN
Stichpunkte/Notizen anfertigen (SB-Seite 77, 4b))

S. 76

TIPPS FÜR IHRE PLANUNG
Der Text dient der Einführung neuen Vokabulars und konfrontiert die S erstmalig in einem kommunikativen Rahmen innerhalb einer spannenden Geschichte mit der kontrastiven Verwendung von *Present perfect* und *Simple past*. Außerdem werden auch *some and any* und ihre Zusammensetzungen im Text präsentiert.
Der Text ist Ausgangspunkt für zwei Aufgaben zum *Responsive reading*, das die S dazu auffordert, sich kreativ mit dem Text auseinanderzusetzen und ihn zu erweitern (**2** und **3**).

➜ LAS 4.3, 4.4

1 Out on the high moor

NEUER WORTSCHATZ
everywhere • **for ever** • **for miles** • (to) **hurt**, **hurt**, **hurt** +Box **"hurt"**, *Voc.*, SB-Seite 195 • **not … any more** • **across the moor/the street** • **impossible** • (to) **pass sth./sb.** • **path** • **raincoat** +**coat** • **until** • (to) **cry**

EINSTIEG
SB geschlossen. Aktivierung von Vorwissen. L aktiviert inhaltliches Vorwissen und wiederholt gleichzeitig Form und Gebrauch des *Simple past*. Die S erzählen nach, was in der Scheune passierte. Als *Scaffolding* erhalten sie die wichtigsten *Phrases* mit den Verbformen im *Simple past* (Folie oder Tafel).
L: Do you remember what happened when Lucy and Maya had a look at the little lambs in the barn? Work with a partner and take turns to retell the story with the help of the phrases on the blackboard. To tell a story in the past, you use the simple past.
Die Sicherung erfolgt durch einige S-Präsentationen im Plenum.

➜ Your task, SB-Seiten 82–83

The lambs in the barn

went into the barn	switched on the lights	gave the sheep hay
sweet lambs	lamb drank its mother's milk	got her camera
took photos	didn't close the barn door	counted the lambs
only six	missing	sorry
plan		

Pre-reading **und Semantisierung neuen Wortschatzes.** L entlastet im UG vor: inhaltlich durch Spekulationen darüber, wo und wie die Mädchen suchen können, sprachlich durch die Semantisierung einiger Vokabeln.

L: Maya was very sorry. Lucy wanted to do something and not lose any time. Her plan was to go and find the little lamb. What do you think? Where can they look for the little lamb? (S: on the moor) But the moor is very big – it goes on for miles, you think it never ends, it goes on for ever. And there are tors on the moor. Do you think the lamb can go up a rocky tor? Do you think a lamb can climb? (Gestik) Is that possible? Can it happen? Or is it impossible? That means it cannot happen (...) Out on the moor it's rainy and windy most of the time so you need good boots and raincoats – so you don't get wet. If you walk for miles in flip-flops on rocky ground, your feet hurt (Mimik,Gestik). Sometimes when something hurts a lot, you have to cry. (Mimik,Gestik) Tears come down your cheeks. Do you think the girls will find the lamb? (...) If they don't find it, will they cry? (...) Who will cry, Maya, Lucy or both? (...)

➔ Your task, SB-Seiten 82–83

ERARBEITUNG 1

Tipp: Beim **1. Lesen** sollten die S die Geschichte genießen dürfen. Sie sollten selbst entscheiden, ob sie in Ruhe lesen und das Gelesene mit den Spekulationen vergleichen oder ob sie eine erste Aufgabe zum Leseverstehen lösen wollen.

SB geöffnet. 1. Lesen (Globalverstehen). L veröffentlicht den Leseauftrag per Tafel/Folie (s. TB, Lösungen in Klammern).

L: This is so exciting – we all want to know what happens out on the moor. Now open your books at page 76 and find out. Read the story and find out what happens on the moor. You can focus on the weather, the animals the girls see or on the places. You can try to fill in one, two or all three columns in the table. (Tafel/Folie) Or you can just read and enjoy the story.

Out on the high moor (1)

What's the weather like?	What animals do the girls see?	What places do they go to?
(windy)	(sheep)	(King's Tor)
(rainy)	(goats)	(a spot under the rocks at the bottom of the tor)

SICHERUNG

Die Sicherung erfolgt im Plenum.

➔ Folio 4.3

ERARBEITUNG 2

Hinweis: Die Übung **2** setzt ein sehr gutes Textverständnis voraus. Die S müssen erkennen, was die Mädchen fühlen (*Reading between the lines*), um die möglichen Erweiterungen in **2** richtig zuordnen und einfügen zu können. Zur Vorbereitung, wird beim **2. Lesen** zum einen nochmals die Handlung gesichert, zum anderen schon auf die unterschiedliche Einstellung der beiden Mädchen (Lucy: optimistic, pragmatic, powerful; Maya: pessimistic, hesitant, disheartened) hingearbeitet.

SB geöffnet 2. Lesen. Die S bearbeiten den Leseauftrag (s. TB, Lösungen in Klammern).

Out on the high moor (2)

Who wants to phone Grandpa?	(Maya)
Who wants to go on?	(Lucy)
Who wants to climb the tor?	(Lucy)
Whose feet are hurting?	(Maya's)
Who is worried about the wind and the rain?	(Maya)
Who does not think they will find the lamb?	(Maya)
Who is without raincoats?	(Lucy and Maya)
Who thinks of the poor little lamb in the rain?	(Lucy)
Who can hear something?	(Lucy)

SICHERUNG
Die Sicherung erfolgt zuerst in PA, dann im Plenum, um gemeinsam die unterschiedliche Einstellung der Mädchen herauszuarbeiten.

2 Lucy or Maya?

ERARBEITUNG
SB geöffnet. Die S bearbeiten die Aufgabe in EA.
L: Now that you understand what happens on the moor and how the two girls feel, you can do something really exciting: you can add dialogue parts to the story to make it even better. There are six sentences. First decide who could say these things, Maya or Lucy. Then decide which part of the story they could say them in. Give the line number.

MUSTERLÖSUNG
I don't want to get wet! – Maya in line 39 • Don't worry. We'll be OK. – Lucy in line 47 • Let's get help. – Maya in line 43 • I can't go on. – Maya in line 26 • What's that sound? – Lucy in line 47 • The moor is so big. – Maya in line 30

AUSWERTUNG
b) Die S vergleichen ihre Ergebnisse.
L: Now compare your ideas with your partner. Don't worry if you don't have the same opinion – there are several correct solutions.

SICHERUNG
Es empfiehlt sich, den Text auf Folie zu ziehen. Einzelne S-Paare schreiben die Sätze auf die Folie und lesen den Dialogausschnitt gemeinsam vor.

➔ Text auf Folie (von L selbst erstellt)

Weitere Differenzierung
Leistungsschnellere S erfinden selbst Sätze/Gedanken zum Text und tragen sie an den passenden Stellen ein.

➔ Your task, SB-Seiten 82–83

3 The end of the story

ERARBEITUNG
a) SB geöffnet. Gemäß SB.
L: This story ends with a cliffhanger. That means it ends at a very exciting point. Everybody wants to know what the sound is. Is it really the lamb? How will they get back to the farm? Are they lost? There are so many possibilities. What do you think? Think about it on your own. What ending would you personally like best? Write it down. Use the same style as in the text. For example, write down what the girls say.

➔ Your task, SB-Seiten 82–83

DIFFERENZIERUNG More help
L: If you need help, go to page 129 and have a look at the questions. They can help you to be creative.

Weitere Differenzierung
Falls die gesamte Lerngruppe Hilfe braucht, werden die Fragen aus *More help* im Plenum diskutiert und einige Ergebnisse stichpunktartig an der Tafel/auf Folie gesichert.

AUSWERTUNG

b) Die S lesen einander gegenseitig ihre *Story endings* vor und begründen ihre Wahl. L stellt sprachliche Hilfen an der Tafel/auf Folie bereit:

Which ending is the best? Why?

I like ...'s story ending best because ... I completely/partly agree with you because ...	... it's so exciting. ... it is(n't) a happy/realistic ending. ... there are so many interesting details. ... it's not too long/short. ... the girls really speak like Lucy and Maya.
I don't like ... 's story ending so much because ... I completely/partly (dis)agree with you because ...	... it's not so exciting / maybe a little bit boring. ... it's so short. ... I don't understand everything.

ERARBEITUNG

1. Hören. Die S sollten wählen können, ob sie einfach das Ende der Geschichte genießen bzw. mit ihrer Vorerwartung und/oder den gehörten Geschichten vergleichen wollen oder ob sie die Hörverstehensaufgaben bearbeiten wollen. L veröffentlicht diese per Tafel/Folie (s.TB, Lösungen in Klammern).

Out on the high moor – the end of the story

Lucy can hear something. What is it?	(It's her mobile. Sam is calling her.)
Lucy calls somebody. Who does she call?	(She calls Grandma.)
Who has been worried?	(Grandma.)
Where are the girls, at King's Tor or at Great Staple Tor.	(They're at Great Staple Tor.)
How do they know?	(They send a photo to Grandma and she knows.)
How do the girls get to the farm?	(Grandpa picks them up with his tractor.)
Where was the little lamb?	(In the kitchen.)

➜ 2 40 Transkript online

Vertiefung

2. Hören. Die S wählen eine der Personen (Lucy, Maya, Grandma oder Grandpa), sodass in der Gruppe alle Personen abgedeckt sind. Beim Hören merken sie sich einen Satz der Person ihrer Wahl und notieren ihn. Nacheinander sprechen die S ihre Sätze mit viel Gefühl, die anderen beantworten die Fragen: When/Why does ... say that? What's the situation?

SICHERUNG

Die S vergleichen S ihre Lösungen in der Gruppe, anschließend im Plenum.

S. 77

4 Jigsaw poem

NEUER WORTSCHATZ

jigsaw · °... has gone · °shout · °air · °noisy · °no more · °storm · °the rain will fall · °(to) stand by sb./sth./my side · °coal · °lightning · °(to) race · °(to) dream · °wide · °side by side · **verse**

➜ Your task, SB-Seiten 82–83

ERARBEITUNG

a) **SB geöffnet.** Gemäß SB.

➜ 2 41–44

Alternative

►*Jigsaw*-Methode: Bearbeitung **a)** und **b)** in Expertengruppen, **c)** und **d)** in gemischten Gruppen.

➜ SF 6: Understanding new words (Revision) (p. 148)

➜ Wörterbücher

ERARBEITUNG
b) SB geöffnet. Gemäß SB.

➔ SF 10: Taking notes (Revision) (p. 150)

➔ SF 11: Marking up a text (p. 150)

LÖSUNG

	A	B	C	D
Who is the speaker?	A foal	A pony (20 years old)	A pony, a young mother	A young pony
What story does the speaker tell?	- in autumn the farmers bring down the ponies from the moor to the farms - one autumn they took the foal's mother away and the foal had to run back to the moor alone - the foal waited and cried, but its mother didn't come back	- there's a storm; in 20 years on the moor, the pony hasn't seen a black sky like this - the pony remembers another storm when it was a foal and stood by its mother	- in the face of the storm her foal stands by her side - she remembers her own mother's face	- it dreams of summer and of the time when it was still together with its mother, who will never come back

ERARBEITUNG
c) + d) Gemäß SB.

Alternative
s. Erarbeitung **a)**

MUSTERLÖSUNG
A • D • C • B
Possible titles: The circle of life • Mother and daughter • Happy times and sad times • Sunshine and storm

➔ FöFo 4.4

➔ Your task, SB-Seiten 82–83

www
Follow the link bietet Bilder zu *Dartmoor animals*.

S. 78

1 Yes, I went there last summer (Present perfect or simple past?)

NEUER WORTSCHATZ
otter

EINSTIEG
Ziel der Übung **1** ist die Produktion kurzer Dialoge, die den Kontrast zwischen *Present perfect* und *Simple past* verdeutlicht. Eine erste Bewusstmachung des Kontrastes geschieht in *Language help*. Die S arbeiten nur mit Signalwortgrammatik, d. h. sie merken sich die Adverbien, die als Signalwörter für den Zeitengebrauch fungieren. In *Grammar File 10* wird erweiternd noch auf den Unterschied *definite point in time* vs. *no definite point in time* verwiesen.
L demonstriert die Strukturen im Kontrast mit Hilfe kurzer Gedichte (auf Folie/an der Tafel), die die S nachsprechen und dann selbst mit Hilfe eines Rasters in PA produzieren und vortragen. Dadurch wird die Anwendung der Zeiten in einer kommunikativen Situation, die die Kontrastierung aufzeigt, ermöglicht.
Sind die Zeiten so gefestigt, erfolgt die Bewusstmachung anhand eines Gedichtes oder anhand von *Language help*.

➜ GF 10: Present perfect or simple past? (p.169)

Alternative
L präsentiert die Gedichte auf einem AB, auf dem noch Platz für eigene Gedichte ist.

➜ Your task, SB-Seiten 82–83

Present perfect or simple past?

Have you ever, ever, ever in your life **ridden** a camel?
No, I **have** never, never, never **ridden** a camel,
but last week I **rode** a pony.

Have you ever, ever, ever in your life **shouted** at your teacher?
No, I **have** never, never, never in my life **shouted** at my teacher.
But yesterday she **shouted** at me.

Have you ever, ever, ever in your life **swum** in tomato soup?
No, I **have** never, never, never in my life **swum** in tomato soup.
But last summer I **swam** in a lake.

Can you make poems like these?

Weitere Differenzierung

Here is some help:
Have you ever ...
... eaten an earthworm?
... drunk sheep's milk?
... bought a castle?
... lived in a cave?
... seen a ghost?

SICHERUNG
Die Sicherung erfolgt zunächst im ►*Partnercheck*-Verfahren, danach im Plenum, indem die S paarweise kleine Dialoge vorlesen.

ERARBEITUNG
a) SB geöffnet. Gemäß SB.

Weitere Differenzierung
In leistungsschwächeren Lerngruppen bilden die S zuerst die Stammformen der verwendeten Verben (be – was/were – been, go – went – gone, etc.).

LÖSUNG
1 Lucy, have you ever been to the Eden Project? Yes, I went there with Maya last summer.
2 Justin, have you ever been to New York? Yes, I visited New York with my dad last year.
3 Sam, have you finished your project yet? No, I haven't.
4 Maya, have you ever eaten sheep's cheese? No, I haven't. But I drank sheep's milk at Lucy's grandma's two days ago.
5 Lucy, has the rain stopped yet? Yes, it stopped ten minutes ago.
6 Sam, have you ever eaten Mrs Tizzard's scones? Yes, I have! I had some last weekend.
7 Has, Silky ever been to Dartmoor? No, of course she hasn't.

ANWENDUNG
b) Die S stellen einander Fragen im *Present progressive*.

➜ Workbook 11–12 (p. 47)

Weitere Differenzierung

We do not know if or when sth. happened (no definite point in time)	We know when sth. happened (definite point in time)
Have you ever ... ... eaten crab meat? ... seen the Loch Ness monster? Yes, I have. No, I haven't.	I ate some last summer.

2 Questions for Lucy (some and any)

NEUER WORTSCHATZ
(to) **train** · **deer**, *pl* **deer**

ERARBEITUNG
a) SB geöffnet. In dieser Übung trainieren die S den Gebrauch von *some* und *any in positive and negative sentences* und in *questions*.
L: Lucy is very popular with her friends, not only because she is a nice girl, but also because her grandparents own a farm on Dartmoor and have wild ponies. So Lucy has to answer lots of questions about her grandparents and the animals on Dartmoor. She loves doing that. Here are Ruby's and Oliver's questions. Finish the dialogue by adding 'some' or 'any'. Then act it out with two partners. One of you is Lucy and the others are Ruby and Oliver.
Die Sicherung erfolgt durch ►*Partnercheck* der S. Wenn drei S beim Vorlesen des Dialoges zusammenarbeiten, dann können sie sich mit Hilfe der Regel in **b)** gegenseitig verbessern.

Alternative
Vor Bearbeitung von **a)** präsentiert L ein (Wimmel-)Bild mit vielen Tieren im Zoo (z. B. *Access 1*, SB-Seite 14–15) und zwei Sprechblasen (z. B. *There are some deer in the zoo. Are there any lions? No, there aren't any lions. But there are some giraffes.*) L liest vor und stellt weitere Fragen mit *any*. Die S antworten und stellen selbst Fragen. Danach erfolgt eine kurze Kognitivierung entweder anhand der Sprechblasen, mit Hilfe des Dialoges von **1 b)** oder *Grammar File 11a*).

➜ GF 11 a: some and any (p. 170)

LÖSUNG
Lucy: Do you have any questions?
Ruby: Do your grandparents have any ponies?
Lucy: Yes, they have some ponies out on the moor.
Ruby: Have you ever ridden any of their ponies?
Lucy: No, they're too wild. But Grandpa sells some ponies to some riding centres. They train the ponies and then people can ride them.
Oliver: Are there any otters near the farm?
Lucy: Well, Grandpa says there are some otters in the River Walkharm, but I haven't seen any.
Oliver: Well, Jack and I saw some otters yesterday!

ANWENDUNG
b) Kurze Einführung durch L. Bearbeitung gemäß SB.
L: What wild animals live near you? Either in the fields and woods near your home, in a zoo, in a park or maybe in the town (birds, foxes etc.)?

➜ Workbook 13 (p. 48)

➜ Your task, SB-Seiten 82–83

3 Leo talks about Dartmoor (something, somebody, anything, anybody)

ERARBEITUNG

Im Plenum demonstriert L die Verwendung von *something, somebody, anything, anybody.* Danach erfolgt bei Bedarf die Bewusstmachung über das TB oder *Grammar File 11b*). Anschließend bearbeiten die S die Aufgabe. Die Sicherung erfolgt wie bei **2** über das Vorspielen der Dialoge mit dem Partner, einige Paare präsentieren auch vor der Klasse.

L: In this unit I've learned a lot about ponies. Now I know something about ponies but I don't know anything about otters. What about you?

Die S bilden Sätze nach folgendem Model:

Something/anything

I know something about ... but I don't know **anything** about ...

L: Does anybody know anything about space travel/fishing/making cheese/letterboxing ...? Ah, there's somebody who knows something. Can you tell us anything about ...?

Do you know anybody who knows how to train ponies / how to drive a tractor ?

Somebody/anybody

Do you know **anybody** who knows ...?

Yes, I know somebody. / No, I don't know **anybody**.

L: So many questions. Now Mary asks Leo. Although he's never been on Dartmoor – just like us – he can answer quite a lot of questions. Do exercise **3** and find out why (because he's heard Lucy's talk). If you find 'any' and 'some' confusing (Gestik/Mimik), turn to page 129 for help.

DIFFERENZIERUNG More help

Leistungsschwächere S arbeiten auf SB-Seite 129. Hier wählen sie nur aus zwei statt aus vier Varianten aus.

Weitere Differenzierung

Falls viele S diese Hilfe benötigen, macht L bewusst, dass *-body* für Personen gilt und *-thing* für Sachen.

LÖSUNG

Mary: So tell me something about Dartmoor, Leo.
Leo: I don't know anything about Dartmoor. I've never been there. I don't know anybody there.
Mary: But you've just heard Lucy's talk. Do you remember anything about it?
Leo: Oh, I remember something! The ponies are wild. You can't ride them.
Mary: Do you know anything more about the ponies? Where do they take them?
Leo: To riding centres. Somebody trains the ponies and then you can ride them.
Mary: Do you know anybody who can ride a pony?
Leo: No, I don't know anybody. But I know somebody who can ride a bike. Me!

DIFFERENZIERUNG Early finisher

Leistungsschnellere S bearbeiten die Aufgabe **4** auf SB-Seite 135.

➜ GF 11b: somebody/anybody (p. 170)

➜ Workbook 14–16 (pp. 48–50)

S. 79

4 Snakes in the Alps

NEUER WORTSCHATZ
adder

ERARBEITUNG
L entlastet die Mediation vor durch Einführung in die Situation, Semantisierung neuer und Reaktivierung bekannter Vokabeln (z. B. adder, scared, poisonous, to flee) sowie die Wiederholung der Prinzipien der Sprachmittlung. Bearbeitung gemäß SB. Die S vergleichen ihre Ergebnisse in PA, indem sie den Dialog in verteilten Rollen sprechen, danach präsentieren einige Paare im Plenum.
L: Have you ever seen/touched/fed a snake? (S: …) Some snakes bite or strangle people (Gestik/Mimik). Some bites hurt but they aren't dangerous because the snake isn't poisonous. But if a poisonous snake bites you, the poison gets into your body and you can become very sick or even die. Poison is a substance which hurts your body.
Have you ever seen/touched/... a poisonous snake? In a zoo/circus/in the wild? (S: …) If a poisonous snake was here in the room now, I would be scared. I would run away/I would flee from the snake. What do you think, where do dangerous snakes live? Do they live in the Alps? (S: …) Imagine you are in a hostel in the Alps. An English roommate asks you about poisonous snakes. You are not sure if there are poisonous snakes in the Alps, so you look for some information online. Answer your roommate's questions in English.
If you find it hard to decide what is and what isn't important, go to page 129 for help.

➜ Kopie des Textes für jeden S

➜ SF 12: Mediation (Revision) (p. 151)

DIFFERENZIERUNG More help
Leistungsschwächere S arbeiten auf SB-Seite 129. Die Hilfen auf dieser Seite erleichtern die Auswahl der für die Sprechsituation/den Adressaten wichtigen Informationen.

MUSTERLÖSUNG
The snakes live in woods and on moors. They try to flee when they meet people because they are scared. But if they can't flee, they can be dangerous. If a snake bites you, you should see a doctor.

➜ Workbook 17 (p. 50)

5 Study skills: Describing a picture

ERARBEITUNG
a) SB geöffnet. L präsentiert das Bild aus dem SB und das Bildbeschreibungsvokabular in der gelben Box auf Folie. Die S beschreiben das Bild mit Hilfe des *Scaffolding* aus der Box. Bei Bedarf verweist L zusätzlich auf das *Skills File 17: Describing pictures*. L achtet besonders auf die Verwendung des *Present progressive* für Handlungsbeschreibungen.

Weitere Differenzierung
In leistungsschwächeren Gruppen üben die S noch mit anderen Bildern, die L mitbringt, bis alle S die *Phrases* zur Bildbeschreibung und die Verwendung des *Present progressive* internalisiert haben.

MUSTERLÖSUNG
This is a photo of a cold day in winter. I can see a boy and a girl in the foreground, a bench, a tree on the right and other trees in the background. I can see lots of snow. The ground, the background and the trees are white, everything is covered with snow. The boy and the girl are wearing jeans and jackets. They are leaning against the bench. They are close to each other. The boy is pointing to something to his right.

➜ Your task, SB-Seiten 82–83

ERARBEITUNG
b)–e) Gemäß SB.
L: When do you usually describe a photo? Can you think of a situation like that? (S: When the other person can't see it because he/she is blind/ can't find her glasses/has lost her contact lenses/is on the phone/...) Sometimes it's important that the description is very clear, so that the other person can imagine the picture well. Let's see how you do that now.

MUSTERLÖSUNG
Partner A: This is a photo of a warm day on the beach. In the foreground I can see two boys. They're playing on the sandy beach. One boy is jumping over the back of the other boy. They're wearing jeans and T-shirts. In the background I can see the sea and the blue sky. There are some white clouds in the sky.
Partner B: This is a photo of a street scene in a city. In the foreground there's a man on a bike. He's riding along a river. He's wearing jeans and a shirt. He has a rucksack. In the background I can see the skyline of a city with trees.

➔ SF 17: Describing pictures (p. 154)

➔ Workbook 18 (p. 51)

➔ FöFo 4.5

➔ Your task, SB-Seiten 82–83

S. 80–81

TIPPS FÜR IHRE PLANUNG

➔ Your task, SB-Seiten 82–83

Diese berührende Legende soll den S Freude am extensiven Lesen vermitteln und gleichzeitig ihr Leseverstehen fördern. Indem die S Überschriften für die einzelnen Abschnitte des Textes finden (**1a)** und **b)**) üben sie, deren wesentliche Handlungsebene zu erfassen. Danach (**1c)**) suchen sie Wörter, die die jeweilige Stimmung (*Atmosphere*) ausdrücken, und fühlen sich in das Geschehen ein.

Um auch produktiv mit dem Gelesenen umgehen zu können, durchsuchen die S anschließend (**2a)**) den Text nach Informationen zu einzelnen Themen (*Scanning: characters/setting*). Die Reduktion auf *Keywords* (**2b)**) und der Austausch der S darüber, welche *Keywords* die Hauptinformationen beinhalten, lenkt noch einmal den Blick auf das Wesentliche und ermöglicht es den S, selbstständig sprachlich produktiv zu werden, indem sie die *Keywords* nutzen, um über ihr jeweiliges Thema zu reden (**2c)**). Durch diese Aufgaben wird das Leseverstehen der S gesichert und vertieft, sodass sie am Ende (**2d)**) in der Lage sind, auch die Botschaft der Legende zu erfassen.

Der Text wird in Abschnitten präsentiert (ein Abschnitt wird gehört, die anderen von den S still gelesen). Einige Vokabeln werden v. a. anhand des Bildes vorentlastet (adventure, believe, full of pretty flowers, grow flowers, tulip, fence, to plant, cottage, look more closely, ground, kind), die anderen beim Lesen aus dem Kontext erschlossen (wander, cocoa, both, fireplace, ruin, one night, not … either) oder an der Stelle des Auftretens erläutert (honour, grave). L gibt jeweils Arbeitsaufträge, um die Leseabsicht zu lenken; dabei dürfen die S den Schwierigkeitsgrad selbst wählen. Im Plenum werden die Antworten besprochen, bei Bedarf vertieft und es wird zur neuen Fragestellung übergeleitet. Dabei spekulieren die S über den Fortgang der Handlung.

The tulip garden

NEUER WORTSCHATZ

tulip · **adventure** · (to) **nod** · (to) **wander** · **cocoa** · **both** · **fireplace** · **a mug (of)** · **ruin** · **ground** · **pretty** · **cottage** · **full (of)** · **one night/day** · (to) **believe** · °pixie · **kind** · (to) **look closely** · **honour** · **a nearby town** · **Box "(to) move"**, *Voc.*, SB-Seite 197 · **instead** · **not … either** · **fence** · **around** … +**Box "around"**, *Voc.*, SB-Seite 197 · (to) **grow**, **grew**, **grown** · (to) **plant** · **not even** · **grave** · (to) **appear**

EINSTIEG

SB geschlossen. L ruft Vorwissen ab und bereitet das Hören des 1. Abschnittes vor (Hörauftrag).

L: What do you like better, watching a DVD or listening to somebody tell you a story? (S: …) Why? (S: …) It probably depends on the kind of story. There are adventure stories in which many exciting and dangerous things happen, there are love stories, fairy tales and legends. What kinds of stories do you like? (S: …) Do you remember Lucy and Maya's adventure on the moor? What happened? (S: …) That evening, after their hot baths, Grandpa asks them what they would like to do. What do you think they say? (S: …) Let's listen and find out.

ERARBEITUNG 1

➔ 2 CD 45 (–46)

SB geschlossen. 1. Hören (Zeile 1–16, 1. Abschnitt). Die Sicherung erfolgt anschließend im Plenum.

LÖSUNG
They want to listen to a Dartmoor story.

ÜBERLEITUNG
SB geschlossen. L: What do you think the Dartmoor story is about? About ponies or tors? Let's have a look at the picture in your textbook on page 80. What can you see?

ERARBEITUNG 2
SB geöffnet. Die S beschreiben mit Hilfe gezielter Lehrerfragen das Bild. L nutzt die Bildbeschreibung, um einige Vokabeln zu semantisieren. Die S spekulieren über den Charakter der dargestellten Frau.
L: The garden is full of pretty flowers. The flowers are called tulips. They usually grow in spring, but you have to plant (Gestik) them first. You put the bulbs (Bild, Tafelzeichnung) in the earth and then, in spring, the tulips appear (Gestik). There are so many flowers in the garden that you can hardly see the ground – it's all covered with grass, bushes and flowers.
In England there are many beautiful gardens. You can go and visit them and take special tours of them. Especially the cottages, small houses in the country, often have beautiful gardens around them. Usually there are no fences (L zeichnet einen Zaun an die Tafel.) in England. There is no fence around the garden in the picture. What animals can you see? Look closely (Mimik, Gestik). (S: ...) Do cats and foxes usually like each other? (S: ...) It must be a very friendly fox, a very kind fox.
The woman is watering her flowers. What kind of person do you think she is? (...) What does she like? (...) We are going to find out the answers to all these questions. But, first of all, another question: where do you think this garden is? (...) Yes, it's on Dartmoor. But where exactly? Read the second paragraph (line 17 to line 26) and find out where exactly the woman's garden is and what's special about that place.
1. Lesen (Zeile 17–26). Die Sicherung erfolgt anschließend im Plenum.

LÖSUNG
The garden is just outside the village of Merryvale. The place is a ruin where the ground is always brown.

ERARBEITUNG 3
SB geöffnet. Die S spekulieren, was passiert sein könnte mit dem Garten.
L: What do you think happened to the beautiful garden? (S: ...) At the end of Grandpa's story we will know. Now, the story begins "Many, many years ago, in the village of Merryvale ..." Read the beginning of the story and pay attention to one (or two or all three) of the following questions.

The tulip garden
1 What did the old woman do?
2 What did the old woman hear one night?
3 What did the old woman see one night?

1. Lesen (Zeile 27–43). Die Sicherung erfolgt anschließend im Plenum.

LÖSUNG
1 She was friendly to the animals; she left food and water for them; she worked in her garden all the time.
2 She (thought) she heard the sound of music.
3 She saw a group of pixies.

ERARBEITUNG 4
SB geöffnet. L: What are pixies? Read the next three lines and find out.
1. Lesen (Zeile 44–46). Die Sicherung erfolgt anschließend im Plenum.

LÖSUNG
Pixies are little magic people.

ERARBEITUNG 5
L: Some stories or legends are about magic little people who can do things normal people can't do. Pixies, as they are called on Dartmoor, or elves or dwarfs (very small people). Do you believe in magic people, do you think they really exist? (S: …)
What do you think the pixies did in the beautiful garden? (S: …) Read lines 47–58 and find out.

> 1 What did the pixies do in the garden?
> 2 What was special about the tulips?

1. Lesen (Zeile 47–58). Die Sicherung erfolgt anschließend im Plenum.

LÖSUNG
1 They danced and played music on the grass.
2 There was a baby pixie in every tulip.

ERARBEITUNG 6
SB geöffnet. L: When the old woman saw the pixies and especially their babies in her garden, she was very happy that they chose her garden. It made her feel very special, it was an honour for her. Why did the pixies choose her garden? S: Because she was friendly and kind.
L: But one night, after many happy years with the pixies in her garden, the old woman died. What might happen to her garden, to the pixies and the animals? Go on reading and find out.

> 1 Who moved into her cottage?
> 2 What didn't he like?
> 3 What did he put around the garden?
> 4 Why is the ground brown now?

1. Lesen (Zeile 59–74). Die Sicherung erfolgt anschließend im Plenum.

LÖSUNG
1 An old man from a nearby town. • 2 He didn't like flowers or grass. He didn't like birds or animals either. • 3 A fence. • 4 Nothing grows in the garden, not even grass, because the pixies said that.

ERARBEITUNG 7
SB geöffnet. L: But where do the pixies dance now? Have you got any ideas?
1. Lesen (Zeile 75–Ende)

LÖSUNG
At every full moon, they dance and sing at the old woman's grave.

ERARBEITUNG 8
SB geöffnet. L: What do you think a grave is? (S: It's the place where people rest when they are dead.) What else is special about her grave?

LÖSUNG
Lots of beautiful tulips grow on her grave.

1 What's the story?

ERARBEITUNG
a) SB geöffnet. Die S wählen aus einer vorgegebenen Liste die passende Überschrift für den ersten Abschnitt aus und überlegen sich, nach welchen Kriterien Überschriften auszuwählen sind.
L: If you had to choose a title for the first paragraph, which of the following titles would you choose? Why? S: The title tells you what is most important in the paragraph; it's not only about a detail, but about the main topic.

> 1 Rain and wind
> 2 After the adventure (✓)
> 3 A cup of tea
> 4 Watching DVDs
> 5 Before midnight
> 6 The ghost story

Anschließend ordnen die S die Überschriften in **a)** den Abschnitten zu, vergleichen dann in PA und zuletzt im Plenum.

LÖSUNG
1 ll. 1–16: After the adventure • 2 ll. 17–26: Cocoa and stories • 3 ll. 27–37: A friendly old woman • 4 ll. 38–43: Music from the garden • 5 ll. 44–51: What pixies are like • 6 ll. 52–58: The babies in the tulips

ERARBEITUNG
b) Gemäß SB.

MUSTERLÖSUNG
ll. 59–68: An unfriendly old man • ll. 69–79: No place for pixies • ll. 75–80: The ruin

AUSWERTUNG
c) Die S vergleichen ihre Titel in PA und zuletzt im Plenum.

ERARBEITUNG
d) SB geöffnet. L erläutert erst kurz, was *Atmosphere* bedeutet und lässt die S am ersten Abschnitt üben. Dann bearbeiten die S die Aufgabe arbeitsteilig. Optimal sind je zwei Teams pro Abschnitt, sodass die Lösungen verglichen werden können und die Lerngruppe darüber diskutieren kann, welche Wörter die Stimmung am besten treffen.
L: In a ghost story it is usually dark, and often windy or rainy or stormy. It's a scary atmosphere. – In a story about the friendship between a girl and a horse, there is very often lovely music and you can see the girl riding along a beach in beautiful sunshine. In a story, the atmosphere can change. The feeling the people in the story have, or the reader has, can change. In our story, the atmosphere, the feelings also change. Let's have a look at the first paragraph.
Which words from the first paragraph describe the atmosphere best? Which words give you the right feeling for what's happening in the paragraph?

1 warm, princess, DVD
2 rain, dark, wind (✓)
3 wander, dinner, tomorrow
4 Grandma, story, clouds

➜ Your task, SB-Seiten 82–83

MUSTERLÖSUNG

Part of the story	Atmosphere (words)
1 After the adventure	rain, dark, wind
2 Cocoa and stories	armchairs, fireplace, hot cocoa
3 A friendly old woman	pretty, beautiful, friendly
4 Music from the garden	tired, night, sound of music
5 What pixies are like	magic, kind, friendly
6 The babies in the tulips	asleep, happy, honour
7 An unfriendly old man	died, didn't like, vegetables
8 No place for pixies	fence, angry, hard life
9 The ruin	no vegetables/grass, left, ruin

2 Marking up the text

ERARBEITUNG

a) L führt die Begriffe *Character* und *Setting* ein und schafft den Rahmen für die Aufgabe.
L: Who are the characters (the people) in the story? (S: The woman, the man, the pixies.) What is the setting/where does the story take place? Where do most of the things happen? (S: The beautiful garden.) If you want to write or tell a story, it's very important to know a lot about the characters and the setting. Imagine it's in the afternoon, you're at your friend's house and you don't have your book with you, but you like the story about the pixies so much that you want to tell your best friend about it. What do we need to do here in class so that you can do that really well?
Die S bearbeiten die Aufgabe gemäß SB.

MUSTERLÖSUNG

Topic	Keywords and phrases
The old woman	all alone, but never lonely · friendly to all the animals and birds on the moor · left food and water · loved her garden · worked in it all the time · so happy · an honour
The cottage and the garden	pretty little cottage · beautiful garden · full of the prettiest flowers · tulips
The Dartmoor pixies	little magic people · kind to people who are friendly · danced in the garden · played music on the grass · baby pixies in tulips · no place to dance, no bed for babies · very angry with the old man · sang and danced at the grave
The old man	from a nearby town · didn't like flowers or grass · grew vegetables · didn't like birds or animals · put a fence around the garden · left the cottage

ERARBEITUNG

b) L: You can't remember all those words and phrases. Imagine you can only remember 3–5 words. Which words would you remember because they give you the most important facts?
Die S bearbeiten die Aufgabe

MUSTERLÖSUNG

➔ Your task, SB-Seiten 82–83

Topic	Keywords and phrases
The old woman	alone, never lonely · friendly · food · garden · happy · honour
The cottage and the garden	pretty · beautiful · flowers · tulips
The Dartmoor pixies	little magic people · kind · danced · played music · baby pixies · angry · grave
The old man	town · didn't like · vegetables · left

AUSWERTUNG

c) Die S vergleichen ihre Stichpunkte und üben den Vortrag in der Gruppe. Anschließend präsentieren einzelne S vor der Klasse.

SICHERUNG
Die S bereiten einen Vortrag über mindestens ein Thema oder eine Nacherzählung der Geschichte in HA vor. Sie benutzen nur die *Keywords* und arbeiten nach der ►*Read and look up*-Methode.

ERARBEITUNG
d) ►*Think Pair Share*. Die S überlegen zuerst in EA, dann tauschen sie sich in PA aus. Es folgt eine Diskussion im Plenum. Mehrere Antworten sind möglich.

MUSTERLÖSUNG
We can learn that the feelings we have for others come back to us: the kindness and love, but also the dislike and anger.

3 The pixies You choose

ERARBEITUNG
a) Nach einer kurzen Wiederholung des *Going to-future* bearbeiten die S die Aufgabe. Sie schreiben die Zeilen in eine Sprechblase.

MUSTERLÖSUNG
At the next full moon, I'm going to sing and dance at the old woman's grave because she was always friendly to us and to all the animals and birds on the moor. She gave us a beautiful place to dance and tulip beds for our babies to sleep in. She loved her garden and made it a beautiful place for others. She shared her garden with us and all the animals. It's an honour for me to do this.

ERARBEITUNG
b) Nach einer kurzen Wiederholung von *Caption* (L: Find a caption for the picture on page 80. S: The old woman in her beautiful garden) bearbeiten die S die Aufgabe. Die Bilder werden in einem ►*Gallery walk* präsentiert.

DIFFERENZIERUNG Early finisher
Leistungsschnellere S bearbeiten die Aufgabe in EA.

➜ LM Unit 4

➜ Workbook 19 (p. 51)

➜ VAS 4.1, 4.2

➜ Your task, SB-Seiten 82–83

S. 82–83

TIPPS FÜR IHRE PLANUNG

Die Lernaufgabe der Unit 4 fokussiert die Schreibkompetenz (*Writing a poem*). Die in den einzelnen Arbeitsschritten beschriebenen Aufgaben spiegeln die drei Phasen des Schreibens wider:
Steps 1, 2 und 3 strukturieren die *Dreamer-* oder *Brainstorming*-Phase, in der die S Ideen sammeln, sich Gedanken zur Textsorte/Form und zum Adressaten machen und erste Überlegungen zur Struktur ihres Textes anstellen.
Step 4 leitet die *Writing*-Phase an, während *Step* 5 und die folgende Selbstevaluations- und Reflexionsseite (SB-Seite 83) die *Critic*-Phase im Blick haben. Die S werden hier dazu angeleitet, ihre Texte aus der Distanz zu betrachten, sich ►Feedback zu holen und ihre Texte ggf. zu verbessern bzw. sich Gedanken zur Qualität ihrer Arbeit und zu ihrer Vorgehensweise zu machen.

The countryside

ERARBEITUNG STEP 1

Die S überlegen in Kleingruppen, über welche Orte sie schreiben könnten, und tauschen sich über ihre Ideen aus. L kann sie auch vorbereitend bitten, Landschaftsbilder/Fotos aus Zeitschriften mitzubringen.

ERARBEITUNG STEP 2

Die S bearbeiten die Aufgabe arbeitsteilig in Kleingruppen à drei S. Je ein S ist zuständig für eine Kategorie.

MUSTERLÖSUNG

➜ Wörterbücher

Countryside/nature	Weather	Buildings/animals
river	snow	cows
forest	winter	sheep
hills	cold	goats
valley	wind (hits the tor)	ponies
sea	rain (comes fast)	foals
open moor	autumn	lambs
river walks	clear air	bugs
woodland walks	black sky	...
waterfall	storm	
King's Tor	lightning	
rocks of grey	clouds (race)	
grass so green	blue sky	
moon	...	

ERARBEITUNG STEP 3

L präsentiert die Beispiele auf SB-Seite 82 und eventuell weitere auf Folie und erläutert ggf.. Die S überlegen, was zu ihrer Idee passen könnte.

➜ Gedichte von SB-Seite 82 auf Folie

ERARBEITUNG STEP 4

Die S bearbeiten die Aufgabe wahlweise in EA oder PA.

ERARBEITUNG STEP 5

Gemäß SB.

Alternative

Die S präsentieren die Gedichte in einem ►*Gallery walk*.

Celebrate!

Storyline	Feste, Paraden und der *Lord Mayor's Day* – in Unit 5 geht es um verschiedenste Feiern und Feiertage. Sam und Justin sehen einem Jongleur bei seinem Auftritt auf dem *Hoe* in Plymouth zu. Später unterhalten sich die Lehrwerkskinder über das Programm am *Lord Mayor's Day*, an dem sie zum Teil mitwirken werden: Lucy tritt mit dem *Plymstock School Rock Choir* auf. Maya muss erst am Stand ihrer Familie mithelfen und möchte sich danach lieber mit Abby treffen, die für ein Wochenende zu Hause ist. Dies führt zu einem Streit zwischen Maya und Lucy. Als der Tag der *Lord Mayor's Day* Festivitäten anbricht, hängen dunkle Wolken am Himmel und ein Unwetter zieht auf … Wird das ersehnte Fest ins Wasser fallen?
Kommunikativer Kompetenzschwerpunkt	**Mediation:** Im Mittelpunkt der Unit stehen der Ausbau und die Schulung der Sprachmittlungsfähigkeiten. Die S können … Informationen aus einem Sachtext über ein Volksfest vom Deutschen ins Englische übertragen (SB-Seite 88, 5) • wichtige Informationen aus einer englischsprachigen E-Mail ins Deutsche übertragen (SB-Seite 92, 6) • EXTRA den Inhalt eines englischen Texts mündlich auf Deutsch erläutern, z. B. erklären, welches Gericht sie essen möchten (SB-Seite 96, Background file)
Sprechabsichten	Über Feiertage und Feste sprechen (SB-Seite 84–85) • über Bräuche in Großbritannien sprechen (SB-Seite 84–85) • ein Foto oder Bild beschreiben (SB-Seite 84–85; 93; 94) • Vermutungen anstellen über die Zukunft (SB-Seite 87) • über Kleidung sprechen (SB-Seite 88; 90) • „Was wäre, wenn …"-Voraussagen machen (SB-Seite 90; 91; 92) • über Essen sprechen (SB-Seite 94–95; 96) • Meinungen begründen (SB-Seite 97) • um Erlaubnis fragen (SB-Seite 97)
Schreibanlässe	Notizen machen über Feste und Feiertage (SB-Seite 84–85) • EXTRA einen Kalender über Feste anfertigen (SB-Seite 84) • Fragen und Antworten über die Zukunft formulieren (SB-Seite 87, 3) • einen Dialog verfassen (SB-Seite 96, 2b); 97, 2d)) • die Geschehnisse einer Geschichte aus der Perspektive einer der Figuren beschreiben (SB-Seite 99, 2a)) • über einen besonderen Tag berichten (SB-Seite 99, 2a) und *Early finisher*)
Language Skills	**Grammatische Strukturen:** *The will-future • EXTRA question tags • conditional sentences 1* **Wortfelder:** *celebrations • food • clothes* **Aussprache:** *tongue-twisters* (SB-Seite 94, 2c); 96, 1b)) • *the sounds* [f], [v] *and* [w] (SB-Seite 96, 1)
Study skills	**Reading course: Taking notes.** Wichtige Informationen aus Texten notieren (SB-Seite 89) • EXTRA die Notizen nutzen, um einen Vortrag vorzubereiten (SB-Seite 89; 94, 1a)) **Presenting a photo.** Ein Foto präsentieren (SB-Seite 93, 7) **Peer feedback.** Rückmeldungen geben und annehmen (SB-Seite 93, 7)
Kooperative Lernformen	Gruppenpuzzle (*Jigsaw*) (SB-Seite 94, 1)
Hör-/Sehverstehen: The world behind the picture	**Craig's puppet show.** Ein Puppenspieler stellt seine Figuren vor (SB-Seite 97, 1) **Everyday English: Can I go to the concert … please?** Ruby und Oliver bitten um Erlaubnis, ein Konzert besuchen zu dürfen (SB-Seite 97, 2)
Portfolioarbeit: *MyBook*	**A day to remember.** Über die Ereignisse eines besonderen Tages schreiben (SB-Seite 99, 2)
Lernaufgabe: *Your task*	**A British class party.** Eine Klassenparty mit britischen Bräuchen planen (SB-Seite 100–101)

KOMMUNIKATIVE KOMPETENZEN

Die S können …

Hören: einfachen Hörtexten über vertraute Themen konkrete Informationen entnehmen, indem sie Notizen anfertigen. (SB-Seite 84, 2b))

Sprechen: Vorlieben schildern und ihr Lieblingsfest oder ihren –feiertag benennen und sagen, wann es stattfindet und was man da macht. (SB-Seite 84, 1) · ein Foto beschreiben, das ein Fest in Großbritannien zeigt und über dieses Fest in der Gruppe / vor der Klasse sprechen (SB-Seite 84, 2a) und c))

Schreiben: Notizen machen zu Festen und Feiertagen in Großbritannien (SB-Seite 84, 2a))

METHODISCHE KOMPETENZEN

EXTRA Einen Kalender anlegen (SB-Seite 84)

S. 84–85

TIPPS FÜR IHRE PLANUNG

In Unit 5 stehen britische Feste im Mittelpunkt. Wir begleiten die Lehrwerkskinder durch eine Woche voller Freude und Aufregung in Vorbereitung auf den *Lord Mayor's Day* in Plymouth. Das *Lead-in* stellt sowohl inhaltlich als auch sprachlich die Hinführung hierzu dar. Zunächst unterhalten die S sich über ihre eigenen Lieblingsfeste (**1**), bevor sie sich mit Bildern und Hörtexten über drei besondere britische Feste (*Lord Mayor's Day*, *Red Nose Day*, *Diwali*) informieren und dabei ihr soziokulturelles Wissen sowie ihren Wortschatz zum Thema „Feste feiern" erweitern (**2**). Das *Lead-in* bildet damit die Grundlage für eine erfolgreiche Bewältigung der *Unit task*.

1 My favourite celebration

NEUER WORTSCHATZ

(to) **celebrate** +**celebration** · **parade** · (to) **light**, **lit**, **lit** · **candle** · (to) **blow** sth. **out**, **blew**, **blown** +**Box "Irregular past participles"**, *Voc.*, SB-Seite 198 · **New Year's Eve** · **fireworks** *(pl)* · **firework** · °Carnival · (to) **dress up** · **costume** · **special**

EINSTIEG

➜ Realia (Kerze, Luftballons zum Aufblasen)

SB geschlossen. L bringt eine Kerze und einige Luftballons mit. L stellt zunächst die Kerze gut sichtbar auf das Pult und bittet einen S, nach vorne zu kommen und sie anzuzünden. L: Please light (Gestik) this candle ... Look at it. It's beautiful, isn't it? Let's not blow it out (Gestik). The candlelight makes for a special atmosphere in this room, doesn't it? Daraufhin bittet L einige S, Luftballons aufzublasen und im Klassenzimmer aufzuhängen. L: Please blow up (Gestik) the balloons … Our classroom looks much more colourful than before, doesn't it? Nun führt L mit den S ein kurzes UG, in dem die S frei ihre Assoziationen zu den mitgebrachten Gegenständen äußern können. L: When do you usually light candles? When do you have balloons at home? Schnell werden die S auf Geburtstagspartys, Feste und Feiertage zu sprechen kommen. L unterstützt ggf. sprachlich und sammelt den neuen Wortschatz zum Wortfeld *Celebrations* an der Tafel (Einführung von celebration, (to) celebrate, fireworks, °carnival, New Year's Eve im Kontext).

Celebrate!

We often …	when we celebrate …
light/blow out candles	Christmas, Easter, birthdays ...
blow up balloons	birthdays ...
have fireworks	New Year's Eve, birthdays, ...
wear costumes	Carnival, birthdays ...
...	

Im Anschluss an das UG erfolgt die Bemerkung, dass sich die neue Unit um Feste drehen wird. L: Let's see what celebrations the people in Plymouth have! Let's see how the Plymouth kids celebrate!

ÜBERLEITUNG
SB geöffnet. L bittet die S, sich die Fotos auf der Doppelseite anzuschauen und nach Kerzen bzw. Luftballons zu suchen. L: Can you see any candles or balloons in the photos? S: There's a balloon in picture B. There are candles in picture C. L: Before we take a closer look at the photos, let's talk about your favourite celebrations.

➜ Folie 15

ERARBEITUNG
Jeder S entscheidet sich in EA zunächst für ein Lieblingsfest und bereitet einen kurzen Redebeitrag mit Hilfe der *Wordbank* vor. L: Please work on your own for five minutes. Choose your favourite celebration and make notes in your exercise book. When is it? What do you do? And why do you like it so much? Use the speech bubbles on p. 84 and the *Wordbank* on p. 144 for ideas. Nach Ablauf der Vorbereitungszeit tauschen sich die S zunächst in geschütztem Rahmen mit ihrem Sitznachbarn aus, bevor sie die Gelegenheit erhalten, sich im Plenum zu äußern.

➜ Wordbank 5 (p. 144)

Alternative
Die S tauschen sich mit mehreren Partnern aus – dabei setzt L wahlweise die ► *Appointment*-Methode oder ► *Milling around* ein.

DIFFERENZIERUNG More help
Leistungsschwächere S bereiten ihren Redebeitrag zusätzlich mit Hilfe von *More help* (SB-Seite 130) vor.

MUSTERLÖSUNG
My favourite celebration
when I celebrate: on my birthday, 25th August
wake up early: new clothes and presents!
food: birthday cake with candles (breakfast), muffins (school), barbecue (party)
party with friends and family
sleepover, go to bed late

2 British celebrations

NEUER WORTSCHATZ
bucket · **crowd** · **festival** · **flag** · (to) **raise money (for** sth.**)** · **charity** · (to) **take part in** sth. · **parade** · °Lord · **mayor** · °Diwali

ERARBEITUNG
a) L stellt die Übung vor und semantisiert den neuen Wortschatz. L: Let's take a closer look at the pictures now. The pictures show famous British celebrations, famous festivals. Let's read out their names. L liest die Bildunterschriften vor, klärt zunächst die Aussprache der Namen und bittet die S, die Namen im Chor (► *Chorsprechen*) nachzusprechen. Kurz sollte auf die Bedeutung des Wortes mayor eingegangen werden. L: By the way, the Lord Mayor of a big city like London or Plymouth is a very important person. A mayor is the boss of a city. In our village/town/city, we have a mayor too. Our mayor's name is … . Do you know him/her? We have to find out why there is a *Lord Mayor's Day* in Plymouth! Weitere neue Wörter werden ebenfalls im Kontext eingeführt. L: We can see many people in the pictures, crowds of people, right? They are celebrating. They are taking part in the festivals. Some of them have candles, balloons and even buckets with them (Tragen eines Eimers vorspielen). Anschließend teilt L die Klasse in Gruppen à drei S ein, lässt in jeder Gruppe durchzählen und erteilt den Arbeitsauftrag. L: Please work together in groups of three. Each group counts off 1 to 3. First student 1 describes pictures A, then student 2 describes picture B and finally student 3 describes pictures C. Work together and write down your ideas about the three festivals. Use the words in the box and collect your ideas in a table like this. L zeichnet eine Tabelle mit drei Spalten an die Tafel.

MUSTERLÖSUNG

A Lord Mayor's Day	B Red Nose Day	C Diwali
street festival;	like carnival;	Asian festival;
music;	like Halloween;	many people;
summer;	children;	children;
lots of happy people;	red noses;	candles;
crowds;	like clowns;	dancing;
take part in a parade;	costumes;	costumes;
many children;	buckets;	music
fun;	raise money for	
costumes;		
flags		

Hinweis: Im Verlauf der Unit 5 erfahren die S mehr über *Lord Mayor's Day*. In **6** (SB-Seite 92) gibt es zudem mehr Informationen zum *Red Nose Day* an britischen Schulen.

ERARBEITUNG

b) SB geschlossen. 1. Hören (Globalverstehen): L: Listen to radio reports about the three celebrations. Take notes. Who is celebrating? And what are the people doing? Nach dem ersten Hören vergleicht jeder S in EA seine Notizen mit den Aufzeichnungen von vorher und hakt alle Übereinstimmungen ab. L: Compare the reporters' statements with your own ideas and tick off the ideas that were correct! Die Ergebnisse werden im Plenum besprochen.

2. Hören (Detailverstehen): L: Listen again and add more details to your notes. In particular, find out why people celebrate *Lord Mayor's Day*, *Red Nose Day* and *Diwali*. Die Ergebnisse werden im Plenum ausgetauscht.

➜ 3 01-03 Transkript online

MUSTERLÖSUNG

A Lord Mayor's Day
Who? happy crowds, thousands of people, the new Lord Mayor
What? band music, costumes, family activities, dancing and shows on a big stage, parade, lots of red and yellow
Why? people meet the new Lord Mayor

B Red Nose Day
Who? everyone in Britain, many children
What? children walk to school; red noses, heavy buckets on their heads; remember people in Africa and Asia; 400 pounds → more than £75 million last year
Why? people raise money for charity; start: Christmas Day 1985

C Diwali
Who? South Asian society, people from different cultures
What? Indian dance and music, disco, Indian food, entertainment, presents, candles
Why? people celebrate the Hindu festival of light → Hindu New Year

ERARBEITUNG

c) Im Anschluss an die Hörverstehensübung wählt sich jede Gruppe eine der drei Festivitäten aus und trägt alle Informationen hierzu zusammen. Die S ergänzen bzw. korrigieren sich dabei gegenseitig. Abschließend stellen einige Gruppen ihre Ergebnisse im Plenum vor. Die S hören einander zu und korrigieren bzw. ergänzen die Lösungen mit Unterstützung von L.

ERARBEITUNG **EXTRA**
Optional erstellen die S ihren persönlichen Jahreskalender mit allen wichtigen Festen auf einem DIN A3-Bogen, gestalten ihn kreativ und hängen ihn im Klassenzimmer auf. Hierzu eignet sich auch die *Wordbank 5*.

➔ Wordbank 5 (p. 144)

➔ Workbook 1 (p. 56)

Access to cultures
L regt ein Gespräch zum Thema *Special celebrations* an, auch wenn nicht alle S einen Kalender anlegen.

Your task

NEUER WORTSCHATZ
(to) **plan** · **theme**

Hinweis: Am Ende der *Lead-in*-Seiten weist L im Sinne der Lernzieltransparenz die S darauf hin, dass sie in dieser Unit lernen werden, eine Klassenparty unter einem britischen Motto zu planen (und ggf. durchzuführen). L: There are lots of interesting, fun British celebrations. Why not plan our own interesting, fun class party – one with a British theme? This unit can show us how to do this!

INFO-BOX
Lord Mayor's Day: Das Recht, einen Lord Mayor oder „Oberbürgermeister" einzusetzen, wurde der Stadt Plymouth im Jahr 1935 anlässlich des silbernen Thronjubiläums Georgs V. verliehen. Seitdem bekleidet für jeweils ein Jahr eine Bürgerin oder ein Bürger der Stadt dieses Ehrenamt. Am *Lord Mayor's Day* wird der neue Lord Mayor in sein Amt eingeführt. Diesen Festtag begeht die Stadt Plymouth alljährlich mit einem großen Umzug und einem Straßenfest.
Red Nose Day: Seit 1985, dem Jahr der großen Hungersnot in Äthiopien, kümmert sich die Wohltätigkeitsorganisation *Comic Relief* um bedürftige Menschen auf der ganzen Welt. Am *Red Nose Day*, der jedes Jahr im März stattfindet, sammelt *Comic Relief* durch den Verkauf roter Plastiknasen Geld und ruft zu Spendenaktionen im ganzen Land auf.
Diwali ist ein hinduistisches Fest der Freude, das jedes Jahr im Oktober oder November stattfindet. An *Diwali* ist es üblich, Lichterketten aufzuhängen und Öllämpchen und Kerzen in Häusereingänge und Fenster zu stellen. Dies symbolisiert den Sieg des Guten über das Böse und die Macht des Lichtes über die Dunkelheit.

KOMMUNIKATIVE KOMPETENZEN
Die S können …
Lesen/Hören: kürzere Texte verschiedener fiktiver Textsorten verstehen und ihr Textverstehen nachweisen, indem sie erklären, warum die (Lehrwerks)figuren einer Geschichte bestimmte Dinge tun. (SB-Seite 86, 1 und 2)

S. 86

TIPPS FÜR IHRE PLANUNG
Sam und Justin verbringen Samstagnachmittag auf *The Hoe* und unterhalten sich über ihre Pläne für *Lord Mayor's Day*. Plötzlich entdecken sie in einer Menschenmenge Leo, der sich mit dem Straßenkünstler John unterhält. Fasziniert von Johns Jonglage-Künsten, freuen sich Sam und Justin, als sie erfahren, dass John am *Lord Mayor's Day* teilnehmen wird – und zudem ein Bekannter Leos ist. Sprachlich-kommunikativ begegnen die S vorbewusst den Formen des *Will-future* (für Vorhersagen und Vermutungen) und den *Question tags* die im *Practice*-Teil bewusst gemacht und intensiv geübt werden.

1 The juggler

NEUER WORTSCHATZ
juggler + (to) **juggle** sth. · (to) **drive, drove, driven** · (to) **get out (of a car)** · (to) **put** sth. **on** + (to) **take** sth. **off** + **Box "Clothes"**, *Voc.*, SB-Seite 199 · °rehearse · **choir** · °rehearsal · **not till** three · **probably** · **artist** · °sir · **torch** · (to) **pass** sth. **around** · °Hooray! · °Yay! · **encore** · (to) **promise**

EINSTIEG
SB geöffnet. Bildbeschreibung. L: Look at the photo, please. Describe what you can see in it. S: A big crowd, a man, Leo, … Im UG semantisiert L den neuen Wortschatz. L: The crowd is watching a juggler (pantomimisch jonglieren). He's juggling with fire. He's throwing two things in the air – two torches. Can any of you juggle too? I'm sure you can, maybe not with torches but with tennis balls! L hält drei Tennisbälle bereit und bittet einen S, mit den Bällen zu jonglieren. Anschließend macht L ein Kompliment: Thanks, (…). You're a good juggler! You could be a street artist! That's not an artist that draws pictures, but one that does tricks for tourists or at festivals. The juggler in the photo is a street artist. In fact, he's taking part in one of Plymouth's big celebrations. Take a guess. Which one is it? S: *Lord Mayor's Day*. L gibt den S Gelegenheit, ihre Kenntnisse über den *Lord Mayor's Day* zu reaktivieren. L: What do you remember about this celebration? (parade, street festival, people wear costumes, people meet their new Lord Mayor)

➜ Realia (drei (Tennis)bälle)

Hinweis: Die S können nach dem Einrad fragen, das auf dem Boden liegt. L: It's a unicycle.

Access to cultures
Impuls: Straßenkünstler sind im GB sehr häufig. In Deutschland auch?

ERARBEITUNG
1. Hören/Lesen (Globalverstehen): L: Let's find out everything about the juggler. Who is he? What tricks can he do? Where is he doing his tricks? And when? Listen/read and take notes. Die S machen sich während des Hörens/Lesens schriftlich Notizen zu den Fragen: Who? What? Where? When? Die S vergleichen die Informationen zunächst in PA. Anschließend Besprechung im Plenum und TB.

➜ 3 04–05

The Juggler
Who? John, Leo's friend, street artist, …
What? can stand on a ball, can juggle with fire, …
Where? the Hoe (Plymouth)
When? a week before Lord Mayor's Day

2 Why …

ERARBEITUNG

2. Hören/Lesen (Detailverstehen): Wird der Text als Hörtext behandelt, schreibt L die Fragen zunächst an die Tafel oder auf eine Folie. L: Read/ Listen carefully so you can answer the questions. Take notes, please. Nach dem Lesen bzw. Hören des gesamten Textes werden die Fragen mündlich beantwortet, bevor die S ihre Antworten in ganzen Sätzen verschriftlichen.

➔ Fragen aus **2** auf Folie

LÖSUNG

1 They go to the Hoe to play frisbee. • 2 She has a rehearsal for *Lord Mayor's Day*. • 3 Sam and Justin don't play frisbee because the boys see the juggler and watch his show. • 4 He doesn't choose Leo because he has enough help with his trick. • 5 He passes around his hat to collect money for his show. • 6 The crowd shouts "Encore!" because they want to see more tricks. • 7 Sam and Justin want to talk to John about his new tricks.

S. 87

TIPPS FÜR IHRE PLANUNG
1 bis **3** bilden eine abgeschlossene Grammatikeinheit zum *Will-future* für Vorhersagen und Vermutungen, die in einer Unterrichtsstunde bearbeitet werden kann. Das *Will-future* wird zunächst nach einer kommunikativen Einführungsphase mit Hilfe von *Language help* bewusst gemacht und erst in Aussagesätzen (**1**, **2**), dann in Fragen (**3**) trainiert. **4** ist der Wortschatzerweiterung gewidmet und kann wahlweise vor oder nach dieser Grammatikeinheit bearbeitet werden. Die Sprachmittlungsaufgabe (**5**) zielt darauf ab, wichtige Informationen eines deutschen Sachtextes ins Englische zu übertragen. Sie eignet sich als HA, sollte jedoch im Unterricht vor- und nachbereitet werden. **6** greift das Thema *Questions tags* auf und ist fakultativ.

EINSTIEG
SB geschlossen. Zunächst produziert L einige Beispielsätze, in denen die neu zu erwerbende grammatische Form des *Will-future* im Kontext erscheint. Dabei lenkt L durch gezielte Betonung der Verbform die Aufmerksamkeit der S auf die neue Struktur, ohne sie an dieser Stelle bereits zu erklären. L: Do you remember when *Lord Mayor's Day* will take place? S: On Saturday. L: Right. *Lord Mayor's Day* will take place on Saturday, in a week's time. Seven days! That's a long time. I think Justin, Sam and Leo will do lots of different things before the festival begins. They will go to school for another week. They will probably do their homework, they will play games, and I think they will read some books. What else will they probably do before next weekend? Any ideas? Let's speculate! Nun fordert L die S auf, ähnliche Sätze zu produzieren. Dabei achtet L auf die korrekte Verwendung der *will-future*-Form (ohne die Form zu benennen oder zu analysieren) und schreibt zwei Beispielsätze an die Tafel (ein Beispielsatz illustriert die Langform, einer die Kurzform). Anschließend führt L auf ähnliche Weise die negative Form ein. L: I think the boys will do lots of things before *Lord Mayor's Day*. But I think there are also things they won't do (mit Zeigefinger die Verneinung andeuten!) before next weekend. They won't go skiing (because it's summer). They probably won't go on holiday either (because they have to go to school). And I don't think they will juggle with torches (because they aren't street artists). Is there anything else you don't think the boys will do? Wiederum ermuntert L die S, eigene Sätze – gerne auch lustige! – zu produzieren, und einer davon wird als Beispielsatz an der Tafel festgehalten.

> **Before Lord Mayor's Day**
> Justin, Sam and Leo will play games.
> They'll probably do their homework.
> I think they'll read some books.
> They won't go skiing.
> They probably won't go on holiday.
> I don't think they'll juggle with torches.

ÜBERLEITUNG
L: Let's see what will or won't happen on *Lord Mayor's Day*.

ERARBEITUNG Language help
SB geöffnet. Bevor die S die Übung bearbeiten, fordert L sie auf, die *Language help*-Box still durchzulesen. L: Before we do exercise **1**, let's get some language help. Read the box, please.
Hinweis: Mit Hilfe der Beispielsätze an der Tafel bespricht L im UG anschließend zunächst die Verwendung des *Will-future* in Aussagesätzen und ergänzt das TB, die Fragebildung wird später bewusst gemacht (s. TB nächste Seite).

➜ GF 12: The will-future (p. 171)
➜ LAS 5.1

L: Let's talk about the statements on the board first. Can you find new tense forms? L unterstreicht die Formen farbig. L: When do we use this new form? S: We use it when we want to make statements and questions about the future. L: Which statements are positive, and which are negative? Which verb forms are long, and which are short? L ergänzt TB entsprechend.

Before Lord Mayor's Day

Justin, Sam and Leo will play games. → positive statement
They'll probably do their homework. → positive statement
They won't juggle with torches. → negative statement

Remember:
- Use the will-future to speculate about the future or make predictions. (Ger. Vermutungen, Vorhersagen).
- Use will + infinitive in positive statements (use 'll after pronouns).
- Use won't + infinitive in negative statements (won't = will not)

1 On Lord Mayor's Day (will-future: statements)

ERARBEITUNG
Die S arbeiten zunächst mündlich im Plenum, dann schriftlich.

LÖSUNG
2 The city centre streets will be full of people. • 3 Cars won't be allowed to drive in the centre. • 4 Lots of people will take part in the parade. • 5 People will wear interesting costumes. • 6 Kids won't have to go to school. • 7 Lots of stalls will sell food and drink. • 8 Everybody hopes it won't rain.

➔ Workbook 2 (p. 56)

2 Abby will sail around the world (will-future: statements)

NEUER WORTSCHATZ
journey • Queen

EINSTIEG
In dieser Übung trainieren die S die Verwendung des *Will-future* in Aussagesätzen, um Vermutungen über die Zukunft anzustellen. Um spielerisch die Funktion der neuen Struktur zu vermitteln, zeigt L der Klasse einige Spielkarten und gibt sich als Wahrsager/-in aus. L: Look at these cards. Do you know what? These cards are magic. They tell me lots of nice things about your future. L äußert sich spekulativ über einige S der Klasse und führt dabei neuen Wortschatz ein: My cards are telling me that Jo-Ann will be a great street artist. Leonard will be a famous tennis player. Silvana will shake hands (Gestik) with the Queen of England (Foto mitbringen). And Selim will go on a long, long trip, a long, long journey to ... the North Pole! Nun reicht L die Spielkarten an einige S weiter und bittet sie, weitere – freundliche! – Vorhersagen über Mit-S zu treffen.

➔ Realia (Kartenspiel)

ÜBERLEITUNG
L weist darauf hin, dass sich die folgende Übung um die Zukunft der Lehrwerkskinder drehen wird. L: Now that we know a lot about our future, let's find out more about the Plymouth kids' future.

ERARBEITUNG
a) Die Übung dient der Festigung der neuen Struktur und sollte zunächst mündlich, dann schriftlich erledigt werden. Am Beispielsatz verdeutlicht L, dass die S jeden Satz mit *I think* beginnen mögen, um das Spekulative der Aussagen hervorzuheben.

LÖSUNG
2 I think Sam will play basketball for England. • 3 I think Leo will dance in musicals. • 4 I think Lucy will sing in shows in London. • 5 I think Maya will travel to India. • 6 I think Justin will make films in the USA.

ERARBEITUNG
b) Die Übung wird mündlich bearbeitet. Die Sprechblasen dienen den S als Anleitung für ihr Gespräch, in dem sie Vermutungen anstellen und begründen.

MUSTERLÖSUNG
I think Maya will buy a farm on Dartmoor because she likes Dartmoor so much. • I think Sam will join the navy because he wants to be like his dad. • I think Justin will move to the USA. I'm sure he wants to be with his dad. • I don't think Lucy will climb Mount Everest. She's not a climber. • I don't think Leo will learn Chinese because Chinese is too difficult. • Sam won't swim across the Atlantic. I don't think anybody can. • I don't think Lucy will go on a journey to Mars because it isn't possible. • I think Leo will meet the Queen. Nothing can stop him really.

➜ Workbook 3 (p. 57)

3 When will the parade start? (will-future: questions)

EINSTIEG
Um schließlich auch die Wortstellung in Fragen bewusst zu machen, schreibt L zunächst die Fragen *When will the parade start?* und *Will the boys be there?* an die Tafel, bittet die S, sie zu beantworten, ergänzt das TB entsprechend und macht die Wortstellung bei der Verwendung des *will-future* in Fragen bewusst.

When will the parade start? (Probably in the morning.) → wh-question
Will the boys be there? (Yes, they probably will.) → yes/no-question

ERARBEITUNG
a) Die Übung bereitet die Hörverstehensübung vor und sollte zunächst mündlich, dann schriftlich erledigt werden. L sollte die S darauf hinweisen, dass sie in ihren Aufzeichnungen Platz lassen sollen für die Antworten, die in **b)** dazukommen.

MUSTERLÖSUNG
2 When will the parade be over? • 3 Will there be elephants in the parade? • 4 Will I see the Lord Mayor? • 5 Will there be fireworks? • 6 Will there be activities for children? • 7 Will we have good weather?

ERARBEITUNG
b) Bei den Fragen des Touristen handelt es sich um die Fragen aus Teilaufgabe **a)**. Die S **hören** den Dialog und ergänzen die Antworten dazu. Anschließend werden die Antworten im Plenum verglichen.

➜ 3 06 Transkript online

MUSTERLÖSUNG
1 It will start at 1 pm 2 It will be over at 2 pm 3 There won't be any elephants in the parade, only people and some dogs. 4 Yes, you will if you're lucky. 5 No, there won't. Everything will be over before it's dark. 6 Yes, there will, for example frisbee golf. 7 There will be rain in the morning, but it will be sunny in the afternoon.

ERARBEITUNG
c) Die S spielen das Interview zwischen der Touristin und dem Passanten zweimal in PA durch. Ein S übernimmt die Rolle der Touristin, der andere die des Passanten. Nach dem ersten Durchgang werden die Rollen getauscht. Die S können beim Rollenspiel ihre Aufzeichnungen nutzen oder sprechen frei.

Alternative
KV 18: A tourist in Plymouth. Zu Besuch in Plymouth, treffen die S auf einen deutsche Touristin, die Verständnisschwierigkeiten hat.

→ Workbook 4–5 (pp. 57–58)

→ Folie 16

→ FöFo 5.1

S. 88

4 WORDS What are you wearing?

EINSTIEG
Bildbetrachtung. L: Look at the two boys. What are they wearing? What is the same and what is different? Die S benennen Gemeinsamkeiten (both are wearing baseball caps, grey jackets, red T-shirts and red shoes) und Unterschiede (the caps, trousers and shoes are slightly different).

ERARBEITUNG
a) Hören. L: Listen carefully and find out which of these boys is Tom. Im Anschluss wird das Ergebnis besprochen.

→ 3 07 Transkript online

LÖSUNG
The boy on the left is Tom. Tom isn't wearing gloves, and he's wearing blue jeans.

ERARBEITUNG
b) Diese Übung kann im Plenum durchgeführt werden. Wer die richtige Person errät, darf als Nächster beschreiben, was ein Mit-S trägt.

ERARBEITUNG
c) Die S vervollständigen die Dialoge. Einige Paare stellen ihre Lösungen im Plenum vor.

LÖSUNG
1 A: It's so hot in here! B: Then take off your pullover. • 2 A: Do they wear uniforms at German schools? B: No, most students just wear everyday clothes. • 3 A: It's cold outside. You should put on a jacket before you go out. B: OK, maybe I should put on gloves too.

→ Workbook 6–7 (p. 58)

5 A "Volksfest"

NEUER WORTSCHATZ
(to) **translate**

EINSTIEG
SB geschlossen. Zur Vorbereitung der Aufgabe fordert L die S auf, den deutschen Begriff „Volksfest" ins Englische zu übertragen. L: Imagine you are on an exchange in England. Your family asks you what a *Volksfest* is and what you can do there. What can you say? Please complete the following sentences: A *Volksfest* is ... and you can ... L ermutigt die S, die Halbsätze möglichst variantenreich zu komplettieren, und hält die Ergebnisse an der Tafel fest (s. nächste Seite).

A "Volksfest"

A Volksfest is	You can
- a festival	- enjoy time with your friends and family
- a big celebration	- go on rides
- a big party	- have food and drinks
...	...

ÜBERLEITUNG
SB geöffnet. L stellt die Aufgabe vor. L: Now your host family wants to know more about a very special *Volksfest*, the *Hamburger Dom*. Has anyone been there? S: (...) Please use the German text to explain three things: what the *Dom* is, how often it takes place, and where. L macht die S an dieser Stelle darauf aufmerksam, dass es bei der Bearbeitung nicht um eine wortgetreue Übersetzung, sondern um eine sinngemäße Übertragung geht. L: Please don't translate (Dt.) word by word. Only explain the main points. First read the text and make notes in German. Then put your notes into English and write a short text. Make sure you answer the three questions. You may use the words on the board.

➜ SF 12: Mediation (Revision) (p. 151)

ERARBEITUNG
Die S machen sich zunächst schriftlich Notizen auf Deutsch, die sie anschließend ins Englische übertragen und dazu verwenden, einen kurzen englischen Text zu verfassen. Anschließend werden ausgewählte Schülerarbeiten im Plenum vorgelesen und besprochen.

MUSTERLÖSUNG
The *Hamburger Dom* is a big festival in Hamburg, Germany. It takes place in March, July and November every year. Millions of people go there. You can do lots of fun things there. There's a big wheel, for example. And you can also have lots of delicious food.

➜ Workbook 8 (p. 59)

6 EXTRA ... isn't it? (Question tags)

EINSTIEG
L zeigt den S zunächst eine Liste deutscher Frageanhängsel (z. B. auf einer Folie: ne, was, gell, nicht wahr, stimmt's, oder, oder was ...) und fragt nach, ob die S all diese Wörter kennen und wann sie sie evtl. benutzen. L: I have a list of funny German words with me. Do you know them all? Do you use them at all? Which ones? When? S: At the end of a sentence / when you talk to a friend / ... L ermutigt die S zunächst, die deutsche Liste zu ergänzen (z. B. durch regionale Varianten wie gelle, wa, woll), und leitet dann über zur englischen Sprache. L: In English we also have a word like this. Can you think of it? S: Right. L: Right is the correct answer, right? Dann ergänzt L: English is quite special because you can also use question tags at the end of a sentence. Let's have a look at question tags.

➜ Folie Frageanhängsel

ERARBEITUNG Language help
In PA lesen die S zunächst die *Language help*-Box und erklären sich gegenseitig, wie *Question tags* gebildet werden. Hierfür stellt L *Language support* an der Tafel / auf Folie zur Verfügung:

When you have ... in the sentence, you use ... in the question tag.

L: Please read the box carefully and explain to each other how we make question tags in positive and negative sentences. Complete the two sentences. In einem UG werden alle offenen Fragen zur Bildung und Funktion von *Question tags* mit Unterstützung von L geklärt. Anschließend fordert L die S auf, weitere Beispiele für *Question tags* in **1** (SB-Seite 86) zu finden. Sie werden an die Tafel geschrieben und besprochen. Schließlich wird die Tabelle um zwei Beispiele aus der *Language help* ergänzt, in denen das Hilfsverb *do* verwendet wird.

Question tags

Positive statement – negative tag:	Negative statement – positive tag:
But we can play frisbee on our own, **can't** we?	The show isn't over, is it?
That's Leo, **isn't** it?	
He's good, **isn't** he?	
Justin **goes** to Plymstock School, **doesn't** he?	You **don't** live in Berlin, do you?

ERARBEITUNG
Die Übung wird zunächst mündlich im Plenum erledigt. Nachdem die Lösungen im Plenum verglichen wurden, verschriftlichen die S zur Festigung der Struktur ihre Antworten.

➔ GF 13: Question tags (p. 172)

LÖSUNG
2 Lots of people take part in it, don't they? • 3 You see lots of street artists there, don't you? • 4 John can do tricks with fire, can't he? • 5 He isn't nervous, is he? • 6 In Germany, we have big parades too, don't we? • 7 The biggest parade is at Carnival, isn't it? • But they don't have Carnival in England, do they?

➔ Workbook 9 (p. 59)

KOMMUNIKATIVE KOMPETENZEN

Die S können …

Lesen: einfachen Sachtexten zu Festen in Großbritannien Informationen entnehmen, indem sie Notizen mit dem Text vergleichen oder dazu anfertigen. (SB-Seite 89, 1a)) • unbekannte Wörter aus dem Zusammenhang erschließen (SB-Seite 89, 1b))

S. 89

TIPPS FÜR IHRE PLANUNG

Der *Reading course* in Unit 5 bietet einen kompakten Zugang zum strukturierten Anfertigen von Notizen: wie können S systematisch festhalten, was sie gelesen bzw. gehört haben? Die zu bearbeitenden Texte zu *Guy Fawkes Night* und *Pancake Races* fügen sich in den thematischen Kontext der Unit ein und sind vom Aufbau her ähnlich. **1a)** dient der Bewusstmachung der Kriterien für strukturierte Notizen anhand des ersten Textes und sollte im Unterricht bearbeitet werden. **1b)** dient der Einübung der Kriterien mit Hilfe des zweiten Textes und eignet sich als HA.

Taking notes

NEUER WORTSCHATZ

(to) **take notes** • °model • °(to) burn • °bonfire • °explosion • °foil • °toffee apples • °toffee • °(to) kill • °parliament • °soldier • **symbol** • **abbreviation** • **e.g.** • °frying pan • °(to) toss • °traditionally • °Christian • °butter • °ash • °(to) fast • °Lent • °sugar • °lemon • °legend • °fun part

EINSTIEG

SB geschlossen. Impulsfrage: L zeigt den S einige beschriebene und/oder unbeschriebene Karteikarten, fragt, wozu man sie eigentlich braucht. L: What are these? (S: These are index cards.) When do you need cards like these? (S: You need them for presentations.) What do you write on them? (S: You write important ideas or information on them.) Where do you get the ideas/information from? (S: from the internet / from books/ texts)

➔ Karteikarten

ÜBERLEITUNG

L führt die Kollokation *take notes* ein. L: We often need index cards to remember important information from texts. We take notes on them so we can remember easily what a text is all about. Today let's learn some tricks about how we can take good notes.

Reaktivierung von Vorwissen: Vor der Bearbeitung der Übung sollten die S ermutigt werden, ihr methodisches Vorwissen (auch aus anderen Fächern) zu aktivieren und Ideen zu entwickeln, die ggf. an der Tafel festgehalten werden können. L: What is important when we take notes?

Taking notes

When we take notes on index cards, we
- write down important information.
- don't copy the text.
- only use key words.

...

ERARBEITUNG
a) SB geöffnet. Vor der Bearbeitung der Teilaufgabe empfiehlt es sich, die methodische *TIP*-Box zur Anfertigung von Notizen gemeinsam im Plenum zu lesen und mit den zuvor von den S geäußerten Ideen im TB abzugleichen.
Nach der Bewusstmachung der *TIP*-Box stellt L die Teilaufgabe vor: Let's look at an example. There's a text about a very special British celebration, *Guy Fawkes Night*, on the right. And there are notes about the text on the left. Please read the text. Then look at the notes carefully. Do you understand what the notes mean?
SB geschlossen. Auf einer Folie oder an der Tafel werden die Notizen zum Text bereitgehalten. Die S werden im UG aufgefordert, diese Schritt für Schritt zu versprachlichen. L: Let's look at the notes. What do they mean? What do they tell us about *Guy Fawkes Night*? Please tell us. Abschließend bittet L die S, die Qualität der Notizen zu bewerten. L: Do you think these notes are helpful to remember the most important facts about Guy Fawkes Night? Would you change anything?

➜ Folie/TB notes Guy Fawkes Night aus dem SB

ERARBEITUNG
b) SB geöffnet. L stellt die Aufgabe vor: Let's practice. Now you have to take notes on your own. Follow task **b)** step by step. Um die Aufgabe authentischer zu gestalten, hält L einen Stapel Karteikarten bereit, auf denen die S ihre Notizen anfertigen können. Es empfiehlt sich, eine Kopie des Textes auszuteilen, damit die S wichtige Passagen im Text unterstreichen können.

➜ Kopie des Textes, Karteikarten

---

1 Die S lesen den Text zum ersten Mal und wenden dabei die ihnen bereits bekannten Worterschließungsstrategien an, um sich unbekanntes Vokabular zu erarbeiten.

➜ SF 6: Understanding new words, SB-Seite 148

DIFFERENZIERUNG More help
Leistungsschwächere S arbeiten auf SB-Seite 130. Dort finden sie denselben Text bereits markiert vor. Sie machen Notizen, indem sie aus den markierten Zeilen auswählen, was wichtig ist und erstellen auf dieser Grundlage ihre Notizen.
2 Die S lesen den Text anschließend erneut und machen sich strukturiert Notizen, z.B. auf einer Karteikarte.
3 Die S vergleichen ihre Notizen und geben sich gegenseitig weitere Tipps.

MUSTERLÖSUNG
Pancake Races
February/March: one Tuesday!
race → pancake, frying pan, people run + toss pancake on the way
tradition: Christians, pancakes before Lent
today: pancakes + lemon, sugar
15th century: legend, woman, kitchen → church, late

ANWENDUNG EXTRA
Die S verwenden ihre Notizen, um einen Kurzvortrag zum Thema Pancake Races zu halten. Hierfür stellt L weitere sprachliche Hilfen bereit: Today I'd like to talk about … / This was my talk on … / Thank you very much for listening. Zunächst üben die S in PA ihren Kurzvortrag, dann präsentieren ihn Freiwillige im Plenum.

➜ SF 10: Taking notes (Revision) (p. 150)

➜ Workbook 10 (p. 60)

Access to cultures
Im Anschluss können die S über vergleichbare Feste in Deutschland sprechen.

KOMMUNIKATIVE KOMPETENZEN
Die S können …

Lesen/Hören: Geschichten konkrete Informationen entnehmen und Ereignisse und Zeitangaben aus einer Geschichte einander zuordnen (SB-Seite 90, 1 und 2a • die Handlungen einer (Lehrwerks)figur in einer Geschichte erklären und die Gefühle der (Lehrwerks)figur beschreiben (SB-Seite 90, 2b)) • Vorschläge machen, wie sich zwei (Lehrwerks)figuren wieder vertragen könnten (SB-Seite 90, EXTRA)

Sprechen: einem Partner erzählen, was sie anziehen – je nachdem wie das Wetter werden wird. (SB-Seite 90, 3)

S. 90

TIPPS FÜR IHRE PLANUNG
Der Erzähltext in diesem Abschnitt führt den Dialog aus *Part A* weiter. Wir erfahren, dass einige Lehrwerkskinder am Programm für den *Lord Mayor's Day* beteiligt sein werden: Lucy wird einen Auftritt mit dem *Plymstock School Rock Choir* haben, Sam eine Showeinlage mit seiner Kung-Fu-Gruppe. Maya jedoch muss zunächst am Stand der Sens mithelfen und möchte sich danach mit Abby treffen, die für ein Wochenende in Plymouth zu Besuch ist. Dies führt zu einem Streit mit Lucy, die sich wünscht, dass Maya bei ihrem Auftritt dabei ist. Sprachlich begegnen die S in diesem Abschnitt der *Will-future*-Form in Konditionalsätzen vom Typ I. Die neue Struktur wird in *Have a go* zunächst vorbewusst geübt, bevor sie anschließend in *Part A Practice* schrittweise erarbeitet wird.

1 Best friends

NEUER WORTSCHATZ
at least • **director** • better **than ever** • **demonstration** • **…, you see.** • (to) **offer** • **Indian** • **lift**

EINSTIEG
SB geschlossen. Der Einstieg erfolgt thematisch über eine ►*Brainstorming activity*. L bittet die S, sich zu überlegen, was einen guten Freund / eine gute Freundin ausmacht: What makes a friend a 'good' friend? Write down your ideas. Die S arbeiten zunächst in EA und halten ihre Ideen schriftlich fest, anschließend tauschen sie sich in PA aus, bevor sie sich im Plenum äußern. Die Ergebnisse des UG werden an der Tafel festgehalten und zum Abschluss auf die Lehrwerkskinder übertragen. L: Are the Plymouth kids good friends? Why? Why not?

Good friends …

… have a good time.
… do lots of things together.
… can talk about many things.
… can listen.
… help each other.
… understand each other.
… don't hurt each other.

Alternative
Die *Brainstorming activity* kann auch in Form einer ►*Placemat activity* in Kleingruppen durchgeführt werden.

ÜBERLEITUNG
SB geöffnet. Bildbetrachtung. Die S spekulieren, was sich gerade ereignet. L: Open your books at page 90 and look at the photo there. Who can you see in the picture? S: Lucy, Maya, Leo, Justin and Sam. What are they doing? S: Lucy is in the foreground. She is going away. Maya is following her. Lucy looks angry. Justin is talking to her. Sam isn't happy. Only Leo is laughing. Take a guess: what are they talking about? S: Maybe about *Lord Mayor's Day*, school, a problem … .

ERARBEITUNG
1. Hören/**Lesen** (Globalverstehen): Der Text kann wahlweise als Hörtext (bei geschlossenem SB) oder als Lesetext präsentiert werden. Vor der Präsentation des Textes erhalten die S fünf Sätze (auf Folie oder als TB), die beim Hören bzw. beim Lesen auf ihre Richtigkeit hin überprüft werden müssen.

➜ 3 08

Hinweis: Die S benötigen etwas Zeit, um die Sätze vor der ersten Präsentation des Textes durchzulesen. L: Listen/read and decide whether the statements are right or wrong.

1 Lucy is happy about the rehearsal. (Right.)
2 Lucy can't go to the children's parade on Lord Mayor's Day. (Wrong. Lucy can't go to Sam's demonstration.)
3 On Lord Mayor's Day, Sam, Leo and Justin will be in the programme. (Wrong. Only Sam will be in the programme.)
4 On Lord Mayor's Day, Maya will be free when Mukesh comes. (Right.)
5 If Maya doesn't meet Abby on Lord Mayor's Day, she will still see her before the summer holidays. (Wrong. Maya won't see her before the holidays.)

AUSWERTUNG
Die Ergebnisse werden nach der Präsentation im Plenum besprochen. Dabei bittet L die S, ihre Entscheidungen anhand des Textes zu belegen (S nennen Zeilenangaben) und anschließend zu verbessern.

2 Which event?

NEUER WORTSCHATZ
event · storm

ERARBEITUNG
2. Hören/**Lesen** (Detailverstehen): Wird der Text als Hörtext bei geschlossenem SB präsentiert, schreibt L die Aufgaben an die Tafel oder auf Folie.
a) Zuordnungsaufgabe zur Überprüfung des Verständnisses des Tagesablaufs am *Lord Mayor's Day*.

➜ FöFo 5.3

LÖSUNG
10:30 am – kung fu demonstration · 11 am – children's parade · 3 pm – *We will rock you*

ERARBEITUNG
b) Die Beantwortung der beiden Fragen erfordert eine Deutung der Geschehnisse. Sie sollten zunächst mündlich im UG, anschließend schriftlich beantwortet werden. Abschließend kehrt L zur Einstiegsfrage zurück, was gute Freunde ausmacht. L: Do good friends always understand each other? (S: Not really. Even good friends have a problem sometimes.) Are they sometimes angry too? (S: Yes, of course. But they come together again.) Do you think Lucy and Maya are still good friends? (S: …)

DIFFERENZIERUNG More help
Auf SB-Seite 130 finden die S zusätzlichen Wortschatz zur Beschreibung der Gefühle Lucys und Mayas.

MUSTERLÖSUNG
Maya can't go to Lucy's events because she wants to see Abby on Saturday. Lucy is unhappy and also very angry. Maybe she is worried that Maya likes Abby better. Maya is surprised because she has seen Lucy's show three times. She is shocked and probably hurt too.

ERARBEITUNG EXTRA

Die S überlegen gemeinsam, wie sich der Konflikt zwischen Maya and Lucy lösen ließe. Die S notieren ihre Ideen stichwortartig im Heft; einige Teams stellen ihre Lösung anschließend gemeinsam im Plenum vor.

MUSTERLÖSUNG

Lucy and Maya meet again and talk. Lucy tells Maya that she is worried that Maya doesn't like her any more. Maya tells Lucy that she wants to be good friends with her, but she also likes Abby. Maya says she will ask Abby to come to Lucy's show so they can all be together.

Weitere Differenzierung

Die Paare erarbeiten Lösungsvorschläge und schreiben einen kurzen Dialog, in dem der Konflikt sowie die Lösungsvorschläge zur Sprache gebracht werden. L: How can Lucy and Maya be good friends again? Think of ideas. Then write a dialogue. Choose one of the situations 1–4 (s. TB).

1 Lucy is talking to her mom about her problem.
2 Sam is talking to Justin about Lucy and Maya.
3 Maya is on the phone with Abby. They are talking about the problem.
4 Lucy and Maya are talking on the phone.

3 Have a go

ÜBERLEITUNG

Die Übung dient der vorbewussten Übung der Konditionalsätze vom Typ I. L (humorvoll): Sometimes we have problems with our friends. There are other problems in life too. Smaller problems. Clothes, for example! Or the weather! For example, what will you wear if it rains tomorrow? Please solve the following problems about clothes and the weather!

ERARBEITUNG

a) Die S ergänzen die Sätze zunächst schriftlich.

MUSTERLÖSUNG

1 If it's very hot tomorrow, I'll wear a T-shirt and shorts. • 2 If it's warm and sunny tomorrow, I'll wear a T-shirt and a pair of jeans. • 3 If it's cold tomorrow, I'll wear a sweater. • 4 If it's rainy tomorrow, I'll wear a raincoat. • 5 If it's windy tomorrow, I'll wear a jacket. • 6 If there's a storm tomorrow, I'll wear a sweater and a raincoat.

ERARBEITUNG

b) Gemäß SB.

S. 91

TIPPS FÜR IHRE PLANUNG
In diesem Abschnitt stehen die Erarbeitung und Anwendung von Konditionalsätzen vom Typ I im Vordergrund. Bei der Bearbeitung von *Looking at language* wird die Struktur zunächst erschlossen und bewusst gemacht. Die Übungssequenz (**1** bis **5**), die linear bearbeitet werden kann, leitet die S dazu an, Konditionalsätze in zunehmend freier werdenden Kontexten produktiv zu verwenden. Es empfiehlt sich, **1** bis **3** innerhalb einer Unterrichtsstunde zu bearbeiten. **4** eignet sich als schriftliche HA. **5** kann als Wiederholungsübung in der nächsten Stunde durchgeführt werden. **6** widmet sich der Sprachmittlung. Einem englischen Sachtext sind wesentliche Informationen zu entnehmen und ins Deutsche zu übertragen. **7** schult die Fertigkeit, Bilder zu beschreiben und zu präsentieren.

Looking at language

EINSTIEG
SB geschlossen. Zum Einstieg fordert L die S auf, über ihre Pläne für das kommende Wochenende zu sprechen. L: Tell me about your plans for the weekend. Hierfür schreibt L die beiden Halbsätze *If the weather is good, I will ...* und *If the weather is bad, I will ...* an die Tafel und bittet die S, sie zunächst mündlich zu ergänzen. Möglichst viele S kommen zu Wort. Dabei achtet L auf die korrekte Verwendung der Zeitformen. Im Anschluss an das UG hält L zwei Beispielsätze an der Tafel fest, die zur Vorbereitung auf *Looking at language* von den S abgeschrieben und anschließend exemplarisch untersucht werden. L: Please copy the two sentences into your exercise books.

What will Mike do at the weekend?
If the weather is good, Mike will play football.
If the weather is bad, he will watch TV.

1. Funktion erarbeiten: L: Well, what will Mike do at the weekend? (S: If the weather is good, he will play football. And if the weather is bad, he won't. He will watch TV instead.) Dann erklärt L: The two if-clauses (beide gelb unterstreichen) are important. Mike will play football IF (betonen) the weather is good. And he'll watch TV IF (betonen) the weather is bad. Mit Hilfe von Skizzen verdeutlicht L die Bedeutung der Konditionalsätze: Good weather (gelbe Sonne zeichnen) is the condition for (Dt.; Pfeil zeichnen) football (Mike mit Fußball zeichnen), and bad weather (gelbe Regenwolke zeichnen) is the condition for (Pfeil zeichnen) watching TV (Bildschirm *zeichnen).*

What will Mike do at the weekend?

If the weather is good, Mike will play football.
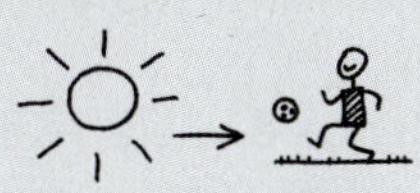

If the weather is bad, he will watch TV.

2. Form näher beschreiben: L: Let's take a closer look at these conditional sentences. There are two clauses in a conditional sentence: an *if*-clause (auf die unterstrichenen Nebensätze zeigen) and a main clause (auf die Hauptsätze zeigen). What are the verbs in the *if*-clauses? (L unterstreicht Verben in blau.) What tense are they in? (S: Present tense.) What are the verbs in the main clauses? (L unterstreicht Verben in grün.) What tense are they in? (S: *will*-future.) Die Ergebnisse werden als Merksatz im TB und im Heft festgehalten.

What will Mike do at the weekend?

If the weather is good, Mike will play football.

If the weather is bad, he will watch TV.

There are two clauses in a conditional sentence: an *if*-clause and a main clause.
We use the simple present in the *if*-clause.
We normally use the *will*-future in the main clause.

ÜBERLEITUNG
L: Let's learn more about if-clauses. Please open your books at p. 91.

ERARBEITUNG
a) Die Übung wird schriftlich in PA erledigt. Zur Sicherung der Ergebnisse sollte die Lösungen im Klassenzimmer aushängen, sodass sich die S ihrem eigenen Lerntempo entsprechend selbst kontrollieren und ggf. verbessern können (►*Checkpoints*).

LÖSUNG

if-clause	main clause
1 If I practise hard,	I'll be better than ever.
2 If you come at 10:30,	you'll see me in a really cool demonstration.
3 So if I go to your thing,	I'll be late!
4 And if you like,	I'll film it all.
5 You mean if Mukesh comes at two,	you'll be free.

Tense of the verb in the if-clause: simple present
Tense of the verb in the main clause: will-future

ERARBEITUNG
b) Die S erweitern ihre Kenntnisse über Konditionalsätze, indem sie negative Verbformen in Haupt- und Nebensatz bestimmen und weitere Varianten bei der Wortstellung (Satz 7) und bei der Verwendung von Modalverben (Satz 8) entdecken. L: There's more to learn about conditional sentences. Die Übung sollte schriftlich erledigt werden. Im Anschluss wird das *Grammar File* bearbeitet.

LÖSUNG
6 If I don't meet Abby on Saturday, I won't see her till the summer holidays. • 7 It won't be the same if you don't come! • 8 If you want a lift, you can come with us.
Negative verbs: don't meet, won't be. In sentence 8 there is a "can" instead of the "will".

➔ GF 14: Conditional sentences 1 (pp. 172–173)

➔ LAS 5.2

1 If you read the programme, ... (Conditional sentences 1)

ERARBEITUNG
Die Übung wird schriftlich in EA erledigt. Dabei schreiben die S die vollständigen Sätze in ihr Heft. Anschließend, werden sie gebeten, die Verbformen in den Haupt- und Nebensätzen wie zuvor an der Tafel mit zwei unterschiedlichen Farben zu unterstreichen. Die Lösungen werden als Lösungsschablone im Klassenzimmer ausgelegt (►*Checkpoints*).

LÖSUNG
2a) • 3f) • 4g) • 5h) • 6e) • 7c) • 8b)

2 If you come to Plymouth, ... (Conditional sentences 1)

ERARBEITUNG
Zunächst erklärt L die Aufgabenstellung anhand des Beispielsatzes. Anschließend erledigen die S die Übung schriftlich. Es empfiehlt sich, die Lösungen an ►*Checkpoints* bereitzuhalten, sodass die S ihre Antworten selbstständig kontrollieren können.

DIFFERENZIERUNG More help
Leistungsschwächere S arbeiten auf SB-Seite 131: Die Verbformen im Nebensatz mit *if* oder im Hauptsatz sind bereits gebildet, sodass die S sich auf eine Verbform pro Satz konzentrieren können.

LÖSUNG
2 don't arrive / won't see · 3 doesn't film / will feel · 4 sees / will be · 5 dress up / won't know · 6 will miss / take part · 7 will watch / lets · 8 won't have / rains · 9 will stay / lets · 10 don't leave / will miss

DIFFERENZIERUNG Early finisher
Lernschnellere S bilden weitere Konditionalsätze nach dem vorgegebenen Muster, die sie abschließend im Plenum vorlesen dürfen.

MUSTERLÖSUNG
1 If you come to Plymouth at the weekend, you'll celebrate *Lord Mayor's Day* there / you'll meet all the Plymouth kids / you can see a big parade ...
2 If you don't arrive early enough, you won't see much because of the crowds / you'll have a problem / you'll miss the parade ...

➔ Workbook 11 (p. 60)

S. 92

3 Chain game (Conditional sentences 1)

NEUER WORTSCHATZ
million · (to) **fly, flew, flown**

ANWENDUNG
Die ►*Kettenübung* kann in Gruppen à drei bis vier S durchgeführt werden. Anhand der Zeichnung führt L zunächst neuen Wortschatz ein. L: Imagine you take part in a TV quiz show and win one <u>million</u> pounds. L schreibt die Zahl an die Tafel und kommentiert: One million is a big number. It has a one and one, two ... six zeroes! One million pounds! That's a lot of money, isn't it? What will you do with it? Nun erklärt L den Ablauf der Übung. L: Please form groups. The youngest one begins and says (L liest erste Sprechblase vor): If I win a million pounds, I'll buy a plane. The next student says (L liest zweite Sprechblase vor): If I buy a plane, I'll <u>fly</u> (Gestik) to London. And the third student says: If I <u>fly</u> to London, I'll visit ... well, who can you visit in London? (S: I'll visit the Queen.) Then you go on and on and on in your group as long as you can.

4 If you don't ... (Conditional sentences 1)

ERARBEITUNG
Diese Übung wird schriftlich erledigt und im Plenum besprochen. Sie ist als HA geeignet.

DIFFERENZIERUNG More help
Für leistungsschwächere S stellt *More help* (SB-Seite 131) Formulierungshilfen und Ideen bereit.

LÖSUNG
If you don't feed your cat, it will look for a new home. • If you don't eat a good breakfast, you will be hungry until lunchtime. • If you don't drink enough water, you'll be very thirsty. • If you don't speak loudly enough, people won't understand you. • If you don't answer your phone, you won't know what the caller wanted. • If you don't go to school, your parents will be angry.

➜ Workbook 12 (p. 61)

5 If I don't like it, I can leave

ANWENDUNG
a) Anhand des Beispieldialogs stellt L die Übung vor, anschließend arbeiten die S mit einem Partner zusammen und unterhalten sich über unangenehme Situationen und überlegen, was man machen könnte.

MUSTERLÖSUNG
A: What can you do if you don't understand the homework? – B: If I don't understand the homework, I can ask a friend. – A: Yes, you can ask me! • A: What can you do if you don't have enough money to buy a snack? – B: I can bring a snack from home. – A: Yes, I always bring a snack too. • A: What can you do if you don't like the colour of your bedroom walls? – B: I can paint them in my favourite colour.– A: Yes, or you can just hang up a poster!

Alternative
KV 19: Speaking cards.
Je zwei S schneiden die Karten aus und legen sie umgedreht ab. Nun drehen sie abwechselnd eine Karte um, lesen die Situation vor und überlegen sich eine Lösung. Mit Illustrationen als Ideengeber.

DIFFERENZIERUNG Early finisher
Die S überlegen sich zu zweit weitere knifflige Situationen und unterhalten sich darüber, wie diese lösen ließen.

➜ Workbook 13–14 (pp. 61–62)
➜ Folie 17

6 Red Nose Day at a British school

NEUER WORTSCHATZ
°homeless • °banana • °(to) pay • °talent • °sale • °competition • °mask • °guess • °altogether

EINSTIEG
SB geschlossen. L: Imagine our class wants to raise money for charity, for example for people without a home, for °homeless people. What could we do to raise money? Do you have any ideas? S: We could have a concert, collect money in town, make a cake and sell it, have a jumble sale ... . Die Ideen der S werden an der Tafel notiert.

Money for charity

If we want to raise money for homeless people, we can ...
- have a concert,
- collect money in town,
- make cakes and sell them in the break,
- have a jumble sale,
...

Access to cultures
L: erläutert, dass in GB collecting money for *charity* sehr verbreitet ist. Die S sprechen über ähnliche Aktivitäten in Deutschland.

Die S bilden Zweier-Teams und finden für den Satzanfang "If we want to raise money for homeless people, we can ..." möglichst viele Fortführungen. Jeweils zwei Teams tragen nun ihre Ideen zusammen und fertigen gemeinsam eine Liste an (DIN A3-Poster).

ÜBERLEITUNG 1
L: Imagine you want to tell some younger students at our school about your ideas. They don't know much English. Please explain your ideas in German for them.
Die S übertragen im UG ihre Vorschläge sinngemäß ins Deutsche.

TIPP L ermutigt die S für jede Ausgangsidee verschiedene deutsche Varianten (z. B. ein Konzert veranstalten/geben/organisieren; Kuchen backen und verkaufen / einen Kuchenverkauf organisieren usw.) zu finden, und weist auf die Notwendigkeit einer sinngemäßen Übertragung hin.

ÜBERLEITUNG 2

SB geöffnet. L stellt die Aufgabe vor. L: Let's see what students in Britain do on *Red Nose Day* to raise money for charity. A British friend wrote an email to you and told you how his school raised money on *Red Nose Day*. Read his email first, then work together with your partner and describe the six activities they had at his school. Each partner has to describe three activities. Take turns. In the end, find out how much money the school raised.

ERARBEITUNG

Die Übung schult das materialgestützte Erklären von Sachverhalten auf Deutsch. Die S lesen den E-Mail-Auszug und arbeiten anschließend in PA. Dabei erklären sie sich abwechselnd die in der E-Mail aufgeführten Aktionen und ermitteln zum Schluss durch genaues Lesen die Höhe des Spendenaufkommens an der Schule (2 795 Pfund).

MUSTERLÖSUNG

Non-uniform day: Die Schüler/innen kamen verkleidet zur Schule, z. B. kamen der britische Freund und drei seiner Freunde als Bananen. Alle spendeten £1,30 (davon £1,00 dafür, dass man ohne Uniform kommen konnte und 0,30 p für die roten Clownsnasen). • *school talent show:* Zuschauer der Talent-Show mussten 20 p Eintritt zahlen. Der britische Freund hat Gitarre gespielt, aber nichts gewonnen. • *cake sale:* In Klasse 8 gab es einen Kuchenverkauf mit lustigen roten Kuchen. Die Schüler/innen haben damit £57,62 verdient. • *students helped people at the supermarket:* Die Schüler/innen haben beim Einkaufen geholfen, indem sie die Einkäufe in Plastiktüten eingepackt haben. Dafür haben die Leute ihnen Geld gegeben. • *„guess the teacher" competition:* 15 Lehrer/innen haben sich verkleidet mit Kostümen und Masken, die Schüler/innen mussten raten, wer wer ist. Man musste 10 p für fünfmal Raten zahlen. • *red hair:* Die Deutschlehrerin hat sich die Haare rot gefärbt. Alle Lehrer/innen haben ihr dafür £1 gegeben.

DIFFERENZIERUNG Early finisher

Lernschnellere S können versuchen, sich gegenseitig einen Textauszug auf SB-Seite 135 laut vorzulesen, bei dem sie während des Lesens fehlende Buchstaben ergänzen müssen. Wer ohne auf SB-Seite 92 nachzuschlagen durch den Text kommt, hat gewonnen.

AUSWERTUNG

Es empfiehlt sich, die Sprachmittlungsübung im Plenum auf Vollständigkeit und Richtigkeit der vermittelten Informationen sowie auf die Verständlichkeit der Informationsübertragung hin auszuwerten. Zu diesem Zweck hält L sechs Wortkarten bereit (non-uniform day, school talent show, cake sale, supermarket, guess-the-teacher competition, red hair). Jede Karte steht für eine in der E-Mail genannte Aktion. L fordert die S auf, die durch die englischen Begriffe bezeichnete Aktionen im Plenum auf Deutsch zu erklären. L: Explain these activities in German.

Während ein S erklärt, hört der Rest der Lerngruppe zu und beurteilt ob die Informationen sachlich richtig, vollständig und verständlich vermittelt werden. L: Listen carefully and check: is the information correct, complete and clear?

Anschließend fordert L das Publikum auf, den vortragenden S eine kurze persönliche Rückmeldung zu geben. L: Give some feedback, please! Was the information correct, complete and clear?

➜ sechs Wortkarten

➜ Workbook 15 (p. 63)

S. 93

7 Study skills: Presenting a photo

NEUER WORTSCHATZ
(to) **present** sth. **(to** sb.**)** + **presentation** · (to) **introduce** sth./sb. **(to** sb.**)**

EINSTIEG
SB geöffnet. Zum Einstieg in das Thema Bildpräsentation fordert L die S auf, das Bild auf SB-Seite 93 zu betrachten und es zu beschreiben. Im UG wird dabei die Verwendung der Redemittel zur Bildbeschreibung aus Unit 4 (foreground, background, middle, on the left, on the right, to the left of, to the right of) zügig wiederholt. Bei der Umschreibung der im Bild gezeigten Tätigkeiten (sing, blow out candles, make a wish) achtet L auf die korrekte Verwendung der Verlaufsform. Im Anschluss an die Bildbeschreibung ermutigt L die S, über das Bild zu spekulieren. L: Who is the birthday child? How old is she? Who is the person on the left? What do you think the presents are?

ÜBERLEITUNG
L: We often use pictures in presentations to talk about things that are important. When we do, it's usually not enough to describe a picture. For example, we also have to say why we're using it in our presentation, where we found it and why it's important for our topic, right? Let's learn how to present photos in a nice way.

ERARBEITUNG
Im weiteren Unterrichtsverlauf erhalten S die Möglichkeit, sich selbst ein Bild auszusuchen und dieses in einer Kleingruppe zu präsentieren. Es empfiehlt sich, die Teilaufgaben **a)** und **b)** als HA vorbereiten zu lassen. Auch die Lektüre der *Study skills* (SB-Seite 155) und die Ergänzung der Stichpunkte dazu sollten in EA zu Hause erledigt werden.
Teilaufgabe **c)** – die eigentliche Präsentation der Bilder – kann als GA à drei bis vier S organisiert werden. Zuvor sollten im Plenum die Kriterien für eine gute Bildpräsentation besprochen und ggf. erneut erklärt werden. L: What is important when you present a photo? Die S tragen die Ergebnisse der HA vor. Anschließend bilden die S Kleingruppen und legen für jedes Gruppenmitglied eine Bewertungstabelle gemäß SB an. Reihum präsentieren die S ihre Bilder und geben sich gegenseitig eine Rückmeldung. Am Ende präsentieren Freiwillige ihr Bild nochmals vor der Lerngruppe.

Alternative
Am Ende der Gruppenphase entscheidet jede Teilgruppe, welche Bildpräsentation besonders gelungen war. Nur diese werden nochmals vor der ganzen Klasse gehalten.

➜ SF 18: Presenting a photo (p. 155)

➜ SF 19: Peer feedback (p. 155)

Study skills **MUSTERLÖSUNG**
Wenn ich ein Foto präsentiere, sollte ich …
- das Foto kurz vorstellen,
- sagen, woher ich das Bild habe,
- das Motiv beschreiben, mich dabei aber nicht in Details verlieren,
- sagen, wieso ich dieses Foto ausgewählt habe,
- sagen, was ich persönlich von dem Foto halte
- und mich am Ende für die Aufmerksamkeit bedanken.

Tipps für (Bild-)Präsentationen:
- Zuhörer ansehen
- langsam und deutlich sprechen
- auf das Foto zeigen während des Vortrags
- nicht vor dem Foto stehen

➜ Workbook 16 (p. 63)

KOMMUNIKATIVE KOMPETENZEN
Die S können …
Hören: einfachen Hörtexten über vertraute Themen konkrete Informationen entnehmen und Falschaussagen zu einem Text korrigieren (SB-Seite 94–95, 2a)-c))
Sprechen: über ein Bild und die darauf enthaltenen Informationen sprechen (SB-Seite 94–95, 1) · sagen, was sie gerne machen würden und was sie gerne essen würden und ihre Auswahl begründen (SB-Seite 94–95, 3)

METHODISCHE KOMPETENZEN
Abbildungen mit kurzen Texten Informationen entnehmen, sich Notizen machen und mit Hilfe ihrer Notizen ihrer Gruppe berichten (SB-Seite 94–95, 1))

S. 94–95

TIPPS FÜR IHRE PLANUNG
Der *Lord Mayor's Day* hat begonnen: zunächst verschaffen sich die S arbeitsteilig einen Überblick über das vielfältige Unterhaltungsprogramm in Plymouth (**1**), bevor sie sich zuhörend in das bunte Treiben hineinbegeben (**2**). Dabei erhalten sie weitere historische Hintergrundinformationen zum Festtag. Zum Abschluss erhalten die S die Aufgabe, sich ihr persönliches Besuchsprogramm zusammenzustellen (**3**).

1 Lord Mayor's Day

NEUER WORTSCHATZ
speech · °Armada · °Historical Society · **competition** · **workshop** · °Zumba · (to) **paint** · **Spanish** · **main** · **tasty** · °jacket potatoes · °pasties · °curry · **traditional**

EINSTIEG
SB geschlossen. L bittet die S, sich gemäß der Uhrzeit, zu der sie am Morgen aufgestanden sind, in einer Reihe aufzustellen. L: Please line up according to the time you woke up this morning. Jeweils vier nebeneinander stehende S in der Reihe bilden eine ►*Stammgruppe*, da die folgende Übung mit der Methode ►*Gruppenpuzzle/Jigsaw* bearbeitet wird. Um die zufällig zusammengesetzten Gruppen enger zusammen zu führen, empfiehlt sich die Durchführung einer *Team-building activity*, z. B. einer ►*Balloon juggling activity*. L: Let's all be street artists today. Each group gets four balloons. Blow them up, please. You have to juggle the balloons now. Work together as a team to keep all four balloons in the air. Don't touch the same balloon twice in a row, please.

➜ Realia (vier Luftballons pro Gruppe)

ÜBERLEITUNG
Reaktivierung von Vorwissen zur Lehrwerksgeschichte: L: Let's see what fun activities you can do on *Lord Mayor's Day*. We already know there will be a big parade. Will the Plymouth kids be there? Which ones? S: Justin, Sam, Leo and Lucy. Who probably won't be there? S: Maya. Why not? S: Because she'll probably meet Abby. What do you think the boys will do? S: Sam will be in a demonstration with his kung fu group, Justin will film it all and Leo will probably meet John.

ERARBEITUNG
a) **SB geöffnet.** Zunächst lässt L in jeder Gruppe von 1–4 durchzählen. Ihren Nummern entsprechend, betrachten die S „ihr" Bild und beantworten die Fragen, indem sie Notizen anfertigen. Die S können in diesem Schritt in ►*Expertengruppen* mit Mit-S, die dasselbe Bild haben, zusammenarbeiten. Um die Übung authentischer zu gestalten, empfiehlt es sich, Notizen auf Karteikarten schreiben zu lassen.
Wichtig: L weist die S darauf hin, dass unbekannter Wortschatz selbstständig erschlossen bzw. im *Vocabulary* nachgeschlagen werden muss.

➜ *Vocabulary*, SB-Seiten 200–201

ERARBEITUNG
b) Die S kehren zu ihren ►*Stammgruppen* zurück und präsentieren sich die Bilder gegenseitig innerhalb ihrer Gruppe mit dem Ziel, ihr getrennt erarbeitetes Wissen zusammenzuführen. Die Gruppe trifft nun gemeinsam eine Entscheidung, welche Attraktion am *Lord Mayor's Day* sie zuerst besuchen will. Im Plenum stellen die einzelnen Gruppen abschließend ihre Gruppenentscheidung vor und begründen sie.

➔ FöFo 5.4

2 On the radio

NEUER WORTSCHATZ
(to) **repeat** · °wicked · °witch · °Hear ye! · °town crier · **tongue-twister** · **puppet** · **queen** · **Can I have a word with you?** · **famous (for)** · °seaman · (to) **defend** sb./sth. (**against** sb./sth.) · (to) **invade (a country)** · °bowl · (to) **attack** · (to) **destroy** · °(to) make sb. a knight · **knight** · (to) **become, became, become** + **Box "Irregular past participles"**, *Voc.*, SB-Seite 201 · **recipe**

EINSTIEG
Vor der Bearbeitung der Hörverstehensübung ist es ratsam, den neuen Wortschatz, mit dem sich die S in der vorausgegangenen Übung selbstständig vertraut gemacht haben, in einem UG umzuwälzen. Impulsfragen: L: What will the Lord Mayor do on *Lord Mayor's Day*? (S: He will give a speech.) L: Where can you win prizes? (S: You can win prizes at the frisbee competition.) What's the town crier's job? (S: He shouts out tongue-twisters.) L: Can you explain what a tongue-twister is? (S: It's a very difficult sentence. It's easy to make a mistake when you say it out loud.) L: Do you know any German tongue-twisters? (z. B. Fischers Fritz fischt frische Fische). What do we learn about British history? (S: We learn something about Sir Francis Drake.) L: Why is Sir Francis Drake so important? (S: He sailed around the word and he defended England against the Spanish Armada.) L: Who was the Queen of England at that time? (Elizabeth I) L: After so much history, people will probably be very hungry. What tasty food can you buy on *Lord Mayor's Day*? S: You can buy traditional food like fish and chips and local food like Plymouth pasties, or Indian food like curry.

ERARBEITUNG
a)-c) Hören part 1–3 (Detailverstehen): Die drei Teile sollten abschnittweise vorgespielt und anschließend jeweils besprochen werden. Während des Hörens machen sich die S Notizen.

LÖSUNGEN
a) 1 The first pasties came from Plymouth. · 2 The recipe is from 1510. · 3 They make their pasties with the original recipe.
b) 1 He doesn't know anything. · 2 He's the best man for the job. · 3 The Armada isn't there yet.
c) 1

➔ 3 09 Transkript online
➔ 3 10 Transkript online
➔ 3 11 Transkript online

DIFFERENZIERUNG More help
Zunächst sollten alle S ermutigt werden, die Zungenbrecher nachzusprechen. Als zusätzliche Hilfestellung können die kompletten Zungenbrecher unter *More help* (SB-Seite 131) nachgelesen werden.

➔ 3 12–15 Transkript online

3 What would you like to do?

ERARBEITUNG
Die S stellen ihr eigenes Besuchsprogramm für *Lord Mayor's Day* zusammen und tauschen sich miteinander aus. Die Übung kann in den ursprünglichen Gruppen stattfinden (►*Stammgruppen*).

➔ FöFo 5.5

Alternative
►*Appointment*-Verfahren

S. 96

TIPPS FÜR IHRE PLANUNG
1 und **2** sind der Schulung des Hörverstehens gewidmet und können in einer Unterrichtsstunde bearbeitet werden. **1** lenkt zunächst die Aufmerksamkeit der S auf die unterschiedliche Aussprache der drei leicht zu verwechselnden Konsonanten [f], [v] und [w], die mit Hilfe einiger kniffliger Zungenbrecher eingeübt wird. **2** präsentiert ein Verkaufsgespräch, das den S als kommunikatives Modell für ihre eigenen kreativen Kurzdialoge dienen kann. Unter *Extra* bietet dieser Abschnitt eine weitere Sprachmittlungsübung an, in der Sachinformationen vom Englischen ins Deutsche übertragen werden müssen. Diese Aufgabe sollte als HA vorbereitet werden.

1 Pronunciation: [f], [v], [w]

EINSTIEG
Zum Einstieg erklärt L humorvoll: I can be a town crier too. I've got a tongue-twister with me. L zeichnet ein Haus an die Tafel und spricht mehrfach langsam und deutlich: This is Fred's wonderful villa. Diesen Satz wiederholen alle S zunächst im Chor (►*Chorsprechen*), dann freiwillige S einzeln. Anschließend schreibt L (oder S) den Satz an die Tafel und versieht ihn mit den Lautschriftsymbolen [f], [v], [w]. Dabei erläutert L: We write … (Satz hinschreiben) and we say … (Lautschrift ergänzen und Laute isoliert vorsprechen). Zum Schluss ergänzt L die Überschrift an der Tafel und fordert die Lerngruppe auf, möglichst viele weitere Wörter zu finden, die mit diesen drei Lauten beginnen. L: Do you know any other words that start with a(n) [f]/[v]/[w] sound? Die von den S genannten Vokabeln werden im Chor nachgesprochen.

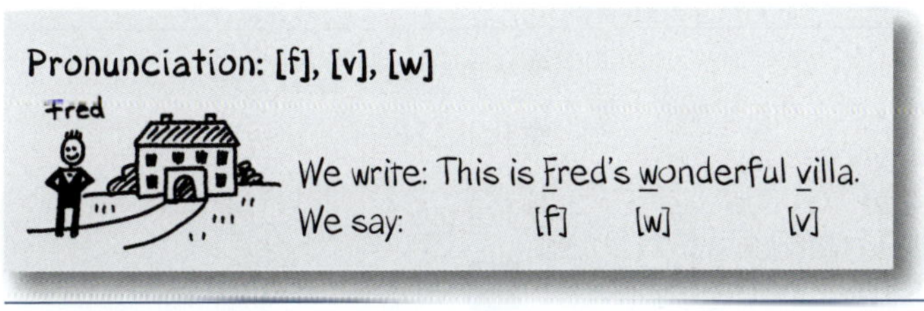

ERARBEITUNG
a) In Vorbereitung auf die Ausspracheübung werden die S gebeten, die Wortpaare untereinander in ihr Heft abzuschreiben. Anschließend werden die Sätze am Stück vorgespielt. Die S erhalten die Aufgabe, die einzelnen Wörter mit der entsprechenden Satznummer zu versehen. L: Listen carefully for these words. When you hear the word, write down the number of the sentence that has the word in it. Am Ende vergleichen die S ihre Lösung zunächst mit dem Sitznachbarn, bevor die Lösungen im Plenum besprochen werden. Hierfür hält L die Wortpaare separat auf Folie oder auf Wortkarten bereit, damit Aussprache und Schreibung miteinander abgeglichen werden können.

➜ 3 16 Transkript online

➜ Wortpaare auf Folie/Wortkarten

➜ Workbook 17 (p. 64)

➜ FöFo 5.6

LÖSUNG
3 ferry · 4 fast · 5 wear · 6 fair · 7 first · 8 worst · 9 wish · 10 fish · 11 view · 12 few · 13 fight · 14 white · 15 well · 16 fell · 17 fork · 18 walk

ANWENDUNG
b) Die Zungenbrecher werden hintereinander vorgespielt. Die S arbeiten in Paaren zusammen und sprechen sie abwechselnd mehrmals nach. Freiwillige präsentieren ihre Sprechkünste im Plenum.

➜ 3 17

Alternative
KV 20: A tongue-twister.

2 At the food stalls

ERARBEITUNG

a) L stellt zunächst die Aufgabe vor. L: The Plymouth kids are very hungry. Let's find out what food Lucy, Sam, Justin, Abby and Maya want to buy. Listen to the dialogues at the *Lord Mayor's Day* food stalls and take notes in your exercise books. Der Text wird vorgespielt, die Lösungen anschließend verglichen.

➔ 3 18–20 Transkript online

LÖSUNG

Lucy: pasty • Sam: chicken and spinach curry • Justin: chicken and spinach curry • Abby: jacket potato with cheese • Maya: jacket potato with sour cream

ERARBEITUNG

b) Die Klasse wird in Gruppen à drei S eingeteilt. Jede Gruppe stellt eine Speisekarte zusammen, die auf ein DIN A3-Poster geschrieben wird, und schreibt gemeinsam einen kurzen Dialog.

ERARBEITUNG

c) Die Gruppen spielen ihre Dialoge im Klassenzimmer vor.

➔ Workbook 18–19 (p. 64)

EXTRA Background file

NEUER WORTSCHATZ

°dish • °Brit • °(to) go out for sth. • °meal • °popular • °salt • °vinegar • °stir °fry • °takeaway • °spicy • °noodles • °(to) cook • °shepherd's pie • °mixture • °mince • °gravy • °mashed • °oven • °golden • °originally • °restaurant

ERARBEITUNG

Die Übung kann als HA vorbereitet werden. Zunächst lesen die S den englischen Ausgangstext, erschließen sich mit Hilfe des *Vocabulary* den neuen Wortschatz und machen sich auf Englisch Notizen zu den vier beschriebenen britischen Gerichten. Anschließend werden diese Notizen sinngemäß ins Deutsche übertragen. In PA improvisieren die S dann im UG ein Telefonat mit ihren Eltern und erklären ihnen, was sie gerne zu Abend essen würden. Jedes Paar führt das Rollenspiel in wechselnden Rollen zweimal durch. Dabei dürfen die S auf ihre Notizen zurückgreifen. Freiwillige führen ein Gespräch im Plenum auf. Die zuhörenden S werden gebeten, auf Richtigkeit, Vollständigkeit und Klarheit zu achten. L: Please listen to the dialogues: Is the information correct, complete and clear?

➔ Workbook 20 (p. 65)

➔ Folie 18

➔ FöFo 5.6

Access to cultures

Die S vergleichen die Lieblingsgerichte der Briten mit typischen deutschen/regionalen Gerichten.

MUSTERLÖSUNG

A: Hallo, hier ist XX.
B: Hallo, XX, schön, dass du anrufst.
A: Mama/Papa, ich möchte heute abend gerne Indisch essen.
B: Das ist ja schön, und wer kocht das?
A: Keiner, ich dachte, wir könnten vielleicht essen gehen?
B: Das ist zwar ganz schön teuer, aber nicht so teuer wie andere Restaurants. Wo sollen wir uns denn treffen?
A: Beim Delhi Spice? Da kann man sehr lecker essen und jeder könnte etwas anderes bestellen. Mama/Papa könnte ein Curry mit Fleisch bestellen, ich würde gerne ein vegetarisches Curry essen, und du magst doch gerne Fischcurry.
B: Super Idee, ich sag Mama/Papa Bescheid, bis später!
A: Bis später, Mama/Papa!

(...)
A: Mama/Papa, ich möchte heute Abend gerne einen echten *Shepherd's pie* essen gehen.
B: Was ist das denn?
A: Das ist ein traditionelles englisches Gericht aus Hackfleisch, Gemüse, brauner Soße und Kartoffelbrei oben drauf.
B: Hört sich an, als wär das was für Zahnlose ...
A: Nein, das Ganze wird noch im Ofen überbacken, bis der Kartoffelbrei schön gebräunt ist.
B: Lecker, ich sag Mama/Papa Bescheid, bis später! Wir holen dich dann von deinem Sprachkurs ab!
(...)

S. 97

1 Craig's puppet show

NEUER WORTSCHATZ
(to) **pick** sth. **up** · **rubbish** · (to) **be made of** sth.

EINSTIEG
Die S betrachten das Bild von Craig und Ruan und spekulieren darüber, worum es in Craigs Show gehen könnte. L: Look at the photo of Craig and Ruan. Both are in a show together. What is the show about? Tell me what you think.

Access to cultures
L erklärt, dass Puppentheater eine alte britische Tradition ist und fragt die S, ob es so etwas in Deutschland auch gibt.

ERARBEITUNG
a) **1. Sehen:** Die S notieren sich die beiden Fragen in ihrem Heft und machen sich während des Filmclips Notizen, die sie anschließend in PA vergleichen, bevor sie im Plenum besprochen werden. L: Before we watch the clip, please open your exercise books and copy the two questions. When I start the clip, take notes, please.

MUSTERLÖSUNG
What are Craig's jobs? actor, puppeteer, musician. · What can Craig do well? play the accordion, tell stories, make puppets, use his voice, make jokes

ERARBEITUNG
b) 2. Sehen: Die S achten beim zweiten Vorspielen des Clips auf Details, sodass sie anschließend die Sätze entsprechend ergänzen können.

LÖSUNG
Ruan helps Craig to pick up rubbish.
Crabby is the Captain's friend.
Morwenna loves swimming.
Morwenna thinks she is very beautiful.
Crabby likes to hide.
Crabby/Ruan/The Captain likes to be funny.
Crabby is made of an old glove.
The Captain can't find Crabby.

ERARBEITUNG
c) Die Frage wird im UG besprochen.

MUSTERLÖSUNG
Ruan may be a good friend because he is fun to be around and a little mad. · Ruan may not be a good friend because he doesn't talk, he doesn't listen, he makes fun of you, he hurts you – and he's a puppet after all.

2 EVERYDAY ENGLISH Can I go to the concert ... please?

NEUER WORTSCHATZ
(to) **pick** sb. **up**

EINSTIEG
Vor dem ersten Vorspielen des Film betrachten die S das Foto und bringen es mit der Überschrift in Verbindung. L: Please look at the heading and the still from the film clip. What could Ruby's problem be?

ERARBEITUNG
a) 1. Sehen/Hören: Die S schauen den Clip an und konzentrieren sich auf die gestellte Frage. Zunächst tauschen sich die S mit ihrem Sitznachbarn aus, anschließend äußern sie sich im Plenum.
Hinweis: Die Übung kann mit Hilfe der Audio-Datei auch als Hörverstehensübung bearbeitet werden.

➔ Transkript und MP3-Datei online

LÖSUNG
Jack, Oliver, and Ruby can go to the concert.

ERARBEITUNG
b) Vor dem erneuten Vorspielen des Clips beschäftigen sich die S in EA mit den Zitaten aus dem Film und ordnen ihnen die jeweiligen Sprecher und ihre Sprechabsichten zu. Die S fertigen hierzu Notizen im Heft an.

LÖSUNG
1 Ruby's mum / she is asking permission • 2 Ruby / she is giving permission • 3 Ruby / she is asking permission • 4 Ruby's mum / she is giving permission • 5 Oliver / he is asking permission • 6 Oliver's mum / she isn't giving permission

ERARBEITUNG
c) 2. Sehen/Hören: Der Filmclip wird erneut geschaut/gehört. Dabei werden die Notizen aus **b)** überprüft und ggf. verbessert.

ERARBEITUNG
d) Die Klasse teilt sich in Gruppen à drei S auf, jedes Gruppenmitglied übernimmt eine Rolle (S aus Deutschland, Gastbruder oder –schwester, Gastelternteil). Gemeinsam entwickeln die S einen kurzen Dialog und schreiben ihn auf. Einige Gruppen spielen ihren Dialog im Plenum vor.

KOMMUNIKATIVE KOMPETENZEN
Die S können …

Hören/Lesen: eine Geschichte verstehen, Falschaussagen dazu richtig stellen und die Textstelle finden, die dies belegt (SB-Seite 99, 1a))
Sprechen: selbst geschriebene Texte laut vorlesen (SB-Seite 99, 2b))
Schreiben: sich eigene Falschaussagen zu einer Geschichte ausdenken (SB-Seite 99, 1b)) • über die Geschehnisse in einer Geschichte aus der Perspektive einer der Figuren schreiben und dazu die Textsorte wählen. (SB-Seite 99, 2a)) • EXTRA über einen besonderen Tag schreiben (SB-Seite 99)

METHODISCHE KOMPETENZEN
Zu den Vorlesebeiträgen ihrer Mit-S Feedback geben (SB-Seite 99, 2b))

S. 98–99

TIPPS FÜR IHRE PLANUNG
Nach der Sicherung von Global- und Detailverstehen (**1**) sollte den S ausreichend Zeit eingeräumt werden, sich mit der Geschichte intensiv auseinanderzusetzen und dabei Lehrstellen kreativ zu füllen (**2**).

A day to celebrate

NEUER WORTSCHATZ
mirror • **tooth,** *pl* **teeth** • **thunder** • °raindrop • **even if** • **bowl** • **air** • **painted** • (to) **ask for** sth. • °mango lassi • **heart** • **audience** • **deep** • **breath** • (to) **pay (for** sth.**), paid, paid** • °dues • °(to) come in • **chorus** • **lightning** *(no pl)* • **second** • **heavy rain** • (to) **bow** • (to) **interrupt** • (to) **pour** • **circle** • **ring** • **shoulder** • (to) **light** sth. **up, lit, lit + Box „Irregular past participles"**, *Voc.*, SB-Seite 202 • (to) **whistle**

EINSTIEG
SB geschlossen. L präsentiert fünf Zitate aus dem Text (pro Textabschnitt ein Zitat) an der Tafel oder auf Folie L: Before we listen to / read the Unit text, let's speculate about it. Here are five quotes from the text for you. Who is talking? And what is the situation like? Die S erhalten drei Minuten Zeit, um die Zitate mit ihren Sitznachbarn zu besprechen. Anschließend tauschen sich die S im Plenum aus, wobei L die Namensvorschläge der S mitprotokolliert.

➜ Realia (Schüssel)

➜ Folie: Zitate aus dem Text (TB)

A day to celebrate

You look great, Lucy! (p. 98, l. 9)	→ Lucy's mum? Sam? ...
I know that voice. (p. 98, l. 43)	→ Maya? ...
Come on, everybody! Sing! (p. 98, ll. 69–70)	→ Lucy? Leo? ...
You were better than ever! (p. 99, l. 79)	→ ...
Fire can be dangerous. (p. 99, l. 96)	→ ...

Zum Abschluss semantisiert L einige neue Wörter. L: Thanks for your great ideas! I've got some more facts for you to think about before we read/listen to the text. One character in the story brushes their teeth (Gestik). When you brush your teeth in the bathroom, you're normally in front of the mirror so you can see yourself and your teeth. Who do you think this person is? (Die S spekulieren.) L: Another character in the story sells vegetable curry and °mango lassi. You usually serve vegetable curry in a bowl (Schüssel zeigen) and mango lassi, a drink made of yogurt, in a glass. Who do you think this is? (Die S spekulieren.) L: Finally, some characters perform in front of a lot of people, in front of an audience. Who could this be? (Die S spekulieren.) Before we read/listen to the text, let's all take a deep breath (L macht vor, S machen nach). Are you ready?

ERARBEITUNG
SB geöffnet. Der Text kann wahlweise als Lese- oder Hörtext zusammenhängend bzw. abschnittweise präsentiert werden.
1. Lesen/**Hören**: Die S finden heraus, ob ihre an der Tafel / auf Folie protokollierten Vermutungen auf die Geschichte zutreffen oder nicht. Die Ergebnisse werden im UG verglichen und besprochen.

→ 3 21–25

1 Right or wrong?

NEUER WORTSCHATZ
whole

ERARBEITUNG
a) 2. Lesen/ **Hören** (Detailverstehen): Die Aufgabe wird schriftlich in EA erledigt. L weist darauf hin, dass Belegstellen aus dem Text mit Zeilen- oder Zitatangabe aufzuschreiben sind. Besprechnung im Plenum.

LÖSUNG
1 Wrong. In the morning the sky is grey and cloudy (l. 1) and later there is thunder and lightning (ll. 64, 65).
2 Wrong. Lucy sings *We are the champions* (l. 60 ff.).
3 Wrong. Maya and Abby watch the end of the parade (l. 47).
4 Wrong. Maya and Abby see Leo dance and hear Lucy sing *We are the champions* (l. 67).
5 Right.

ERARBEITUNG
b) In Analogie zu **a)** erstellen die S weitere *Right/Wrong-statements* und tauschen sich in PA aus.

2 A day to remember

NEUER WORTSCHATZ
entry · conversation

DIFFERENZIERUNG You choose
a) Die S verarbeiten den Text kreativ und haben die Wahl zwischen fünf unterschiedlichen Schreibaufträgen. Als HA geeignet.

ERARBEITUNG
b) In Gruppen à drei S präsentieren die S einander ihre Texte und geben sich gegenseitig eine Rückmeldung in Form eines Ruck-Zuck-Feedbacks. L: After you have listened to your partners' texts, give them some feedback. Write down three things you like about the text and about reading it, and three things that could be a little better.

→ Workbook 21 (p. 65)
→ VAS 5.1, 5.2
→ FöFo 5.8

DIFFERENZIERUNG Early finisher
Dieser zusätzliche kreative Schreibauftrag kann für lernschnellere S oder als weiterführende HA für alle eingesetzt werden.

→ Workbook Checkpoint (pp. 66–69)
→ LM Unit 5

S. 100–101

TIPPS FÜR IHRE PLANUNG
Die S stehen nun vor der Aufgabe, ein britisches Klassenfest zu planen und – sollte die Möglichkeit hierfür bestehen – auch durchzuführen. Dabei wenden sie ihr neu erworbenes soziokulturelles Wissen über Bräuche, Feiertage und Feste in Großbritannien an, üben sich im Präsentieren ihrer eigenen Ideen und festigen die Verwendung der in Unit 5 neu erworbenen sprachlichen Strukturen.
Hinweis: Vor der Bearbeitung von *Your task* sollte mit der Lerngruppe über den zeitlichen Umfang des zu planenden Festes (das von einer Unterrichtsstunde bis zu einem ganzen Nachmittag dauern kann) sowie über die Rahmenbedingungen (Teilnehmer, Kosten usw.) gesprochen werden.

A British class party

NEUER WORTSCHATZ
°(to) perform

ERARBEITUNG STEP 1
L: It's your job to plan fun activities for a class party with a British theme. You have to collect ideas first and present them in class before we can have a real party. You could, for example, °perform some songs or have a pancake race! Die Ideen werden zunächst nach der ►*Schneeball*-Methode gesammelt.

ERARBEITUNG STEP 2
Die S teilen sich nach Neigung in Gruppen ein, übernehmen die Planung einer *Activity* und arbeiten an den Teilaufträgen. Pro Gruppe ist eine *Activity* sowie ein typisch britisches Gericht vorzubereiten. Die Suche nach geeigneten Rezepten bietet sich als HA an. L: Plan and prepare one activity for the party and one British dish.

Access to cultures
L kann Gespräch zu britischen und deutschen Esskulturen anregen.

ERARBEITUNG STEP 3
Die Gruppen erstellen ein Poster zu ihrer Idee und zu dem von ihnen ausgesuchten britischen Gericht. L weist die S zu Beginn dieser Phase auf die *TIP*-Box (SB-Seite 93) sowie die *Skills Files 16* und *18* hin. Die fertigen Poster werden im Klassenzimmer aufgehängt, im Plenum vorgestellt und anhand der in Unit 5 entwickelten Kriterien besprochen.

ERARBEITUNG STEP 4
Unter Berücksichtigung geeigneter Rahmenbedingungen (Zeit, Ort, Kosten) erarbeiten die S im UG ein Programm für ihr Fest.

ERARBEITUNG EXTRA
Gemäß SB.

ERARBEITUNG SB-SEITE 101
Bei dieser Lernaufgabe können die S die abschließende Selbsteinschätzung als HA bearbeiten.

www
Follow the link bietet eine Auswahl an britischen Rezepten (*Trifle, Chocolate crispy cakes, Party doorstoppers, Sausage rolls*)

A class trip

Storyline	In Unit 6 begleiten wir Sam, Justin, Lucy und Leo mit ihrer Klasse 8EB auf einen Klassenausflug nach *Tintagel Castle* und erfahren gleichzeitig mehr über die Geschichte dieses Ortes und über die Legenden um König Arthur. Lucy, Sam und Justin bereiten sich auf ein Theaterstück zu diesem Thema vor, das ihre Klasse am Ende der Unit aufführt.
Kommunikativer Kompetenzschwerpunkt	**Writing:** Im Mittelpunkt der Unit 6 stehen Ausbau und Schulung der Schreibkompetenz. Die S können ... schildern, was sie zu einem bestimmten Zeitpunkt getan haben SB-Seite 105, 5) • angeben, was jemand gerade tat, als etwas anderes passierte (SB-Seite 106, 1) • Fragen an eine Figur aus einer fiktiven Geschichte formulieren (SB-Seite 115, 3a) • EXTRA über die Ferienpläne anderer spekulieren und Dinge notieren, die sie selbst gern in den Ferien tun würden (SB-Seite 110, 3) • über vergangene Ereignisse berichten, z. B. über einen Klassenausflug, mit Hilfe der fünf *Ws* und *How* (SB-Seiten 111, 1b), 116) • einen Dialog schreiben (SB-Seite 113, 2d))
Sprechabsichten	Über etwas Gehörtes mit Hilfe von Notizen sprechen • Orte beschreiben und sagen, was man dort hört, sieht und fühlt • erzählen, was man zu einem bestimmten Zeitpunkt gemacht hat • bildgesteuert angeben, was jemand gerade tat, als etwas anderes passierte • über sein Befinden sprechen und sagen, was einem fehlt • über eine Figur aus einem Theaterstück berichten • ein Interview durchführen
Schreibanlässe	EXTRA über Ferienpläne schreiben (SB-Seite 110, 3) • einen Bericht über einen Klassenausflug verfassen (SB-Seiten 111, 1b), 116) • einen Dialog schreiben (SB-Seite 113, 2d))
Language Skills	**Grammatische Strukturen**: *Simple past* • *Past progressive* • *EXTRA Conditional sentences 2* • *EXTRA Contact clauses* **Wortfelder:** *parts of the body* • *feeling ill* **Aussprache:** *consonants at the end of words* (SB-Seite 112, 2)
Study Skills	**Reading course: Using skills that you have learned.** Wiederholung der *Reading skills Scanning, Understanding new words, Taking notes* und *Reading aloud* (SB-Seite 109)
Kooperative Lernformen	EXTRA Find somebody who (SB-Seite 110, 3b)) • *Jigsaw* (SB-Seite 115, 2)
Hör-/Sehverstehen: *The world behind the picture*	**The Romans in Britain.** Einen Film über die Einflüsse der Römer in Großbritannien verstehen. (SB-Seite 113, 1) **Everyday English: At the takeaway.** Was sagt man am Schnellimbiss? (SB-Seite 113, 2)
Lernaufgabe: *Your task*	**A report about a class trip.** Einen Bericht über eine Klassenfahrt für die Schülerzeitung schreiben (SB-Seiten 116–117)

KOMMUNIKATIVE KOMPETENZEN
Die S können …
Hören: einer Fantasiereise folgen (SB-Seite 102, 1a))
Sprechen: bildgestützt beschreiben, was sie sehen, hören und fühlen (SB-Seite 102, 1b))

METHODISCHE KOMPETENZEN
in einer Mindmap Eindrücke aus einer Fantasiereise notieren (SB-Seite 102, 1c))

S. 102–103

1 A long journey

NEUER WORTSCHATZ
cliff · cave · bridge

EINSTIEG
SB geöffnet. L gibt S eine kurze inhaltliche Einführung, erklärt ggf. was die S erwartet und lädt die S zur ►*Fantasiereise* ein. Die Hörverstehensaufgabe kann ohne eine *Pre-listening*-Phase absolviert werden, damit sich die S unvoreingenommen und ohne konkrete Ideen auf die Fantasiereise einlassen können. L: Let's look at the map inside your English book. Who can tell me where Cornwall is? (S: It's in the southwest of England/ Plymouth.) L: Let's travel to Tintagel in Cornwall today. We can visit an old castle there, Tintagel Castle [tɪnˈtædʒəl]. Please close your eyes and follow the speaker's words.

Alternative
SB geschlossen. Die S wiederholen zunächst das Konzept *Castle*, damit das *Setting* des Hörtextes klarer wird. Bevor sie die Fantasiereise hören, sammeln sie ihr Vorwissen zu *Castles* und notieren Begriffe in ihrem Heft (*castle, citadel, ruin, tower, knight, king, old building, exciting …*).

ERARBEITUNG
a) SB geschlossen. Die S hören die ►*Fantasiereise* am Stück ohne Unterbrechungen. L könnte als Vorbereitung den Raum etwas abdunkeln, so verstärken sich die Eindrücke der S und sie können sich nur auf die Beschreibungen des Sprechers konzentrieren.

➜ 3 26 Transkript online

ERARBEITUNG
b) SB geöffnet. Die S betrachten nun das Foto und versuchen Dinge und Orte aus der Fantasiereise wiederzufinden. L: Look at the picture. Which things from the fantasy journey can you see? (S: In the background/foreground / on the left/right … I can see … grass / a fence / an island / the sea / a bridge / ruins / rocks … a castle / people / old stone walls / two caves.) In diesem Zusammenhang semantisiert L die neuen Wörter cliff, cave und bridge mit Hilfe des Bildes. Anschließend liest ein S das Beispiel aus der Sprechblase laut vor.

Dann denken sich die S in das Bild hinein und stellen sich abwechselnd einen Standort vor, indem sie wie im Beispiel mitteilen, was sie dort hören, sehen oder fühlen.

Alternative
Die Paare bearbeiten die Aufgabe als Mini-Wettbewerb: Sie notieren vorab jede/r eine Beschreibung inkl. ihrer Gefühle, Seh- und Hörerlebnisse. Es wird jedoch nicht erwähnt, um welchen Ort es sich handelt. Anschließend präsentieren die S sich gegenseitig ihre Beschreibungen und erraten den Ort des Partners.

MUSTERLÖSUNG
A: I'm (on the bridge in the middle). It's very windy here. I can smell the salt of the sea and feel the wind on my face. • B: I'm (on top of the cliffs). It's cold here because it's very windy. I have a wonderful view.

ERARBEITUNG
c) Die S erstellen eine Mindmap und notieren alle Dinge, die sie hören, sehen, riechen und fühlen konnten während der Fantasiereise. Sie gleichen diese Mindmap anschließend mit einem Partner ab und ergänzen ggf. weitere Aspekte. Abschließend hören die S den Hörtext erneut und vervollständigen die Übersicht.

MUSTERLÖSUNG

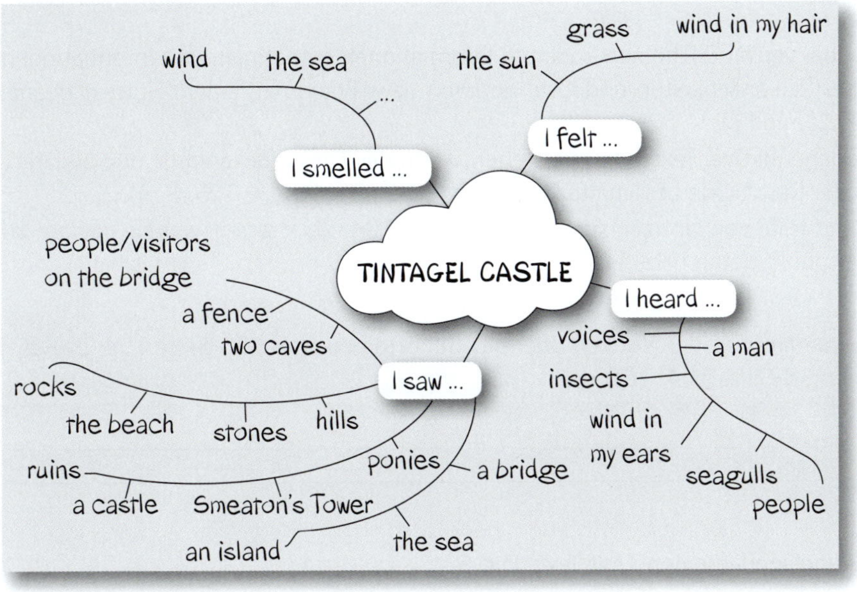

Alternative

✎ Die S schreiben mit Hilfe der Mindmap eine kurze Nacherzählung der Fantasiereise. L notiert als sprachliche Unterstützung Zeitadverbien wie *first, then, after that, finally* an der Tafel und macht die S darauf aufmerksam, das *Simple past* zu verwenden. Als HA geeignet.

Your task

L kann im Sinne der Lernzieltransparenz auf die Lernaufgabe *Your task* am Ende der Unit (SB-Seiten 116–117) hinweisen. In dieser Unit erstellen die S einen Artikel für die Schulzeitung, der sich mit einem Klassenausflug oder einer Klassenfahrt beschäftigt.

INFO-BOX

Tintagel Castle [tɪn'tædʒəl]; Cornish: *Dintagel = fort of the constriction*) ist eine mittelalterliche Burgruine auf der Halbinsel Tintagel Island. **Richard von Cornwall** errichtete im 13. Jahrhundert die Burg an dieser Stelle, über die Geoffrey of Monmouth in seiner *Historia Regum Brittaniae* (1136) geschrieben hatte, dass hier **Artus** gezeugt, geboren und versteckt worden sei. Richard von Cornwall wollte sich mit diesem Bau in die Ahnenreihe von König Artus einreihen. Bis heute wird die Burg gemeinhin als Geburtsort von König Artus betrachtet und gilt als Touristenattraktion, auch wenn dabei die 700 Jahre zwischen der vermeintlichen Lebenszeit von Artus und dem Bau der Burg übersehen werden. Bereits im 15. Jahrhundert verfiel die Burg wieder zur Ruine, da sie keinerlei strategische Funktion innehatte.
Restzweifel bleiben: Töpferwaren-Funde aus Ausgrabungen in Tintagel in den 1930er Jahren konnten als fürstliche Luxusgüter aus dem 5./6. Jahrhundert datiert werden. Vielleicht stand hier doch eine Festung zu Artus Zeiten?

KOMMUNIKATIVE KOMPETENZEN
Die S können …
Hören: einfachen Hörtexten über vertraute Themen konkrete Informationen entnehmen und Informationen aus einem Vortrag über Persönlichkeiten und Orte notieren bzw. Fragen zu einem Hörtext beantworten (SB-Seite 104, 2a) und c))
Hören/Lesen: kürzere Texte verschiedener fiktiver Textsorten verstehen, wenn das Thema bekannt ist und erklären, warum die Figuren in der Geschichte bestimmte Dinge tun (SB-Seiten 104, 1; 105, 3, 4)
Sprechen: über etwas Gehörtes mit Hilfe von Notizen sprechen (SB-Seite 104, 2b • sagen, was sie gestern zu einem bestimmten Zeitpunkt getan haben (SB-Seite 105, 5)

METHODISCHE KOMPETENZEN
Notizen zu einem Hörtext anfertigen und mit Hilfe der Notizen über das Gehörte berichten (SB-Seite 104, 2a)–b • Ergebnisse mit dem Partner vergleichen (SB-Seite 104, 2d))

S. 104

TIPPS FÜR IHRE PLANUNG
Part A legt die ersten inhaltlichen Grundlagen für den Unit-Text. Die S lernen zunächst *Tintagel Castle* kennen, zu dem *Class 8EB* einen Ausflug macht und das gleichzeitig das *Setting* des Theaterstücks *The sword in the stone* (Unit-Text) ist. Zudem werden erste Figuren eingeführt, die später im Theaterstück relevant sind (Merlin, Arthur).

1 A class trip to Tintagel

NEUER WORTSCHATZ
real • °medieval • (to) **enter** • **guide** • **each** • **copy** • you **needn't** do it • you **mustn't** do it **+Box "must – needn't – mustn't"**, *Voc.*, SB-Seite 203 • (to) **hand** sth. **in** • (to) **build, built, built + Box "Irregular past participles"**, *Voc.*, SB-Seite 203 • **narrow** • **guard** • **legend** • **king** • (to) **write** sth. **down**

EINSTIEG
SB geschlossen. Die S berichten von eigenen Besuchen einer Burg. L: Have any of you ever been to a castle before? What was it like? When was the castle built?
Anhand der letzten Frage semantisiert L °medieval: Many castles were built (Gestik) in °medieval times, from the 5th century to the 15th century (ggf. Dt., v.a. die Aussprache von °medieval ist jedoch wichtig).

Access to cultures
Was machen deutsche S auf Klassenfahrt?

ERARBEITUNG
SB geöffnet. 1. Lesen/Hören (Globalverstehen): L: Let's find out how the trip of class 8EB to Tintagel starts. Why is Sam not really happy at the beginning? Die S lesen den Text in Stillarbeit und finden heraus, warum Sam zunächst eher enttäuscht ist. (He wants to see the real castle and not a film.)
2. Lesen/**Hören:** Vor der Kleingruppenarbeit wird der Text noch einmal von CD präsentiert. Die S notieren unbekannte Wörter, die abschließend im Plenum geklärt werden: A guide is someone who leads a group of tourists/who knows a lot about a tourist attraction. / When you enter a place or room, you go into a place or room. / Each student in a group = all the students. / If you hand in your homework, you give it to me or another teacher. Must, needn't und mustn't thematisiert L ggf. anhand der Box im *Vocabulary*, SB-Seite 203 auf Deutsch.

→ 3 27 Transkript online

Alternative (Erweiterung)
3. Lesen: Die S lesen den Text in verteilten Rollen und achten besonders auf eine korrekte Aussprache und authentische Sprechweise (z. B. flüstern Sam und Lucy). Anschließend werden ein oder zwei Gruppen ausgewählt, um den Text vorzulesen.

ERARBEITUNG TINTAGEL CASTLE QUIZ
L verweist auf das *Tintagel Castle Quiz* in der Box. Die Fragen sollten durchgegangen werden und es sollte sicher gestellt werden, dass die S alle Wörter kennen: narrow (Gestik: Gegenteil von wide) / built – simple past form of to build / guard – someone who makes sure that a king is not hurt or killed. / Legends are old stories.)

Hinweis: Die Lösungen zum Quiz finden sich bei 2**c)**.

Weitere Differenzierung
Leistungsstärkere Klassen spekulieren abschließend wie die Antworten lauten könnten, indem sie aus Fragen 1–4 zwei Fragen wählen und je 2–3 Sätze notieren. (1: Built ~ 1250, when the men in the pictures lived.)

➜ Workbook 1 (p. 70)

2 Mr Petrock's tour

NEUER WORTSCHATZ
°upper · °mainland · **courtyard** · °lower · **prince** + **princess** · °wizard

EINSTIEG
SB geöffnet. Reaktivierung von Vorwissen aus dem *Lead-in* und Bildbeschreibung in einem L-Vortrag. L: Go back to p. 102/103. On the left you can see the mainland and on the right you can see the island. To get from the mainland to the island, you have to go over a bridge. It's in the middle. Look at the island. You can see the island courtyard. It's an old castle, a ruin. There are two courtyards at Tintagel, the island courtyard and the mainland courtyard.
Go back to p. 104. Here we can see both courtyards. Look at the bottom of the picture. There you can see the island courtyard again and the bridge to the mainland. And in the top picture you have a close-up of the mainland courtyard.

ERARBEITUNG
a) L führt kurz die Namen der Männer in den Illustrationen ein, um sie phonetisch vorzuentlasten. Die S legen eine zweispaltige Tabelle an, um ihre Aufzeichnungen zu **a)** vorzubereiten. L: Before we go on a tour of Tintagel Castle now, look at the pictures of the four men on p. 104. Draw a table in your exercise book and, in the left column, put down their names: King Henry III, Prince Richard, King Arthur and Merlin the Wizard (a wise man). Add the names of the three places (1–3).

1. Hören: Die S hören den Text und notieren so viele Informationen wie möglich über die drei Orte und die vier Persönlichkeiten.

➜ 3 28 Transkript online

Alternative
KV 21: Mr Petrock's tour. Die Tabelle ist zur Zeitersparnis bereits auf der KV angelegt. Die S hören den Text und notieren so viele Informationen wie möglich über die drei Orte und die vier Persönlichkeiten. Die Bildkarten kommen später zum Einsatz.

Weitere Differenzierung
Die S werden in Kleingruppen (à drei bis vier S) eingeteilt und müssen jeden Ort und jede Persönlichkeit doppelt besetzen. Jeder S muss mindestens drei Aspekte wählen. Stärkere S können mehrere Aspekte bearbeiten.

MUSTERLÖSUNG

King Henry III	King of England in 1233
Prince Richard	King Henry III's brother, built Tintagel castle 800 years ago, made it look old so people thought it was King Arthur's castle + that he was from Arthur's family
King Arthur	superhero/king, legend, probably King of Britain around the year 450, he had superpowers, he pulled a sword out of a stone (only kings could do that)
Merlin the Wizard	Merlin's cave: M. took baby Arthur there
1 Lower Mainland Courtyard	first part of the castle visitors saw when they arrived, bridge to island
2 Upper Mainland Courtyard	great view of the island, you can see the whole area from here, the castle guards lived here, job: defend castle - could see everything
3 Island Courtyard	centre of T. Castle, great hall for celebrations/feasts/ meetings

AUSWERTUNG

b) Die S vergleichen paarweise die Ergebnisse mithilfe der Methode ►*Touch Turn Talk*. Hierzu schneiden sie vorab die sieben Kärtchen auf der **KV 21** aus und legen sie mit der Schriftseite nach unten auf den Tisch. Der größere (oder jüngere/ältere) S der beiden dreht die erste Karte um und stellt seine Erkenntnisse über die Person/den Ort auf dem Kärtchen vor. Der Partner ergänzt abschließend, bevor das nächste Kärtchen umgedreht wird und er selbst am Zug ist.

KV 21: Mr Petrock's tour.

Access to cultures
L kann Gespräch zu Legenden über Könige in Deutschland anregen.

ERARBEITUNG

c) 2. Hören: Die S lesen erneut die Fragen zum *Tintagel Castle Quiz* und hören anschließend den Hörtext, um die Aufgaben zu beantworten.

➜ 3 28 Transkript online

LÖSUNG

1 almost 800 years old • 2 Prince Richard • 3 It's easier to defend a gate if it's narrow. • 4 The guards lived at the Upper Mainland Courtyard because they could see everything from there. • 5 He was a great fighter. / He had super powers. / When he was a boy, he didn't know that his father was a king. / King of Britain ~ 450 (1500 years ago) / Merlin made him King of Britain: He pulled a sword out of a stone. • 6 Prince Richard built a castle that looked much older than it was so that people thought it must be Arthur's castle.

SICHERUNG

d) Die S vergleichen die Antworten in PA.

Weitere Differenzierung
Leistungsschnellere S können anschließend eigene Fragen formulieren, die die restlichen S nach Bearbeitung von **d)** im Plenum beantworten dürfen. Beispielfragen: What can you see from the bridge? (the sea, the beach, …) What does the name Tintagel mean? (castle with the narrow gate) Which modern superheroes do the students talk about? (Ironman, Superman, Spiderman)

S. 105

3 What's wrong with Justin?

NEUER WORTSCHATZ

What's wrong with Justin/you? • **sweets** *(pl)* • **at Grandma's** • **while** • (to) **tap** • (to) **turn to** sb. • **Stop it!** *(infml)* • (to) **hiss** • (to) **scream** • (to) **kill** • **groan** + (to) **groan** • **stomach** • **ill** +Box "ill – sick – well", *Voc.*, SB-Seite 204 • **seat**

EINSTIEG
SB geschlossen. L informiert die S, dass nach dem Besuch von *Tintagel Castle*, etwas mit Justin nicht stimmt. Die S spekulieren, was mit Justin los sein könnte. L: After the visit to Tintagel, something is wrong with Justin. What could that be? (S: Maybe he's ill because it was very windy. Perhaps he didn't like the trip.)

ERARBEITUNG
SB geöffnet. 1. **Lesen**/Hören (Globalverstehen): Die S lesen den gesamten Text still, finden heraus, was tatsächlich mit Justin nicht stimmt und vergleichen dies mit ihren Spekulationen. L semantisiert die Begriffe groan/(to) groan (lautmalerisch imitieren, Dt.) und stomach (Gestik).

➜ 3 30 Transkript online

4 Give reasons why …

NEUER WORTSCHATZ
reason

ERARBEITUNG
2. Lesen/Hören: (Detailverstehen) Die S lesen den gesamten Text erneut (ggf. laut mit verteilten Rollen) und weisen anschließend ihr Textverständnis nach, indem sie erklären, warum die Lehrwerksfiguren bestimmte Dinge tun. Sie notieren ihre Begründungen in einem kurzen, zusammenhängenden Text.

LÖSUNG
1 Justin doesn't want to play *I spy* because he feels sick. • 2 Leo tries to talk to Sam two or three times because he wants to tell him about Justin. • 3 Sam doesn't want to talk to Leo because he wants to hear Lucy's story about her weekend. • 4 Grandpa doesn't kill the snake because you aren't allowed to kill snakes. • 5 Leo runs to the front of the bus to tell Miss Bell about Justin. • 6 Justin feels better at the end because he was sick.

Alternative You choose
Die S wählen aus zwei produktiven Schreibaufgaben (EA/PA): Tell the story from Sam's perspective (Sam thinks Leo wants to annoy him, but he wants to tell Sam that Justin feels sick) OR What happens after Justin is back on the bus? Write a short dialogue.

5 Have a go

ERARBEITUNG
Das in **3** erstmals vorkommende *Past progressive* wird von den S im Rahmen einer kommunikativen Gruppenübung vorbewusst angewendet. Gruppenbildung à vier S: S1 nennt eine Uhrzeit, S2-S4 formulieren Sätze, welcher Tätigkeit sie zu diesem Zeitpunkt am vorherigen Tag nachgingen, z.B. At 7 am, I was having breakfast.

Alternative
So geht's schneller: Gruppenbildung à sechs bis acht S. Die Gruppen stellen sich im Kreis auf. S1 nennt eine Zeit und wirft S2 einen Ball zu. S2 sagt, was er zu dem Zeitpunkt gemacht hat, nennt eine neue Zeit und wirft den Ball S3 zu.

➜ Realia (drei bis vier Bälle)

➜ FöFo 6.1

S. 106

TIPPS FÜR IHRE PLANUNG

In *Part A Practice* wird zunächst die Unterscheidung zwischen *Simple past* und *Past progressive* eingeführt, geübt und abschließend kommunikativ angewendet. Dies geschieht im Rahmen einer binnendifferenzierenden Übungssequenz, in der die S zunächst das *Past progressive* bilden, dann Satzhälften aus *Past progressive* und *Simple past* verbinden und abschließend entscheiden, in welcher Satzhälfte welche Zeit zu verwenden ist. Leistungsschwächere S finden hierbei an zwei Stellen Unterstützung durch *More help*.

Hierbei bietet sich ein lerntempodifferenziertes Vorgehen an (►*Bus stop-/ Lerntempoduett*-Verfahren): Die Struktur wird mit Hilfe der *Looking at language*-Box zunächst im Plenum erkannt und bewusst gemacht. Die S arbeiten dann bis einschließlich **2b)** entsprechend ihres Lerntempos.

L kann ggf. nach **1** mit Hilfe des *Early finisher* alle S zunächst zusammenführen, um sicher zu stellen, dass die neue Struktur korrekt angewendet wurde. Alternativ könnte L an einem ►*Checkpoint* überprüfen, ob die Ergebnisse richtig sind. Danach fahren die S in ihrem eigenen Lerntempo fort.

Looking at language

EINSTIEG

L: Do you remember what the students of class 8EB were doing at 4 pm? What about Lucy and Sam and Leo? You can look at p. 105 again for help. S: At 4 pm Lucy and Sam were sitting together / were reading the King Arthur play. Leo was behind them / was eating sweets.

➜ LAS 6
➜ Folie 19

ERARBEITUNG

a) SB geschlossen. L: Let's look at the sentence. Let's look at the new tense called *Past progressive*. L schreibt die Überschrift *Past progressive* und einen der Sätze als Beispiel an die Tafel, z. B. *Leo was eating sweets*.
SB geöffnet. Fokus auf Bildung der neuen Form. L: How do you make the Past progressive? (S: We need the simple past of be / was/were and the *-ing*-form of the verb.) L ergänzt das TB und bittet die S, gemäß SB die Tabelle abzuschreiben sowie weitere Beispiele aus dem Text zu ergänzen.

<u>Past progressive</u>
Leo <u>was</u> <u>eating</u> sweets.
was/were + *-ing* form of the verb

➜ GF 15: The past progressive (pp. 173–174)

LÖSUNG

I	was	staying	at Grandma's.
Leo	<u>was</u>	<u>eating</u>	<u>sweets</u>.
It	<u>was</u>	<u>coming</u>	from behind the hay.
We	<u>were</u>	<u>feeding</u>	the lambs.
They	<u>were</u>	<u>reading</u>	the King Arthur play.
Justin	wasn't	<u>doing</u>	anything.

ERARBEITUNG

b) Fokus auf Funktion: Die S übernehmen den Zeitstrahl in ihre Aufzeichnungen und versuchen, den Unterschied zwischen den beiden Zeitformen zu erkennen. L: Let's look at the sentence in the timeline on p. 106. In what way are the two parts of the sentence different from each other? (S: The longer action is interrupted by a shorter action. / Somebody was doing something when something else took place.)

Weitere Differenzierung
Die S suchen weitere Sätze in **3**, SB-Seite 105, übertragen und illustrieren sie in den Zeitstrahl: While Lucy and Sam were talking, Leo called from behind. / We were feeding the lambs when we heard a funny sound.

LÖSUNG

1 Mr Cobb was sleeping (Past progressive: positive statements)

NEUER WORTSCHATZ
tunnel · sticky

ERARBEITUNG
SB geöffnet. Bildbetrachtung. L: On the last class trip, Mr Cobb was sleeping. Let's look at the picture and find out what the pupils were doing when the bus went into the tunnel.
Die S bilden sechs Sätze mit den Informationen aus dem Bild und leiten diese stets mit demselben Nebensatz im *Simple past* ein: When the bus went into the tunnel, … Die S verwenden dabei das *Past progressive* für Bildbeschreibungen und drücken bildgesteuert aus, was jemand gerade tat, als etwas anderes passierte.

DIFFERENZIERUNG More help
Leistungsschwächere S finden auf SB-Seite 132 mehr Unterstützung: die gesuchten Verben sind bereits vorgegeben.

SICHERUNG
Die S korrigieren ihre Sätze im ►*Bus stop*-Verfahren.

LÖSUNG
When the bus went into the tunnel, …
… Bob and Ben were fighting. • … Jill was drinking and standing. • … Tiny and Tim were hiding. • … Anna was throwing sweets at Phil. • … Mary and Bill were playing cards. • … Mark was eating yoghurt.

DIFFERENZIERUNG Early finisher
Die lernschnelleren S spekulieren darüber, wer ihrer Meinung nach für die drei Schäden verantwortlich ist. Anschließend präsentieren sie der Klasse ihre Ideen, und die S diskutieren im Plenum, ob die Lösung wahrscheinlich ist.

LÖSUNG
For Phil, I think it was Anna because she was throwing sweets at him. • For Mary, I think it was Mark because he was eating yoghurt. • For Tim, I think it was Jill because she was drinking cola.

HINWEIS: YOUR TASK
L kann darauf hinweisen, dass der Bericht über eine Klassenreise durch die Verwendung von *Simple past und Past progressive* spannender werden kann.

➜ Workbook 2–3 (pp. 70–71)

S. 107

2 She was feeding her snake when … (Past progressive and simple past)

EINSTIEG
L: What were you doing when I came into the room? (S: I was talking to Saskia/listening to Dennis/thinking of my free time … when you came into the room.)

NEUER WORTSCHATZ
apple

ERARBEITUNG
a) Anhand des Beispiels erläutert L das Vorgehen bei dieser Aufgabe: Die S kombinieren in EA Sätze aus *Simple past* und *Past progressive*. Sie ordnen jeweils die beiden passenden Satzhälften einander zu und fügen das *Past progressive* im ersten Teil ein.

LÖSUNG
2d) They were crossing the ocean when their ship hit a rock. • 3a) I was washing the dishes when I broke a plate. • 4e) We were swimming in a lake when somebody took our clothes. • 5b) He was riding his bike without a light when a police officer stopped him. • 6c) She was eating an apple when she saw a worm in it.

SICHERUNG
Die S vergleichen ihre Ergebnisse im ►*Bus stop*-Verfahren mit einem Partner, der zeitgleich fertig wird und bearbeiten **b)** wieder in EA.

ERARBEITUNG
b) Kontrastive Übung: Die S entscheiden jeweils, in welcher Satzhälfte das *Past progressive* bzw. das *Simple past* verwendet werden muss und notieren die Sätze dann schriftlich.

DIFFERENZIERUNG More help
Leistungsschwächere S finden auf SB-Seite 132 mehr Unterstützung: in je einer Satzhälfte ist die richtige Zeit bereits eingefügt.

SICHERUNG
Die S vergleichen ihre Ergebnisse erneut mit einem Partner, der zeitgleich fertig wird (►*Bus stop*). Eine mögliche Zusatzaufgabe für lernschnellere S (EA oder PA) stellt die weitere Differenzierung rechts dar.

LÖSUNG
1 Mr Petrock was wearing a medieval costume when he met Miss Bell's class. • 2 While Mr Petrock was speaking, a student asked a question. • 3 Justin was filming the castle when a bird suddenly landed on his shoulder. • 4 While Lucy was standing on the bridge at Tintagel, she made a wish. • 5 Sam and Leo were standing near the water when a big wave hit them. • 6 Lucy's mobile beeped while she was showing Sam her photos.

Weitere Differenzierung
L: Look at the picture in **3**. The window is broken. What was everybody doing at 1:30 yesterday? Write down three sentences in the *past progressive*, e.g. The students were playing football in the school yard.

➔ Workbook 4 (p. 71)

3 GAME Alibi

NEUER WORTSCHATZ
°alibi

EINSTIEG
Die S, die die Zusatzaufgabe bearbeitet haben, präsentieren nun ggf. ihre Spekulationen darüber, was zu dem kaputten Fenster geführt hat oder diskutieren die Frage mündlich im Plenum (s. Weitere Differenzierung rechts oben).

ERARBEITUNG
a)/b) Hinweis: Ziel der Aufgabenstellungen in **a)** und **b)** ist es, den S zu verdeutlichen, wie man ein gutes ►*Alibi* erfindet. Spielregeln können auf diese Art entfallen, denn die S imitieren in **c)**, was sie in **a)** und **b)** als Muster gelesen und gehört haben.
Die S lesen die Sprechblase in **a)** und hören das Interview. Dann vergleichen sie die beiden Aussagen von Harry und Peter.

➜ 3 32 Transkript online

MUSTERLÖSUNG
They don't give the same answers. Harry says he was wearing a green jacket, but Peter says he was wearing a blue jacket. Harry says the old men were playing cards, but Peter says they were playing chess. Harry and Peter don't have good alibis.

ERARBEITUNG
c) Gruppenbildung à drei S: Die S erarbeiten ein eigenes Alibi-Szenario. Zwei S sprechen sich darüber ab, was sie um 1:30 Uhr gemacht haben. Dann werden sie von einem dritten S interviewt, der vorab die Fragen geübt hat.

ANWENDUNG
d) Die S spielen das Spiel. Das Ziel der beiden S ist es, sich gegenseitig ein Alibi zu geben, während der dritte S versucht, dieses zu entlarven. Nach Durchführen der Aufgabe tauschen die S die Rollen, sodass jeder einmal ein „Alibi" sein durfte.

Tipp: So wird es schwieriger: Die S erhalten ein Zeitlimit, z. B. eine Minute, innerhalb derer sie sich absprechen können.

Alternative
Bevor die S mit dem Spiel starten, kann L mit Hilfe des Transkripts die S nochmals fragen, warum jeweils das *Simple past* oder das *Past progressive* verwendet wurde. (Als HA geeignet.)

MUSTERLÖSUNG
Siehe Transkript zu **b)** online.

➜ Workbook 5–9 (pp. 71–73)

➜ FöFo 6.2

S. 108

TIPPS FÜR IHRE PLANUNG
Die Wortschatzarbeit in **4** und **5** erfolgt größtenteils in PA. Hier kann L die Methode ►*Appointment partners* einsetzen, sodass die Partner variieren. Bei Einsatz der Alternative in **5** kann der Fokus auf die Schulung der Schreibkompetenz gelegt werden. Alternativ kann **4** auch im ►*Bus stop*-Verfahren bearbeitet werden. Bei Zeitmangel kann L **6** als sichernde HA erteilen.

4 WORDS Parts of the body

NEUER WORTSCHATZ
back · chest · finger · knee · neck · throat · toe · tongue

ERARBEITUNG
a) Die S zeichnen analog zur Aufgabenstellung einen König/eine Königin oder einen Zauberer in Gänze von Kopf bis Fuß auf einem DIN A4-Blatt. Ideen für die Figuren erhalten die S auf den SB-Seiten 95 und 104. Anschließend beschriften sie alle Körperteile (oder deren Position, wenn diese unter der Kleidung sitzen), deren englische Bezeichnung sie bereits kennen. Die S vergleichen ihre Ergebnisse in 3er Gruppen und ergänzen ggf. Wörter, die ihre Mit-S verwendet haben.

➜ Folie 20
➜ leere Zeichenblätter für alle

Alternative 1
L wählt Bilder von Königinnen und Königen aus und zeigt diese zur Unterstützung auf Folie für den OHP oder Beamer.

➜ Folie: Königinnen/Könige

Alternative 2
Die S zeichnen stattdessen ein Monster, um alle Körperteile auch zeichnen zu können.

MUSTERLÖSUNG
Bekannter Wortschatz: heart · head · hair · face · ear · eye · nose · mouth · lip · tooth/teeth · shoulder · arm · hand · leg · foot/feet

DIFFERENZIERUNG More help
Leistungsschwächere S finden auf SB-Seite 132 vier Wortspeicher mit den Bezeichnungen der Körperteile, sodass sie die Vokabeln nur zu ihrer Zeichnung zuordnen müssen.

ERARBEITUNG
b) Die S betrachten zunächst die Wörter in der Box. L erinnert an die Strategien zur Erschließung unbekannten Wortschatzes, z.B. daran, dass viele englische Wörter ähnlich wie im Deutschen geschrieben werden (SB-Seiten 19, 148). Weiterhin kann L die Bilder im *Vocabulary* (SB-Seite 205) zur Semantisierung nutzen und diese z. B. auf Folie vergrößert zeigen. Dann ordnen die S den Begriffen die entsprechenden Definitionen 1–8 zu. Abschließend ergänzen sie ihre Zeichnungen aus **a)** um die acht Begriffe.

➜ *Vocabulary*, SB-Seite 205 auf Folie

MUSTERLÖSUNG
1 fingers • 2 throat • 3 tongue • 4 toes • 5 chest • 6 knees • 7 neck • 8 back

ANWENDUNG
c) Die S beschreiben, was sie mit einem bestimmten Körperteil machen können. Der Partner muss raten, um welches Körperteil es sich handelt.

MUSTERLÖSUNG
You can smell through it. – It's my nose.
You run with them. – They're my legs.
You can see with them. – They're my eyes.
You can taste with it. – It's my tongue.

DIFFERENZIERUNG Early finisher
Lernschnellere S erarbeiten eine Kreativaufgabe auf SB-Seite 135, indem sie sich gegenseitig imaginäre Monster beschreiben und diese zeichnen.

➜ Workbook 10 (p. 73)

5 WORDS What's wrong with you?

NEUER WORTSCHATZ
(to) **have a toothache / a headache** • (to) **have a temperature** • (to) **have a cough** • **sore** • (to) **have a cold** • **plaster** • **thermometer** • **fresh** • **dentist** • **hospital**

➜ Folie 21

➜ FöFo 6.3

ERARBEITUNG
Im Plenum gehen die S zunächst mit L die unterschiedlichen Symptome durch und klären diese semantisch. Viele werden die S bereits korrekt übersetzen können (toothache, headache, cold, temperature, plaster), andere können durch Tipps erschlossen werden (z.B. cough – L hustet). Abwechselnd schildern die S ihrem Partner ein Symptom aus der Tabelle *What's wrong?* und dieser gibt aus der Liste *Tips and help* einen Ratschlag.

Alternative Durchführungsidee: Jede/r S erhält 1–2 Karteikarten, auf die sie ein gesundheitliches Problem und ihren Namen notieren. L mischt die eingesammelten Karten und verteilt sie erneut an die S. Die S lesen das Problem auf der neuen Karte und schreiben in einer anderen Farbe einen Tipp gemäß *Tips and help* (oder einen eigenen) dazu. Sie geben die Karte ihrem rechten Partner, der seinen Tipp ergänzt. Am Ende erhalten die S ihre eigene(n) Karte(n) mit (je) zwei Tipps zurück und lesen diese laut.

Weitere Differenzierung
Die S ergänzen in ihren Bildern aus **4 a)/b)** mit einem roten Stift die Krankheiten/Verletzungen und mit einem grünen Stift einen Ratschlag an den entsprechenden Körperteilen. HA: Write a story about the person in your picture. What happened?

ÜBERLEITUNG
L: Now that you know lots of tips for people who don't feel well, let's see how to help an English visitor who is ill in Germany in the following dialogue.

6 Susan doesn't feel well

ERARBEITUNG 1

1. Lesen: Die S lesen sich gegenseitig die Ausgangssituation laut vor. Anschließend ergänzen die S die drei offenen Sätze und vergleichen diese dann im Plenum.

LÖSUNG

What's wrong with you? • Sie fühlt sich krank und hat furchtbare Kopfschmerzen. • Do you have a temperature?

ERARBEITUNG 2

L: Now we will listen to the rest of the conversation. Whenever there's a beep, write down what you would tell Susan or your mother. Be careful again, sometimes you have to use German and sometimes English.

2. Hören: L spielt den Rest des Dialogs ab, der sich auf der CD befindet, und stoppt die Wiedergabe bei jedem Signalton. Die S notieren ihre möglichen Antworten und Reaktionen. Abschließend vergleichen sie die Ergebnisse im Plenum.

➔ 3 33 Transkript online

Alternative

So geht's schneller: Die S bearbeiten die komplette Aufgabe im Plenum. L stoppt die Wiedergabe, und die S lösen die Aufgabe mündlich.

LÖSUNG

Sie weiß es nicht, aber sie hat nicht gut geschlafen. • Does anything hurt? Do you have a cough? Is your nose OK? • Sie glaubt, sie hat Halsschmerzen. Es tut beim Trinken und Essen weh. • She thinks you have a cold. If you have a temperature, you must see the doctor. If you don't have a temperature, just keep warm and stay in bed, drink a lot of water or hot tea and sleep. • Sie bedankt sich.

➔ Workbook 11 (p. 73)

➔ SF 12: Mediation (Revision) (p. 151)

S. 109

TIPPS FÜR IHRE PLANUNG

Der *Reading course* in Unit 6 bietet eine Wiederholung und Anwendung sämtlicher eingeführter Texterschließungstechniken aller *Reading courses* in Band 2. Inhaltlich dient er zudem der Vorbereitung auf den Unit-Text.
L und S können den *Reading course* im ►*Bus stop*-Verfahren bearbeiten. Lernschwächere S können sich so genügend Zeit nehmen, auf die SB-Seiten der vorhergegangenen *Reading courses* zu schauen und die Tipps zu wiederholen. Lernschnellere S können ihr bereits gefestigtes Wissen ohne Wiederholung anwenden. Das EXTRA kann als *Early finisher* dienen.

➜ SB-Seiten 19, 35, 53, 89

Using skills that you have learned

NEUER WORTSCHATZ

°secret (adj.) • °(to) unite • °wise • °(to) fall in love • °(to) marry • ° (to) name sb. • °terrible • °Your majesty • °sadness • °disaster • °What else ...? • °war • °star • °danger • °instruction • °(to) save • °wise one • °tonight • °low • °jewel • °stone • °battle • °all over • °(to) bring peace • °once again

EINSTIEG

SB geschlossen. Herstellung von Lernzieltransparenz. L: Today we'll talk about the skills that you have learned this year, and we're going to read a text that will give you more information about some characters in the English play we're going to read at the end of this unit.
Reaktivierung von Vorwissen. L: What skills have we talked about in this year's *Reading course*? S: *Understanding new words*, *Reading aloud*, *Scanning a text*, *Marking up a text* and *Taking notes*. L: These skills are very useful and you'll need most of them today to work with the text quickly.

Alternative / inhaltliche Erweiterung
L schreibt Titel des Texts an die Tafel: *Uther's secret son*. Die S spekulieren, wer *Uther* ist und wer der *Secret son*, sie bekommen den Text, um das herauszufinden, weil der *Secret son* wichtig ist für das Theaterstück, das sie bald lesen/aufführen werden.

ERARBEITUNG SCANNING

SB geöffnet. L: What do you remember about scanning a text? (S: When you're looking for specific information in a text, you don't need to read every word. You can scan for keywords and just read that part of the text.)
1. Lesen (Scanning): Bearbeitung gemäß SB. L kann unterstützend *3 names* als Kurzauftrag/Gedächtnisstütze an die Tafel schreiben.
L sichert nach der *Scanning*-Übung die Ergebnisse im Plenum, um in den nächsten Abschnitt gemeinsam einzusteigen.

➜ SB-Seite 53

LÖSUNG

Uther Pendragon/King Uther • Merlin • Arthur

ERARBEITUNG UNDERSTANDING NEW WORDS

a) L: We often read texts with unknown words in English. How can you find out their meaning without a dictionary? Die S schlagen die Tipps ggf. auf SB-Seite 19 nach und tragen diese an der Tafel als Mindmap zusammen:

➜ SB-Seite 19

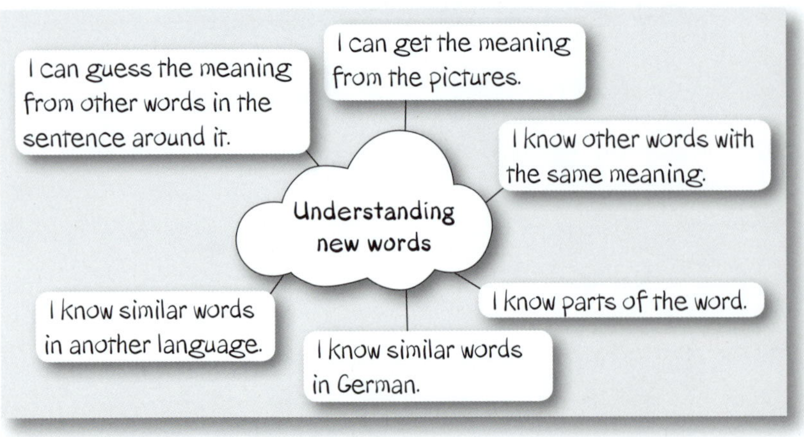

2. Lesen: Anhand der Strategien des *Reading course* aus Unit 1 (SB-Seite 19) erschließen die S sich den neuen Wortschatz zunächst in EA (z.B. °secret, °sadness, °(to) name sb.: I know parts of the word or similar words; °jewel, °majesty: I know a similar word in German; °(to) marry: I can guess it from the sentence around it).
Wörter, die sie nur schwer erschließen können, notieren sie in einer Liste, z.B. °(to) unite – when two things become one, °battle – another word for fight, °low – opposite of high.

ERARBEITUNG
b) Nach dem ►*Bus stop*-Verfahren vergleichen die S mit einem Partner, der zeitgleich fertig ist, ihre Liste aus **a)** und klären die Bedeutung ihrer unbekannten Wörter, ggf. indem sie zum **3. Mal lesen**. Die Wörter, die keiner von beiden kennt, schlagen sie gemeinsam im Wörterbuch nach.

ERARBEITUNG TAKING NOTES
a) 3./4. Lesen: Die S arbeiten in EA oder PA selbstständig weiter gemäß SB. L erinnert an Strategien des *Note taking* an der Tafel.

➔ TIP, SB-Seite 89

Note taking
- use keywords, not full sentences
- underline important words
- use symbols, abbreviations and numbers
- think of who, what, when, where and why

Hinweis: Diese Übung fokussiert die Wiederholung von Kurznotizen. Wie Berichte anhand der fünf *Wh*-Fragen strukturiert werden können, wird in **1 Writing a report**, SB-Seite 111 eingeführt.

MUSTERLÖSUNG
1 Uther Pendragon = king, King Arthur's father • 2 A long, long time ago • 3 Merlin: told King U. about future: U. soon ill, die • 4 Uther: plan/be ready! - Merlin: + war > danger for baby Arthur > hide (Sir Hector) > old enough. • 5 Tintagel

ERARBEITUNG
b) Bearbeitung gemäß SB.

MUSTERLÖSUNG

➔ Workbook 12 (p. 74)

	who	when	what	why	where
Uther	Uther Pendragon = king, King Arthur's father	a long, long time ago	Merlin: told King U. about future: U. soon ill, die	Uther: plan/be ready! - Merlin: + war > danger for baby Arthur > hide (Sir Hector) > old enough	Tintagel

Erweiterung
Die S erzählen den Text nur anhand der *keywords* nach.

EXTRA EARBEITUNG READING ALOUD
Die S, die alle Aufgaben bearbeitet haben, wiederholen paarweise zunächst die wichtigsten Regeln für lautes Vorlesen und vergleichen ihre Liste mit den drei Tipps auf SB-Seite 35, oben (1–3).
4./5. Lesen: Die S üben paarweise das Lesen des Textes.

➔ SB-Seite 35
➔ FöFo 6.4

KOMMUNIKATIVE KOMPETENZEN
Die S können …
Hören/Lesen: einfachen Geschichten konkrete Informationen entnehmen, wenn die Wörter bekannt sind und unvollständige Sätze mit Informationen aus dem Text ergänzen (SB-Seite 110, 1–2)
Schreiben: EXTRA über die Ferienpläne einer (Lehrwerks-)figur spekulieren und Dinge notieren, die man selbst gern in den Ferien tun würde (SB-Seite 110, 3a)–b))

METHODISCHE KOMPETENZEN
EXTRA in der Gruppe Ideen sammeln und verabschieden (SB-Seite 110, 3a)) · *Find somebody who* (SB-Seite 110, 3b))

S. 110

TIPPS FÜR IHRE PLANUNG
Der Text (**1**) bietet sich als erste Einübung eines szenischen Spiels an. Dies erfolgt zur Vorbereitung auf die Umsetzung des Unit-Texts, eines kurzen Theaterstücks in fünf Szenen. So können die S Mimik und Gestik üben. Aber auch eine erste Bekanntmachung mit den historischen Figuren, die im Unit-Text eine Rolle spielen, ist möglich.

1 Ice cream in the Broadway

NEUER WORTSCHATZ
floor · **report** · **strawberry** · (to) **frown** · (to) **go red** + **Box "German 'werden'"**, *Voc.*, SB-Seite 206 · **role** · **as** King Arthur + **Box "as …"**, *Voc.*, SB-Seite 206 · **dear** · (to) **melt** · °methinks · **royal**

EINSTIEG
SB geöffnet. Bildbeschreibung: Look at the picture. Who can you see? Where are they? What are they doing? (S: Leo, Justin, Sam, Lucy and Maya, in the Broadway. Sam is standing and posing with his ice cream.)
L: What is your favourite ice cream?

Die S beantworten die Frage anhand von Eissorten an der Tafel.

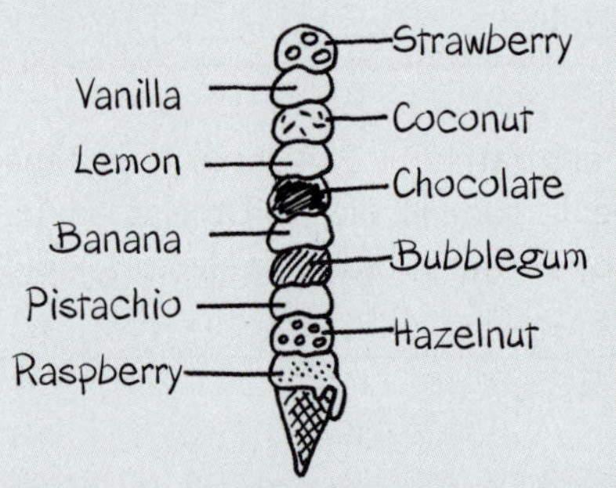

ERARBEITUNG
1. Lesen/Hören (Globalverstehen): L: Read the text quietly and find out what the kids are talking about. (S: The kids are talking about their school trips and the school play at Plymstock.)
Anschließend semantisiert L neuen Wortschatz. (z. B. (to) <u>frown</u>: L runzelt die Stirn, <u>strawberry</u>: a small red fruit we can eat from April until July, nearly everybody likes it, (to) <u>melt</u>: ice cream melts in the sun, (to) go red: if you didn't do your homework and your teacher finds out, you turn red in your face, <u>floor</u>: our school building has two/three/ … floors. We are on the … floor.)

2 What are the names?

ERARBEITUNG
2. Hören/Lesen (Detailverstehen): Die S hören den Text und weisen ihr Textverständnis nach, indem sie die fehlenden Namen in den Sätzen 1–6 ergänzen. Anschließend vergleichen sie ihre Antworten in PA.

LÖSUNG
1 Justin/Sam · 2 Sam/Maya · 3 Maya/Sam · 4 Sam · 5 Maya/Sam · 6 Lucy

Alternative
Vorbereitung auf das szenische Spiel im Unit-Text: Die S setzen den Text szenisch um, indem sie zu fünft die Szene nachspielen. Hierbei achten sie auf Körperhaltung und Mimik.

3 EXTRA Plans for the holidays

ERARBEITUNG

a) Die S erarbeiten diese Aufgabe in Gruppen à 4 S als ►*Placemat*-Übung, indem sie zunächst sechs eigene Ideen in die Ecke notieren, diese diskutieren und sich anschließend auf drei gemeinsame Vorschläge einigen, die sie in die Mitte des Platzdeckchens eintragen. Danach tauschen die S ihre ►*Placemats* mit einer anderen Gruppe und vergleichen ihre Ergebnisse. Abschließend ergänzen sie ihre eigene ►*Placemat*.

Hinweis: Die S könnten nach der unterschiedlichen Verwendung der Zukunftsformen in der Arbeitsanweisung fragen. L kann erklären: Sam weiß, was er macht. Er hat Pläne: He's *going to go* to Weston-super-Mare. Du spekulierst nur: what do you *think* he *will do* there?

MUSTERLÖSUNG

➜ SB-Seite 10

In Weston-super-Mare Sam will …

… go to the beach. • … build sand sculptures. • … swim in the sea. • … go surfing. • … go to the pier. • … have go-kart races.

Hinweis: L kann auf Unit 1 zurückverweisen, in der Sam über seinen Urlaub in Weston-super-Mare berichtet.

ERARBEITUNG

b) Die S notieren auf einem Zettel drei Dinge, die sie gerne in den nächsten Ferien machen wollen (Beispiele s. Musterlösung). Anschließend finden sie anhand einer ►*Find-somebody-who*–activity Mit-S, die die gleichen Ideen haben. Die S dürfen sich hierbei die eigenen Zettel nicht zeigen, sondern müssen durch Fragen passende Mit-S finden und notieren deren Namen hinter der Aktivität (s. rechte Spalte Musterlösung). Beispiel: S1: Do you want to go camping too? – S2: No, I don't. / Yes, I do. You can write my name on your list.

MUSTERLÖSUNG

Find someone who wants to…	Name
… read a book.	
… build sand sculptures.	
… go swimming.	
… eat ice cream.	
… go to the beach.	
…	

Alternative

Abschließend nennen die S ihre Vorschläge. L notiert diese an der Tafel. Dann ermitteln die S durch eine Abfrage per Handzeichen im Plenum die Top 3 Dinge, die die Mehrheit der Klasse in den Ferien machen möchte.

S. 111

TIPPS FÜR IHRE PLANUNG

Die erste Übung des *Part B Practice* legt ein wichtiges Fundament für die Erarbeitung der *Your task* und ordnet sich konsequent in den Kompetenzschwerpunkt *Writing* ein. Die S üben sowohl das Verfassen eines Berichts als auch die anschließende ► *Peer evaluation*. Zunächst liegt der Fokus auf der kommunikativen Kompetenz Lesen, indem sich die S anhand der *Wh*-Fragen den Inhalt erschließen. Dies bereitet das Schreiben vor, denn die Beantwortung der *Wh*-Fragen in einem eigenen Bericht gibt den S sowohl eine innere, inhaltliche wie auch äußere Struktur in Form von Absätzen. So werden hier grundlegende kommunikative Fertigkeiten für die zukünftige Verschriftlichung von Sachzusammenhängen erlernt.
Das fakultative *Background file* und der Vergleich mit heutigen Schwimm- und Freizeitbädern können bei Zeitmangel in die HA verlegt werden. Alternativ könnten die S ihren von Mit-S begutachteten Bericht als HA überarbeiten.

1 Writing a report (the 5 Ws and how)

NEUER WORTSCHATZ

°Roman • °puzzle • °leisure • °thousands • °for a while • °straight • °towards • °Look out! • °movement • °and a half

EINSTIEG

SB geöffnet. Bildbeschreibung. L: Maya went on a class trip to the Roman Baths. Have a look at the picture at the bottom of this page. What can you see? (S: A big building, a very old swimming pool, some people/students on the right …)
L: We will read a report Maya has written and find out about *The 5 Ws and how* (L schreibt fünf große W und *how* an die Tafel). What do you think the *5 Ws* stand for? (S: Who, why, when, where, what.) L notiert die sechs Fragewörter an der Tafel.
L erklärt °leisure (fun, relaxing) und °straight towards (in the direction of sb.), bevor die S beginnen, Mayas Bericht zu lesen. Alle anderen neuen Wörter können die S aus dem Deutschen oder aus dem Kontext ableiten.

ERARBEITUNG

a) 1. Lesen: Die S beantworten in EA die *5 Ws and how*. L: Now read Maya's report and answer the six questions. Nachdem die S fertig sind, schreibt je ein S die Antwort für eines der Fragewörter an die Tafel. Die Mit-S vergleichen ihre Ergebnisse. L: Where did we find all the information? (S: We found it in the first paragraph.)
Dann verweist L auf die Struktur. L: Have a look at the structure. What are the paragraphs about? Let's find headlines.

First paragraph: Topic and 5Ws and how
Second paragraph: The journey
Third paragraph: Tour of the Roman Baths
Fourth paragraph: Lunch in the park
Fifth paragraph: Afternoon activities

→ First paragraph: important facts
→ Other paragraphs: one topic/event each

➔ Your task, SB-Seiten 116–117

LÖSUNG
1 the class 8SW • 2 to Bath • 3 on 7 July • 4 because they were doing a project on the Romans • 5 they visited the famous baths • 6 they travelled by school bus
The answers are in the first paragraph.

DIFFERENZIERUNG You choose
b) Die S wählen ein Lehrwerkskind aus und schreiben aus dessen Perspektive über den Ausflug nach Tintagel (SB-Seite 104–105). Dabei beachten sie das TB aus **a)**. Sie lassen eine Drittelseite Rand, in die ihre Mit-S später Kommentare einfügen können.

MUSTERLÖSUNG
A class trip to Tintagel
By Justin Skinner

This year our class 8EB went to Tintagel Castle. We went there by bus. When we arrived, we saw a short film about the history of the castle. Sam didn't like it because he wanted to see the real castle and not just a film.

Then our guide, Mr Petrock, arrived and Miss Bell had a quiz for us. The questions weren't easy, and some of them were really hard! We went on a tour around the castle. We learned about King Arthur and Merlin, the wizard who saved Arthur's life. After the tour I knew a lot of answers to the quiz questions.

After the tour we had lunch and then we went back to the bus. I sat next to Leo. Lucy and Sam were in front of us. Leo wanted to play a game but I didn't feel well. Lucy and Sam talked about last weekend. Then suddenly I felt really sick. Leo saw this. He talked to Lucy and Sam but they didn't listen. Finally Leo tapped Sam on the shoulder but again he didn't listen.

Then I shouted "Ooooh, my stomach!" and someone got Miss Bell. She stopped the bus and I ran out. I really felt awful. After a few minutes, I got back on the bus and I even smiled again. I walked back slowly to my seat and the bus drove us home.

It was a really interesting class trip and I learned a lot about Tintagel. I really like the story about King Arthur, but next time I'll sit at the front of the bus and I never want to feel sick on a bus again.

AUSWERTUNG
c) Die S lesen untereinander die *Reports* und vermerken am Rand mit einem andersfarbigen Stift, an welchen Stellen sie Antworten zu den *5 Ws and how* entnehmen können. Dabei beachten sie das TB aus **a)** und den TIP auf SB-Seite 111. Sie können besonders gelungene Passagen hervorheben durch einen kurzen Kommentar oder einen Smiley.

➔ Workbook 13 (p. 75)
➔ FöFo 6.5

EXTRA Background file: The Roman Baths at Aquae Sulis

NEUER WORTSCHATZ
°spring · °litre · °°C · °Celts · °(to) worship · °goddess · °AD · °Latin · °during · °huge · °changing room · °sauna · °massage

ERARBEITUNG
Hinweis: Für die spätere Bearbeitung von *The world behind the picture* sind die Hintergrundinformationen zu den Römern im *Background file* sehr hilfreich.
1. Lesen (Globalverstehen): L schreibt die Zahlen 46, 2000 und 400 an die Tafel und fordert die S auf, durch *Scanning* herauszufinden, was es mit den Zahlen auf sich hat. (46 °C hot water, 2000 years ago, Romans stayed in Britain for 400 years)
2. Lesen (Detailverstehen): L erläutert unbekannte Vokabeln: °spring (a place water comes from), °Celts (Dt.), °(to) worship (show respect for a god, especially through prayers), °goddess (a female god), °AD (Anno Domini, shows the number of years after Jesus Christ's birth, here in year 1–100 after Christ was born, Dt. n. Chr.). Anschließend lesen die S das *Background file* erneut und halten Gemeinsamkeiten und Unterschiede zu heutigen Schwimm- und Freizeitbädern fest.

MUSTERLÖSUNG

Aquae Sulis	Modern leisure centre
worshipping a goddess	no longer, just go there for fun or to relax
Bath had its own spring	not today

swimming pools, changing rooms, toilets, hot baths/warm baths/cold baths, saunas, meet friends, swim, have a massage or a snack, play games

Alternative
Die S schreiben eine Stellungnahme, ob sie gerne auf eine Klassenfahrt nach Bath gehen würden.
Your class is thinking about going to Bath on a field trip. Your teacher asks you to write a short text about your opinion: Would you like to go to Bath? Why/Why not?

S. 112

2 Pronunciation (Consonants at the end of words)

NEUER WORTSCHATZ
consonant + vowel · **noisy** · °seaside

EINSTIEG
SB geschlossen. L spricht die vier Wörter überdeutlich aus, sodass der Sound [ŋ] deutlich wird und fragt, welches Wort anders endet als die anderen (sing).
SB geöffnet. Die S sprechen die Worte im Chor nach. Um den Unterschied zwischen [ŋk] und [ŋ] zu verdeutlichen, könnte L *sing* [sɪŋ] und *finger* ['fɪŋgə] kontrastieren.

➜ Workbook 14 (p. 75)

ERARBEITUNG
a) 1. Hören: Anschließend hören die S die neun Wortgruppen und entscheiden, welchen Sound sie nur einmal und welchen dreimal hören konnten.

2. Hören: Die S vergleichen ihre Ergebnisse im Plenum, bei Unstimmigkeiten wird die Tonaufnahme erneut vorgespielt.

➜ 3 35 Transkript online

Weitere Differenzierung
Vereinfachung: L stoppt nach *Group 1–3* jeweils die CD und klärt die Lösung mit den S im Plenum. So stellt L sicher, dass alle S das Vorgehen kennen. *Group 4–9* hören die S am Stück.

LÖSUNG

Group 1: 1x [d]; 3x [t]
Group 2: 3x [d]; 1x [t]
Group 3: 1x [d]; 3x [t]

Group 4: 1x [b]; 3x [p]
Group 5: 3x [p]; 1x [b]

Group 6: 1x [g]; 3x [k]
Group 7: 3x [g]; 1x [k]
Group 8: 1x [g]; 3x [k]

Group 9: 3x [ŋ]; 1x [ŋk]

ANWENDUNG

b) Die S hören das Gedicht mindestens einmal. Da es relativ lang und komplex ist, werden die Zeilen anschließend jeweils einzeln gehört. Nach jeder Zeile stoppt L die CD, und die S sprechen die Zeile im Chor (►Chorsprechen) nach. Dabei achten sie v. a. auf die Endungen. Anschließend üben die S paarweise das Lesen des Gedichts. Einige S tragen abschließend das Gedicht vor. Als HA können einige S das Gedicht auswendig lernen.

➜ 3 36 Transkript online

Alternative
L kopiert das Gedicht auf eine DIN A4 Seite. Paarweise erhalten die S eine Kopie und eine Handvoll Konfetti und spielen drei Runden ►*Confetti reading*, bevor sie das Gedicht laut vorlesen.

Weitere Differenzierung
You choose: Draw a picture of the class trip OR write four more lines for the poem.

3 EXTRA If you were a guide at Tintagel, … (Conditional sentences 2)

ERARBEITUNG Language help

Hinweis: Die *Conditional sentences 2* sind nicht in allen Bundesländern obligatorisch in Klasse 6, daher ist diese Übung als fakultativ gekennzeichnet.

SB geschlossen. L notiert die folgenden Sätze aus dem Text **1**, SB-Seite 110 an der Tafel:

1 Lucy: So I'll have to play Queen Guinevere if Miss Bell chooses me.
will-future — simple present → possible
Was IST wenn …?

2 Maya: If I went to Plymstock, I'd play Guinevere.
3 Maya: If I was Miss Bell, I'd choose Justin.
Simple past — would + inf. → unlikely or rather impossible
Was WÄRE wenn …?

L notiert Satz 1 an der Tafel. Die S wiederholen *Conditional 1*, indem sie die Zeiten benennen *(Will-future* im HS und *Simple present* im *if-clause)* und feststellen, dass es sich um eine Bedingung handelt, die wahrscheinlich erfüllt wird *(Possible condition*, Was ist wenn …?). L ergänzt dies in einem zweiten Schritt im TB.

L ergänzt den Satz 2 und 3 im TB. L: Have a look at the second and third sentence. Which tenses can we find? *(would + infinitive* im HS, *Simple past* im *if-clause)*. Are the conditions possible too? Why/why not? (S: It isn't really possible because Maya doesn't go to Plymstock. She goes to Coombe Dean and Maya is not Miss Bell.) Die S erkennen, dass es sich um eine unwahrscheinliche/unmögliche Bedingung handelt (Was wäre wenn …). L ergänzt nun auch dies im TB.

ERARBEITUNG
a) Bearbeitung gemäß SB.

→ GF 16: Conditional sentences 2 (p. 174)

LÖSUNG
1 would wear • 2 saw / would love • 3 went / would want • 4 walked / would make • 5 met / would be • 6 would be / lived

ERARBEITUNG
b) L schreibt den Satz If I had 500 euros, … an die Tafel und verteilt zwei große Karteikarten an die S. Auf jeder notieren die S gut leserlich eine Fortführung des Satzes. Anschließend werden diese als eine Art Galerie im Klassenraum aufgehängt.

→ Realia (zwei Karteikarten pro S)

DIFFERENZIERUNG More help
Einigen S muss ggf. mit Ideen auf die Sprünge geholfen werden. Diese finden in More help (SB-Seite 133) Vorschläge, was sie mit dem Geld machen könnten.

AUSWERTUNG
Die S werten die Ideen nun paarweise im ►*Gallery walk* aus. L: With a partner read all the ideas and say if you think they're good ideas or not. Try to give reasons and use an *if*-clause. L gibt ggf. Redemittel an der Tafel: If I had 500 euros, I wouldn't buy lots of books because I don't like to read. / If I had 500 euros, I would go to London too. That's a great idea!

→ Workbook 15 (p. 76)

4 EXTRA The tickets I bought (Contact clauses)

ERARBEITUNG
Hinweis: Die *Contact clauses* sind nicht in allen Bundesländern obligatorisch in Klasse 6, daher ist diese Übung als fakultativ gekennzeichnet.
a) SB geöffnet. Reaktivierung von Vorwissen aus Unit 3. L: Have a look at sentence 1. Why do we use *who* in this sentence? (S: We use who because Arthur is a person, and so it's who.) Die S ergänzen anschließend die fehlenden Relativpronomina in den Sätzen 2 und 3.
L verweist auf den TIP: In these sentences, the relative pronoun is the object and we have a subject in the relative clause *(I)*. So we can leave out the relative pronoun. Let's check the sentences in **a)** again. Do we need a relative pronoun? (S: No because the relative pronoun is the object and we have a subject in the relative clause: Mr Petrock, Miss Bell's class, I.)
Hinweis: S fällt es oft einfacher zu entscheiden, ob es sich um einen *Contact clause* handelt oder nicht, indem sie herausfinden, ob der Relativsatz ein Subjekt hat, welches nicht das Relativpronomen ist.

→ GF 17: Relative clauses: contact clauses (p. 175)

LÖSUNG
2 This is the play which/that Miss Bell's class wants to do. • 3 Oh no, where are the tickets which/that I bought for my class?

ERARBEITUNG
b) Gemäß SB.

LÖSUNG
In sentence 2: Here is the quiz which you have to hand in.

→ Workbook 16–19 (pp. 76–77)

S. 113

TIPPS FÜR IHRE PLANUNG
Bei Nutzung aller fakultativen Angebote zu *The Romans in Britain*, z. B. der KV 22 und Einbeziehung des Vorwissens aus dem *Background file* kann L *The world behind the picture* in zwei thematisch und zeitlich getrennte Unterrichtsblöcke aufteilen.

1 The Romans in Britain

NEUER WORTSCHATZ
peaceful

EINSTIEG
SB geöffnet. *Pre-viewing-activity:* Gemäß SB.

ERARBEITUNG
a) 1. Sehen (Globalverstehen): Die S sehen das Video und überprüfen ihre Lösungen.

LÖSUNG
1B • 2C • 3D • 4A

ERARBEITUNG
b) 2. Sehen (Detailverstehen): Die S betrachten das Video erneut und machen sich Notizen zu den Dingen, die die Römer in Großbritannien unter ihrer Herrschaft zu den genannten Eckdaten bewirkt haben. Zur Vorbereitung können sie vorher die Jahreszahlen notieren, um während des Sehens Stichpunkte zu notieren. L sollte die S darauf hinweisen, dass sie sich nur auf die gefragten Jahreszahlen konzentrieren müssen.
3. Sehen (Detailverstehen): Abschließend konzentrieren sich die S auf die Veränderungen, die die Römer bewirkt haben. Zur Vorentlastung kann L einige Punkte mündlich im Plenum nennen lassen, z. B. *Roman roads, buildings, temples*.

LÖSUNG
What the Romans did in these years:
In 500 BC the Romans fought their neighbours.
In 55 BC and 54 BC Caesar/the Romans crossed the sea to Britain, but the Britons fought them back.
In 43 AD the Romans invaded Britain again, but this time they stayed/conquered all of England and Wales and called it Britannia.
In 122–128 AD the emperor Hadrian built a wall (Hadrian's Wall).
In 450 AD the Romans left Britain / the Angles and Saxons invaded Britain.

Changes in Britain:
Britain today = Roman villas, temples, baths, walls, theatres, lots of Roman roads
England and Wales = Britannia (43 AD~450 AD part of Roman Empire)
Before Romans: no stone houses or roads. Romans built stone houses and roads, Hadrian's wall (England and Wales = Britannia vs. Scotland/Caledonia = problems)
Before Romans: people (Britons) good at fighting, later (Roman Britons) no good at fighting (Roman lifestyle)
Britannia = rich and peaceful

Alternative
Falls die S das *Background file* (SB-Seite 111) bearbeitet haben, können sie anhand dieser Informationen und der Fakten aus dem Video ein Themenposter zu *The Romans in Britain* erstellen. Zum Einstieg können die S Vorwissen sammeln (TB).

Alternative
Die S führen ihre Notizen in Gruppen à drei bis vier S zusammen und ergänzen ihre Poster und fügen Fotos oder Zeichnungen hinzu.

Weitere Differenzierung
KV 22: The Romans in Britain.
Die KV kann leistungsschwächeren S helfen, die Informationen des Films zu erfassen und sie auf ihre Poster zu übertragen. Einsatz: nach dem **2. Sehen**.

Erweiterung
Die S präsentieren ihre Poster in einem *Five-minute-talk* über *The Romans in Britain*.

Access to cultures
L kann Gespräch zu Relikten aus römischer Zeit in Deutschland anregen.

2 EVERYDAY ENGLISH At the takeaway

NEUER WORTSCHATZ
takeaway +Box "one/ones", *Voc.*, SB-Seite 206 • **I'll have** a tea/burger/... • **vegetarian** • **What size tea** would you like?

EINSTIEG
SB geöffnet. L: We will follow Ruby, Jack and Oliver to a °takeaway, which is a place where you can eat but it isn't as formal as a restaurant. Have a look at the menu. What would you like to have? (S: I'd like to have ....)

ERARBEITUNG
Hinweis: Bei dieser Übung liegt der Fokus auf *Viewing/Listening for gist*. Die Details (wie z.B. die Eissorten) müssen die S nicht benennen können.
a) 1. Sehen/Hören (Globalverstehen): Die S schauen das Video (alternativ findet sich die Tondatei online) und beantworten im Anschluss die drei Fragen.

➜ Transkript und MP3-Datei online

LÖSUNG
They eat burgers and chips. / They eat ice cream. / They have iced tea. • Jack is the hungriest. He always wants to eat more. • Ruby and Oliver want to celebrate / do something and not just eat.

ERARBEITUNG
Hinweis: Die S müssen zur Zuordnung der Sätze zu 6 (That's £3.50, please. – Here you are.) den Clip einmal komplett hören, da die Angabe zum Preis erst genannt wird, als Ruby, Jack und Oliver sich ein Eis kaufen.
b)/c) Bearbeitung gemäß SB und in EA. Abschließend überprüfen die S ihre Ergebnisse beim **2. Sehen**/Hören in **c)**.

LÖSUNG
1 Are you ready to order? – Yes, I'm ready. • 2 Would you like chips with your burger? – No thanks, just the burger. • 3 And would you like a drink with that? – Yes, please. I'll have an iced tea. • 4 This one? The vegetarian burger? – No, not that one. The one on the right. • 5 What size tea would you like? We have large or small. – Large, please. • 6 That's £3.50, please. – Here you are.

ANWENDUNG
d) In Kleingruppen schreiben die S gemeinsam einen ähnlichen Dialog wie im Film. Dabei orientieren sie sich an den Redemitteln aus **c)** und üben den Dialog ein. Einige Gruppen werden ausgelost, um ihren Dialog vor der Klasse vorzuspielen. Dazu kann L oder S z.B. die Gruppen von 1–6 nummerieren und dann auswürfeln oder nummerierte bzw. mit den Gruppennamen versehene Zettel in einer Dose mischen und ziehen (► Losverfahren).

➜ Realia (Würfel oder Dose und mehrere gleiche Zettel zum Auslosen)

➜ FöFo 6.6

KOMMUNIKATIVE KOMPETENZEN
Die S können …

Lesen: eine kurze Lektüre (Theaterstück) eigenständig lesen und das Textverständnis nachweisen, indem sie einzelnen Szenen Titel geben, den Lehrwerksfiguren Eigenschaften zuweisen und dies mit Textstellen begründen (SB-Seiten 114–115, 1–2b · eine Szene aus dem Theaterstück aufzeichnen und auswerten (SB-Seite 115, 3b))

Sprechen: ihrer Gruppe von den Gefühlen/Eigenschaften einer Lehrwerksfigur berichten (SB-Seite 115, 2c)) · ein Interview durchführen (SB-Seite 115, 3a))

Schreiben: Fragen für eine der Lehrwerksfiguren aus dem Theaterstück aufschreiben (SB-Seite 115, 3a))

METHODISCHE KOMPETENZEN
Gruppenpuzzle (*Jigsaw*) (SB-Seite 115, 2c)) · ein Theaterstück einüben, ausstatten und aufführen (SB-Seite 115, 4)

S. 114–115

TIPPS FÜR IHRE PLANUNG
Am Ende der Auseinandersetzung mit dem Theaterstück soll die Inszenierung stehen, die einige Zeit in Anspruch nimmt. Durch die ausführliche Beschäftigung mit dem Text, die Interpretation der Textgrundlage und nicht zuletzt den Spaß, der dabei garantiert ist, ist diese Zeit jedoch gewinnbringend angelegt.

PLAY The sword in the stone

NEUER WORTSCHATZ
stone · **cast** · **beard** · **adopted** · **terrible** · **battle** · **enemy** · **danger** · °(to) exit · °inn · °writing · **truth** · °tournament · (to) **kiss** · (to) **kneel, knelt, knelt + Box "Irregular past participles"**, *Voc.*, SB-Seite 207 · **crown**

EINSTIEG
SB geöffnet. Reaktivierung von Vorwissen. L: Have a look at the list of characters. The characters in a play are called the cast. Who do you already know and what can you say about them? S: Merlin is a wizard. He can see the future and he saved Arthur's life. / Arthur is the son of Uther Pendragon. Merlin hid him in a cave to save his life. / Sir Hector took baby Arthur to his home. / We don't know much about Lady Guinevere. She is very beautiful. Lucy wanted to play her. L erklärt in diesem Zusammenhang den neuen Wortschatz beard (Gestik), adopted (Dt.).
Die S lesen das Stück in zwei Teilen: Abschnitt I (Scenes 1–2) und Abschnitt II (Scenes 3–5).

ERARBEITUNG SCENE 1 UND 2
1. Lesen/Hören: Die S lesen den ersten Abschnitt still (Scene 1–2) und machen sich Notizen zu unbekannten Vokabeln. L semantisiert im Plenum den unbekannten Wortschatz: terrible (very bad), battle (fight), enemy (someone who is against you/not your friend) , danger (something happens that will hurt or kill somebody), °(to) exit (to leave the stage), °inn (small hotel, often with a restaurant and in the centre of a village), °writing (something that's written on the stone, Dt. Inschrift), truth (the noun of true), °tournament (Dt.).

Alternative
KV 24 A–C: History Time. The Bridge of Swords. Camelot im Jahr 475. Die Ritter der Tafelrunde versammeln sich gerade am Hof von König Artus, da wird ihnen eine schlimme Nachricht überbracht: Königin Guinevere wurde vom Roten Ritter entführt. Seine Burg gilt als uneinnehmbar. Doch Lancelot und seine Knappen fürchten keine Gefahren … Auszug aus dem Cornelsen-Comic (ISBN 978-3-06-033223-6) mit Sprechblasen zum Selbstausfüllen, geeignet als vertiefende Leseaufgabe.

➔ Folie 22

➔ 3 37–38 Transkript online

2. Lesen/Hören (Sicherung des Textverständnisses): Die S lesen den Text und erhalten dazu vorab an der Tafel oder auf Folie folgende Leseaufträge:

Right or wrong? Correct the wrong sentences!
1 It's a wonderful day.
2 Arthur is tired, that's why he falls asleep.
3 Guinevere falls asleep too.
4 Merlin puts a sword into a stone.
5 The one who can pull the sword out of the stone will be killed.
6 Guinevere will marry the winner of the tournament.

L kann die Lösungen als Lösungsschablone verteilen oder an ►Kontrollpunkten zur Selbstkontrolle für die S aushängen.

Right or wrong? Correct the wrong sentences!
1 Wrong. It's a terrible day because the king is dead.
2 Wrong. He falls asleep because Merlin puts his sword on Arthur's shoulder and does magic.
3 Wrong. She watches the scene from behind a big stone.
4 Right.
5 Wrong. He will be the king.
6 Right.

ERARBEITUNG SCENE 3–5

1. Lesen/Hören: Die S lesen den zweiten Abschnitt (Scene 3–5) und machen sich Notizen zu unbekannten Vokabeln. L semantisiert im Plenum den unbekannten Wortschatz, sofern er nicht aus dem Kontext oder dem Deutschen hergeleitet werden kann: (to) kneel (Gestik), crown (Gestik oder Zeichnung), wise (My grandmother is a wise woman.)

→ 3 39–41 Transkript online

2. Lesen/Hören (Sicherung des Textverständnisses): Die S lesen den Text und erhalten dazu vorab an der Tafel oder auf Folie folgende Leseaufträge:

Complete the sentences
1 When Kay enters, he finds out that ... .
2 Arthur sees the sword in the stone and ... .
3 Kay says he can't fight with the sword Arthur has given him because ... .
4 Merlin tells everyone ... .

L kann die Lösungen als Lösungsschablone verteilen oder an ►Kontrollpunkten zur Selbstkontrolle für die S aushängen.

Completed sentences
1 When Kay enters, he finds out that he has forgotten his sword.
2 Arthur sees the sword in the stone and pulls it out easily.
3 Kay says he cannot fight with the sword Arthur has given him because it's too old.
4 Merlin tells everyone that Arthur is the new king.

1 The best title

ERARBEITUNG
a) Synthese: Die S wählen die beste Überschrift für Szene 1.

Weitere Differenzierung
3. Lesen der Szenen 1 und 2–5, **b)** wird HA.

LÖSUNG
"A terrible day for Britain"

ERARBEITUNG
b) Synthese: Die S formulieren Überschriften zu den Szenen 2–5.

DIFFERENZIERUNG More help
Leistungsschwächere S arbeiten auf SB-Seite 133. Sie finden hier eine Auswahl aus drei vorgeschlagenen Titeln wie in **1 a)**.

LÖSUNG
Scene 2: The writing on the stone
Scene 3: Where's my sword?
Scene 4: A sword for Kay
Scene 5: A new king for Britain

2 The characters

NEUER WORTSCHATZ
wise

ERARBEITUNG
a) Umsetzung nach der ►*Jigsaw*-Methode (►*Gruppenpuzzle*): Die S bilden Gruppen à fünf S (Stammgruppen) und verteilen/erhalten die Rollen, sodass jeder S sich auf eine Figur im Stück konzentriert.

ERARBEITUNG
b) Alle S, die jeweils die gleiche Figur gewählt/erhalten haben, bilden eine neue Gruppe (Expertengruppe) und erarbeiten gemeinsam ein Profil ihrer Figur, indem sie die Begriffe in der Box der gewählten Figur zuordnen und mit Textstellen belegen. Zudem überlegen die S gemeinsam, wie ihre Figur sich in den einzelnen Szenen verhält (Gestik, Mimik, Sprechen). Den S sollte klar sein, dass jeder Teilnehmer ihrer Gruppe in der Auswertungsphase präsentieren können muss. L: In your groups, think about how your character speaks, moves etc. Each of you must be able to present your results!

MUSTERLÖSUNG

The characters

Merlin	wise (ll.3f.; ll. 55f.) worried (ll. 9ff.)
Sir Hector	worried (ll. 5ff.)
Kay	angry (ll. 87ff.) excited (ll. 48ff.) friendly (l. 44f.)
Arthur	fast (l.75) excited (l. 79)
Guinevere	fast (l.83) excited (l. 99f.) beautiful (cast, l. 44f.)

ERARBEITUNG

c) Anschließend kehren die S in ihre Stammgruppen zurück und berichten reihum ihre Ergebnisse, sodass die Figuren für alle S der Gruppe gut vorgestellt werden. Danach äußern die S im Plenum, welche Figur sie gerne darstellen würden: I would like to be Arthur because he's cool. / I'd like to be Merlin because he can do magic and is very clever.

Falls die Rollenbesetzung Schwierigkeiten bereitet, kann jeder S eine Erst- und eine Zweitwahl angeben, welche Figur er darstellen möchte. L kann dann zur Folgestunde die Rollen festlegen.

Hinweis: Sollten die S sich bereits auf ihre Rollen geeinigt haben, können sie Ideen für Requisiten zu ihren Figuren und für die Umsetzung des Stücks austauschen (Aufgabe **4**). Als HA könnten sie dann die benötigten Requisiten für ihre Figur (oder bei noch nicht festgelegten Rollen auch für ihre Mit-S) zur nächsten Stunde mitbringen.

Alternative

So geht's schneller: Die S bearbeiten **3** als HA. **3a)** wird hierzu leicht umgewandelt, sodass die S hier ein Mini-Interview mit drei Fragen und drei Antworten verfassen. Anhand der Bilder aus **3b)** und deren Zuordnung kann L mit den S zu Beginn der nächsten Stunde den Inhalt des Stückes wiederholen. Einige der Dialoge können vorgelesen werden.

3 Interviews and pictures

You choose **DIFFERENZIERUNG**

a) Die S wählen eine Figur aus und notieren in EA drei Fragen, die sie ihm/ihr stellen würden. Diese Fragen tauschen sie dann mit einem Partner aus. In EA überlegen sie zunächst, wie die Figur die Fragen beantworten könnte. Dann führen sie beide Interviews durch.

Einige Interviews können in einer Folgestunde (gemeinsam mit den Ergebnissen aus **b)**) präsentiert werden. Vorab sollten die S hierzu Kriterien für diese *Speaking*-Aufgabe vereinbaren, damit die Mit-S im Plenum beim Zuhören eine aktive Auswertungsaufgabe erfüllen, z.B. sachlich korrekte Wiedergabe der Rolle/Figur, Nutzung neuer Vokabeln, flüssig gesprochen o.ä..

b) Die S zeichnen in EA ein Bild, das eine Szene oder Situation nach Wahl darstellt. Anschließend tauschen zwei S ihre Bilder aus und erraten, um welche Szene oder Situation es sich handelt.

Die Bilder können in einer Folgestunde im Rahmen eines ►*Gallery walk* im Plenum ausgewertet werden, sodass alle Mit-S die gezeichneten Szenen erraten können.

4 Your play

ERARBEITUNG

Nachdem die S sich bereits ausführlich mit dem Stück und den Figuren beschäftigt haben, setzen sie das Stück nun szenisch um.

4. Hören: L stellt nach Möglichkeit mehrere Audio-Endgeräte und Tonaufnahmen zur Verfügung, anhand derer die Gruppen auch zeitversetzt und in ihrem eigenen Tempo die Aussprache trainieren können.

Alternative

KV 23: The sword in the stone: A checklist. Die S planen die Umsetzung ihres Theaterstücks anhand einer Checkliste.

➜ Workbook 20–22, Quiz (pp. 78–79), Checkpoint (pp. 80–83)

➜ VAS 6.1, 6.2

➜ LM Unit 6

S. 116–117

TIPPS FÜR IHRE PLANUNG
Die Lernaufgabe dieser Unit besteht darin, einen Artikel für die Schülerzeitung über eine Klassenfahrt oder einen -ausflug zu schreiben. Damit knüpft *Your task* sowohl inhaltlich als auch methodisch an die Unit an. Den Großteil der Lernaufgabe bearbeiten die S in EA, bevor in *Step 5* eine ►*Peer evaluation* erfolgt. Daher eignet sich *Your task* auch phasenweise als HA: *Steps 2–4* können gut ausgelagert werden. Dies spart Zeit, und für die S entsteht mehr Ruhe in der Anfertigungsphase.

A report about a class trip

NEUER WORTSCHATZ
°introduction

ERARBEITUNG STEP 1
Die S notieren sich stichwortartig erste Erinnerungen an einen Klassenausflug oder eine Klassenfahrt. Sie konzentrieren sich auf die 5 *Wh*-Fragen und *how*. L kann empfehlen, diese Ideen auf kleinen Karteikarten oder Klebezetteln festzuhalten, so können die S die Ideen in *Step 2* leichter clustern und strukturieren. Nach *Step 1* ist eine erste ►*Peer evaluation* denkbar: Die S vergleichen ihre Notizen und geben sich untereinander Ratschläge, um schließlich die Mindmap gemeinsam zu erstellen.

➜ Realia (Kleine Karteikarten/Klebezettel)

ERARBEITUNG STEP 2
Die S strukturieren ihre Ideen aus *Step 1* und verteilen diese auf die einzelnen Teile ihres Berichts mit Hilfe der Stützfragen im SB. Wenn *Step 1* auf Karteikarten/Klebezetteln bearbeitet wurde, können diese direkt in die Reihenfolge *(1) Introduction – (2) Activities – (3) What I liked/didn't like* gebracht werden. Dann verfassen die S ihre Artikel und haken dabei die bereits verwendeten Informationen/Zettel ab.

ERARBEITUNG STEP 3
Die S lesen ihre Texte Korrektur. Sollten die S während der 6. Klasse ►Fehlerprotokolle geführt haben, können sie diese hier gut einsetzen.

ERARBEITUNG STEP 4
Abschließend ergänzen die S passende Bilder und Bildunterschriften und gestalten so eine ganze Seite für die Schülerzeitung.

ERARBEITUNG STEP 5
►*Peer evaluation*: Die S geben sich gegenseitig ►Feedback. Nachdem sie die Artikel gelesen haben, vermerken sie Kommentare und Verbesserungsvorschläge z. B. mit gelben Klebezetteln. Sie überprüfen, ob die *Wh*-Fragen beantwortet wurden und können besonders gelungene Passagen hervorheben durch einen kurzen Kommentar oder einen Smiley.

ERARBEITUNG STEP 6
Die S überarbeiten ihre Texte auf Grundlage der Rückmeldungen. Um die Reflexion zu stärken, kann L die S bitten, korrigierte Stellen zu markieren und auf einem Klebezettel knapp zu notieren, warum sie diese geändert haben. Als HA geeignet.
Abschließend begutachten die S die fertigen Produkte in einem ►*Gallery walk*. Die gesammelten Artikel können später zu einer Klassenzeitung gebunden werden.

ERARBEITUNG SB-SEITE 117
Am Ende der Lernaufgabe gibt L den S Zeit zur Selbstevaluation und -reflexion. Bei diesem Produkt bietet es sich an, diese im Unterricht durchzuführen, damit die S gewissenhaft an der Reflexion arbeiten.

S. 62–65 und 118–121

Access story: Because of Winn-Dixie

Die Auszüge aus *Because of Winn-Dixie* dienen v. a. dem *Reading for fun*. Daneben zielen sie auf die zentrale Kompetenz des extensiven Lesens. Geübt werden u. a. das Erschließen unbekannten Wortschatzes und eigenständiger Umgang mit Annotationen. Die Auszüge könen auch zum weiteren Üben des lauten Lesens verwendet werden.
Der Roman *Because of Winn-Dixie* von Kate DiCamillo steht auch als Lektüre in der *Cornelsen English Library* zur Verfügung
(ISBN: 978-3-06-033077-5).

Didaktisch-methodisches Glossar

Acrostic (Akrostikon)

In seiner ursprünglichen Form ist das *acrostic* (griechisch: *akros* Spitze; *stichos* Vers) eine Versform, bei der die Anfänge (Buchstaben bei Wortfolgen oder Worte bei Versfolgen) hintereinander gelesen einen Sinn ergeben, z. B. einen Namen oder einen Satz. Im Unterricht wird in der Regel eine vereinfachte Form eingesetzt: Die Buchstaben eines Wortes werden senkrecht untereinander geschrieben. Jeder Buchstabe kommt auch in einem anderen Wort vor (häufig als Anfangsbuchstabe), diese Wörter werden waagerecht um das senkrechte Startwort angeordnet.

Alibi

Das *Alibi game* ist ein Spiel, mit dem S in Kleingruppen (zur Erhöhung der individuellen Sprechzeit) kreativ die Strukturen *Past progressive* und *Simple past* umwälzen. Ein S bereitet in der Rolle des Klassenlehrers die (Interview-) Fragen zu einer Problemsituation vor (z. B. *Someone broke the head teacher's window/spillled water on the classroom floor/etc. What were you doing at 1:30?*) Zwei andere S bereiten in der Rolle der S ihre Antworten – d. h. ihre Alibis – vor. Es folgen Rollenspiele mit Zeitlimits und einer abschließenden inhaltlichen und sprachlichen Auswertung im Plenum (Beobachtungsfragen für die zuhörenden S).

Appointment

Appointment ist eine gesteuerte Form von wechselnder Partnerarbeit.

1 Die S schreiben drei (vorgegebene) Uhrzeiten untereinander wie im SB. Dann gehen sie zu drei Mit-S und fragen: *Can we meet at 10/11/12 o'clock?* Sie tragen die Namen der Mit-S bei der entsprechenden Uhrzeit ein.
2 Die S beantworten die Aufgabenstellung zunächst für sich.
3 Wenn L sagt *It's 1 (2, 3) o'clock*, gehen die S zu dem Mit-S, mit dem sie um 1 (2, 3) verabredet sind, und befragen ihn.
4 Anschließend berichten die S im Plenum über ihre Umfrageergebnisse. Tipp: L sollte immer als Joker zur Verfügung stehen.

Appointment partners

Organisierte Form der PA. Die Schüler legen Partner fest *(morning, noon, afternoon, evening)*, die unterschiedliche Qualitäten und Eigenschaften erfüllen müssen: Während der *Morning partner* jemand ist, mit dem sonst nie zusammen gearbeitet wird, so ist der *Evening partner* der vertrauteste Mit-S in der Lerngruppe. Sollte die Schülerzahl ungerade sein, darf jeweils eine Dreiergruppe gebildet werden. Jeder S darf sich allerdings nur einmal in einer Dreiergruppe befinden und jeder Name darf nur einmal auf dem Zettel stehen, d. h. man darf nicht den gleichen Partner zu verschieden Tageszeiten haben.
Der Vorteil dieser Methode liegt darin, mit wenig Aufwand zu gewährleisten, dass die S mit alternierenden Partnern zusammenarbeiten. Das Finden der Partner geht erfahrungsgemäß von Aufgabe zu Aufgabe immer schneller. Die unterschiedlichen Qualitäten der Partner sollten bei der Wahl des *Appointment partners* durch den L sorgfältig berücksichtigt werden. *Morning partners* empfehlen sich vor allem für Grammatikübungen und Sprechübungen. *Evening partners* sollten zum vertraulichem Austausch von Meinungen etc. gewählt werden.

Ausstellungsmethode *(Exhibition)*

►*Gallery walk*

Balloon juggling activity

Ziel: Teambuilding. Jede Gruppe steht in einem Kreis und hat die Aufgabe, vier unterschiedlich farbige Luftballons gleichzeitig in der Luft zu halten, ohne dass ein Gruppenmitglied den gleichen Ballon zweimal hintereinander berührt. Die Übung kann nur erfolgreich bewältigt werden, wenn sich alle Gruppenmitglieder konzentrieren und zusammenarbeiten.

Bildkarten (*Flashcards*)

Bildkarten helfen, wenn Realia nicht zur Verfügung stehen. Auf solche Karten können L passende Bilder aus Katalogen und Zeitschriften, aber auch eigene Zeichnungen und Grafiken, kleben. L sollte den S so viele Hilfen und Lernkanäle wie möglich geben und das Schriftbild erst dann einführen, wenn die Aussprache der Wörter hinreichend gefestigt ist. Wortkarten sind dabei eine gute Hilfe. Zusammengehörige Bild- und Wortkarten lassen sich vielfältig einsetzen, z. B. in Spielen wie *Memory* oder *Kim's Game*.

Brainstorming, Brainstorming activity

Brainstorming ist ein schneller Weg, Gedanken oder Ideen zu einer Frage oder zu einem Problem zu sammeln. Wichtig bei der Durchführung einer *Brainstorming activity* ist, dass jede Idee erst einmal kritiklos akzeptiert werden muss, damit kreatives Denken nicht durch verfrühte (positive wie negative) Kritik oder Kommentare behindert wird. Außerdem muss zu Beginn eine klare Aufgabe oder ein Ziel formuliert werden. Ein Moderator hält alle Ideen an der Tafel oder auf Folie fest, sodass sie von allen S gut gesehen werden und Folgeideen auslösen können. Nach Abschluss der

Sammlung folgt nach einer kurzen Pause eine Phase der Diskussion und Bewertung.

Bus stop

►Lerntempoduett

Buzz reading (Lesegemurmel)

Methode zur Vorbereitung von (Lese-)Vorträgen (►*Dramatic reading*). Alle S lesen ihre Rolle in einem bekannten Lesetext parallel im Flüsterton so oft wie möglich. Alle S trainieren also die Unterrichtsinhalte, Lexik und Aussprache sowie Intonation in ihrem eigenen Lesetempo.

Checkpoints

►Kontrollpunkte

Chorsprechen

Das Sprechen im Chor ist für alle S eine gute Möglichkeit, zum Sprechen zu kommen. L kann vorher eine gleich bleibende Wendung (*Altogether now. / Please repeat after me.*) oder ein optisches Signal (z. B. eine Handbewegung) vereinbaren, so dass der Sprecheinsatz gemeinsam erfolgt.

Confetti reading

Confetti reading ist eine kreative Methode, die das Auswendiglernen von Texten mit viel Spaß für die S verbindet. L kopiert z. B. ein Gedicht auf eine DIN A4-Seite. Paarweise erhalten die S eine Kopie und eine Handvoll Konfetti, das sie über das Gedicht streuen. Einige Buchstaben oder ganze Wörter sind nun bedeckt. Sie lesen abwechselnd eine Zeile und ergänzen die Stellen, die durch Konfetti nicht lesbar sind. Dann streuen sie erneut Konfetti darüber und lesen das nun noch mehr verdeckte Gedicht erneut. In der dritten Runde streuen sie den Rest des Konfettis, so dass nun ein Großteil des Gedichtes nicht mehr lesbar ist.

Correcting circle

►Schreibkonferenz

Double circle

►Kugellager

Dramatic reading

Bei der Methode des *Dramatic reading* geht es darum, eine Rolle in einem bekannten Text ausdrucksvoll vorzutragen. Im Unterschied zum Lesen in verteilten Rollen im Plenum, bei dem nur wenige S sprachlich aktiv werden, werden beim *Dramatic reading* alle S eingebunden, und die individuelle Sprechzeit wird erhöht. Die S trainieren ihre Aussprache, ihre Intonation und Wortschatz und Strukturen. Der beobachtende L kann sehr gut erkennen, inwieweit die S tatsächlich den Text verstanden haben, insofern eignet sich diese Methode auch als sogenannte *Culminative task* am Ende einer Stunde, bei der es um Textverständnis ging und als Verfahren für L, um den Lernfortschritt der S diagnostizieren zu können Die S beweisen ihr Textverständnis durch die angemessene Umsetzung ihrer Rolle. Die S bereiten das *Dramatic reading* zunächst in PA vor, indem sie ihren Sprechpart farbig markieren (wenn möglich). Durch die Methoden ►*Buzz reading* und ►*Read and look up* wird das *Dramatic reading* vorbereitet. Am Ende wird der Text dann mit viel Gefühl in verteilten Rollen auswendig vorgetragen.
Bei der Behandlung von Literatur sollte L eine inhaltlich zentrale Textstelle aussuchen, in der idealerweise mehrere Charaktere auftreten und es verschiedene Möglichkeiten gibt, das Gesagte zu interpretieren. Idealerweise unterhalten sich die S in ihren Gruppen zunächst über folgende Fragen:

- Who? Who are these characters? What are they like?
- What? What's going on? Briefly discuss what you think is happening.
- Where? Where is this taking place? Describe what you think the setting might look like.
- Why? Why do you think the characters say what they say? What does each one want?
- How? How does each character speak his or her lines? Tone of voice, pauses, emphasis, facial expression, gesture and movement.

Expertengruppen

►*Jigsaw*

Fantasiereise

Bei Fantasiereisen gehen S auf eine imaginäre Reise, indem ihnen Bilder und Geschichten, die sie sich weitgehend selbst in ihrer Vorstellung ausmalen können, angeboten werden. Fantasiereisen werden z. B. zur Entspannung, zur Lernförderung (durch einen affektiven Zugang zu einem bestimmten Thema), zur Persönlichkeitsförderung und zum Schaffen von Sprechanlässen eingesetzt. Die Sinneswahrnehmung der S kann intensiviert werden, indem sie die Augen schließen, Hintergrundmusik hören oder Düfte riechen.
Hinweis zur Durchführung: Fantasiereisen sind Lernangebote. L sollte die S dazu einladen, jedoch nicht zur Teilnahme zwingen. Im Anschluss sollten die S frei entscheiden, was sie von ihren Erlebnissen erzählen. Die individuellen Empfindungen der S sollten nicht bewertet werden, da es in einer Fantasiereise kein richtiges oder falsches Erleben gibt. Der Klassenraum sollte eine angenehme Atmosphäre ermöglichen und genug Platz für jeden S bieten, um eine gute Entspannungshaltung einzunehmen. Wichtig ist es, genügend Zeit einzuplanen.

Feedback

Die Durchführung von Feedbackphasen ist von grundlegender Bedeutung für die Entwicklung von methodischen Kompetenzen wie beispielsweise Vortragstechniken. Als Grundlage werden im Vorfeld klare Kriterien definiert, an denen sich das Feedback orientiert. Folgende Regeln sollten dabei beachtet werden:

1. Das Feedback wird so konkret wie möglich formuliert. Dabei werden immer zuerst positive Dinge genannt, bevor in einer zweiten Runde optimierungswürdige Aspekte angeführt werden am besten mit Handlungsalternativen.
2. Zunächst hat der Präsentierende Gelegenheit, sich zu äußern, danach die übrigen Schüler und zuletzt ergänzt die Lehrkraft.
3. Wer ein Feedback gibt, sollte versuchen, das Gesehene zu beschreiben anstatt zu bewerten. Dabei redet man den Angesprochenen am besten direkt an (also 2. Person, nicht 3.), wobei Meinungen in der Ich-Form vorgetragen werden sollten.

Die Person, die das Feedback erhält, sollte zuhören und es vermeiden, sich zu verteidigen. Letztlich geht es darum, sich selbst durch die Kritik der anderen zu verbessern. Hierzu ist es auch sinnvoll die Rückmeldungen in einer Art „DOs and DON'Ts"-Liste zu notieren.

Fehlerprotokoll

Bei der Verbesserung ihrer Fehler legen die S Listen ihrer häufigsten Fehler in verschiedenen Kategorien (Rechtschreibung/Grammatik) an, z. B. in Tabellenform: Fehlerhaftes Beispiel (Was habe ich falsch gemacht?), Art des Fehlers, Fehleranalyse (Warum ist das falsch?), Korrigierte Fassung (Wie macht man es richtig?), Weiteres Positivbeispiel.

Find somebody who ... (Findejagd)

Die S bewegen sich frei in der Klasse und versuchen, anhand einer Checkliste mit bestimmten Merkmalen, passende Personen zu finden. Wenn die S jemanden gefunden haben, tragen sie den entsprechenden Namen in eine weitere Spalte ihrer Liste ein oder lassen sich die Liste unterschreiben (als Beweis). Das Ziel ist, so viele Einträge wie möglich auf der Liste zu haben (oder eine zuvor vereinbarte Anzahl an Namen innerhalb einer bestimmten Zeitspanne gesammelt zu haben). Die Funktion dieser kooperativen Lernform ist, u. a. Beziehungen aufzubauen und einen hohen Sprachumsatz zu gewährleisten.

Gallery walk

Diese Form von arbeitsteiliger Gruppenarbeit gehört zu den kooperativen Lernformen und stellt eine Möglichkeit für die Präsentation von Ergebnissen dar. Dabei kann sie gut mit der Methode ►*Think-Pair-Share* oder *Jigsaw* kombiniert werden. Die Durchführung dieser Gruppenarbeit lässt sich folgendermaßen organisieren:

1 Einteilung der Klasse in möglichst gleich große Gruppen. Alle Gruppenmitglieder erhalten eine Nummer (z. B. 1–5). In jeder Gruppe gibt es S1, S2, usw.
2 Die einzelnen Gruppen bearbeiten jeweils unterschiedliche Arbeitsaufträge. Die Ergebnisse ihrer Arbeit legen sie z. B. auf dem Tisch aus oder hängen sie an der Wand auf.
3 Alle S mit den gleichen Nummern (d. h. alle „Einser", alle „Zweier" usw.) treffen sich an einem Platz, wo ein Gruppenergebnis ausgelegt ist. Der/die S, die an der Erstellung des Produktes beteiligt war, erklärt dem Rest der neuen Gruppe das Ergebnis und beantwortet ggf. Fragen.
4 Nach Ansage (Signal von L) wechseln alle Gruppen an einen neuen Tisch (hilfreich: im Uhrzeigersinn zur Vermeidung von Durcheinander). Der neue Gruppenexperte/ die neue Gruppenexpertin präsentiert nun das Ergebnis.
5 Der *Gallery walk* ist zu Ende, wenn alle Ergebnisse vorgestellt wurden.
6 Abschließend kann eine *Follow-up*-Übung folgen (z. B. Sicherung der wichtigsten Ergebnisse im Plenum, Rückmeldung zur Methode, Kommentierung einzelner Produkte, ...).

Gruppenbildung

Die Einteilung bei Zufallsgruppen kann mit Hilfe folgender *Group-finding activities* erfolgen:

Variante 1: Familienbildung/*families*: L erstellt jeweils vier Kärtchen von einem Familiennamen (Meyer, Meier, Maier und Mayer sowie Schmitt, Schmidt, Schmit und Schmiedt). Die S ziehen Kärtchen und finden anschließend ihre Familienmitglieder.

Variante 2: Hausnummern/*house numbers*: Die S stellen sich im Klassenzimmer in einer Linie nach aufsteigender Zahl der Hausnummer, in der sie wohnen, auf. L teilt dann Gruppen von je vier S ein.

Gruppenpuzzle

►*Jigsaw*

Information gap activity

Partner-Übung, bei der die Partner miteinander sprechen müssen, um an die Informationen zur Lösung ihrer eigenen Teilaufgaben zu gelangen. Partner A hat eine andere Version der Aufgabe als Partner B. In der Unterrichtspraxis wird der hohe Sprechanteil der S geschätzt, denn gut gemachte *Information gap activities* bieten authentische Kommunikationsanlässe.

Jigsaw (Gruppenpuzzle, Stamm- und Expertengruppen)

Beim *Jigsaw* handelt es sich um eine ►*Information gap activity*, die die Erarbeitung komplexer Themen durch die Bildung von Expertengruppen ermöglicht. Die Mitglieder einer Stammgruppe arbeiten sich in neuen Expertengruppen als Spezialisten in einen Aspekt eines größeren Themas ein und bringen anschließend ihr Spezialwissen wieder zurück in ihre Stammgruppe.

Alternativ ist auch folgendes Verfahren möglich:

Phase 1: Bildung und Benennung von Expertengruppen (z. B. Gruppe A, B, C, ...), jedes Gruppenmitglied erhält zudem eine Nummer (1, 2, 3, ...).

Alle S in einer Expertengruppe (A1, A2, A3, A4,... entsprechend B1, B2, B3, B4,...) bearbeiten in einer vorgegebenen Zeit die gleiche Aufgabe in EA. Anschließend diskutieren sie ihre Arbeitsergebnisse und halten die wichtigsten Informationen fest, sodass jedes Gruppenmitglied am Ende dieser Phase über die gleichen Informationen verfügt.

Phase 2: Bildung von Querschnittsgruppen. Alle Gruppenmitglieder mit der gleichen Nummer bilden nun eine neue Gruppe (A1, B1, C1, ..., entsprechend A2, B2, C2, ...). Die S berichten ihren neuen Gruppenmitgliedern über die Ergebnisse ihrer Expertenrunde und beantworten Fragen. Alle S machen sich Notizen, sodass sie abschließend in der Lage sind, die Ergebnisse in ihrer Expertengruppe und später ggf. im Plenum zu präsentieren (Phase 3).

Kettenübung

Die S nehmen sich gegenseitig dran. Die S, die die letzte Frage richtig beantwortet haben, dürfen dabei die nächste Frage stellen.

Kontrollpunkte (*Checkpoints*)

Mit Hilfe von *Checkpoints* lernen die S, die eigenen Arbeitsergebnisse zu überprüfen und ggf. eigenständig Korrekturen vorzunehmen. L legt dafür an verschiedenen Stellen im Klassenraum (auf Tischen, Einbezug der umgeklappten Tafel, ...) die Lösung bzw. Teile von Lösungen aus, so dass sich die S nach Bearbeitung ihrer Aufgaben frei im Klassenraum bewegen und an den betreffenden Stellen ihre Aufgaben überprüfen. Es sollten möglichst so viele Checkpoints vorhanden sein, dass die S ausweichen können und nicht mehr als drei bis vier S gleichzeitig an einer Kontrollstation arbeiten.

Kugellager (*Double circle*)

Für das Kugellager (*Concentric circles*, auch „doppelter Stuhlkreis" genannt) werden die Stühle so aufgestellt, dass sich die S in einem Innen- und Außenkreis gegenüber sitzen. Die Partner tauschen sich aus, die Rollen von Sprecher und Zuhörer können dabei festgelegt sein. Ein akustisches Signal markiert den Wechsel der Gesprächspartner, die S bewegen sich dazu im Innen- und/oder Außenkreis um einige Plätze weiter. L bestimmt, wie lange sich die S austauschen und wie viele Plätze die S bei der Drehbewegung wechseln.

Lerntempoduett (*Bus stop*)

Die Durchführung eines **Lerntempoduetts** bietet sich an, wenn die Ergebnisse verschiedener Übungen in PA verglichen werden sollen. Mithilfe des Lerntempoduetts wird dabei der unterschiedlichen Bearbeitungsgeschwindigkeit der S Rechnung getragen.

Die S bearbeiten die erste Aufgabe in EA. Wenn ein S fertig ist, steht er auf und wartet auf den nächsten, der aufsteht, ggf. an einem vereinbarten *Bus stop*. Das ist dann der Partner zur Besprechung der Ergebnisse (evtl. auch außerhalb des Unterrichtsraums). Danach arbeiten beide in EA an der nächsten Aufgabe weiter und stehen wieder auf, wenn sie fertig sind. Dabei muss nicht alles geschafft werden, vielmehr ist das Ziel, die Aufgaben gründlich zu erledigen. Daher empfiehlt es sich, als letzte Aufgabe einen motivierenden Zusatz anzubieten, der notfalls auch weggelassen werden kann.
Falls die Arbeitsgeschwindigkeiten der S sehr stark abweichen, sollten Handzeichen vereinbart werden, damit sich die S mit der richtigen Aufgabe treffen können.

Losverfahren

Siehe ►Gruppenbildung. Die S ziehen durch L vorbereitete Lose aus einer Lostrommel (Säckchen, Karton, Dose, Hand, vom Tisch). Anschließend bilden S einer Farbe/Zahl/eines Buchstabens/eines Bildes/einer Namensfamilie Gruppen. Als Losvorlagen eignen sich auch Kartenspiele: Bei Bildung nach rot und schwarz entstehen zwei Gruppen; bei Bildung nach Kartenwert sechs und mehr Gruppen. Sollen ganze Gruppen ausgelost werden, wird pro Gruppensymbol ein neues Zettelchen in der Lostrommel benötigt.

Marktplatz (*Market place*)

Die kooperative Lernform **Marktplatz** *(Market place activity)* involviert alle S und veranlasst sie, sich mit dem gewählten Lerninhalt auseinander zu setzen.

1 Alle S bewegen sich frei im Klassenraum. L stellt eine Aufgabe (hier: sich über verschiedene Aspekte austauschen und seine Meinung begründen), die es in einem bestimmten Zeitrahmen (Eröffnung und Beendung durch akustisches Signal) zu lösen gilt.
2 Phase: Jeder S tauscht sich mit einem Mit-S über die gestellte Aufgabe aus und begründet das Ergebnis. Je nach Aufgabentyp machen sich die S dabei Notizen.
3 Phase: Die Ergebnisse können evaluiert werden.

Milling around activity

►Marktplatz (***Market place activity***)

Mingling activity

►Milling around activity; Marktplatz (***Market place activity***)

Murmelphase

Die S erhalten eine zeitlich angemessen begrenzte Murmelphase, um ihre Antworten zu durchdenken und leise vorzuformulieren. Diese Phase hilft ihnen, sich für eine eigene Lösung zu entscheiden, sich sprachlich korrekt auszudrücken, und auch ein Austausch mit dem Nachbarn ist erlaubt. Danach werden Beispiellösungen im Plenum besprochen. Vorteile: Alle S müssen sich mit der Aufgabe auseinandersetzen, stillere S können sich nicht hinter schneller zur Sprechhandlung fähigen S verstecken. Vorformulierte Lösungen sind oftmals auch präziser.

Numbered heads

Gewährleistung von Arbeitsteilung bei Gruppenarbeit nach dem Zufallsprinzip: Die S sitzen in Vierergruppen *face to face and knee to knee*. Der S in jeder Gruppe, der dem L (der Tür, dem Fenster, der Jüngste …) am nächsten sitzt, ist die Nummer 1, die anderen zählen im Uhrzeigersinn durch. Im nächsten Schritt erfolgt die Verteilung der fachlichen, methodischen oder sozialen Rollen innerhalb der Gruppe: Nr. 1 schreibt, Nr. 2 liest vor, Nr. 3 fragt nach und passt auf, Nr. 4 holt Material und zeichnet usw. Nach einer Weile rotieren die Rollen und Aufgaben. Hilfreich können auch Rollenkärtchen mit Symbolen und Erklärungen zu den Rollen 1–4 und den dazugehörigen Aufgaben sein, die zusätzlich auf den Gruppentischen ausliegen.

Partnerkontrolle (*Partnercheck, Peer correction, Correcting circle*)

Bei der Partnerkontrolle interagieren die Lernpartner, kontrollieren und korrigieren sich gegenseitig, ohne dass L die Kontrolle übernimmt. Dadurch haben die S einen geschützten Lernraum, in dem sie ohne Scheu vor Fehlern kommunizieren und eigenständig Verantwortung im Lernprozess übernehmen können. Die Partnerkontrolle ist auch in der Kleingruppe durchführbar, wenn z. B. in PA erstellte Texte mit einem anderen Paar ausgetauscht werden (*Peer correction*). Eine Ausbaustufe ist die ►Schreibkonferenz (*Correcting circle*).

Peer correction, Peer evaluation

►Partnerkontrolle

Placemat

Bei einer *Placemat activity* sitzen vier S um ein großes Blatt Papier, das in fünf Bereiche eingeteilt ist.

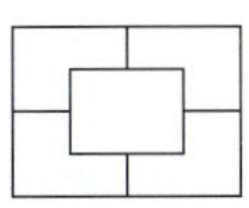

Jeder S schreibt zunächst seine Ideen in den eigenen Schreibbereich. Anschließend wird die *Placemat* solange gedreht bis jeder die Ideen der drei anderen S kommentiert und die Kommentare zu den eigenen Ideen gelesen hat. Im nächsten Schritt diskutiert die Gruppe die notierten Gedanken und schreibt die wichtigsten Punkte oder Argumente in die Mitte der *Placemat*. Auch kontroverse Positionen sollten dabei aufgenommen werden. Abschließend werden die Ergebnisse im Plenum ausgewertet.

Hinweis: Der Zeitbedarf variiert je nach Komplexität des Themas von 10–30 Minuten.
Tipp: Für die *Placemat* sollte den S-Gruppen jeweils ein DIN-A3-Bogen und verschiedenfarbige Stifte zur Verfügung stehen (zur Identifizierung der einzelnen Schreiber). Die S können die *placemat* selbst zu Beginn aufzeichnen oder sie erhalten eine Vorlage. Die Vorgabe eines Zeitlimit für die einzelnen Phasen kann sinvoll sein.

Punktevergabe

Vor der **Punktevergabe** als Feedback-System legen S und L gemeinsam die Kriterien zur Bewertung der einzelnen Produkte fest. Die S erhalten anschließend jede/r einen Klebepunkt und kleben ihn auf das S-Produkt, welches ihrer Meinung nach die Kriterien am besten erfüllt hat.

Read-and-look-up-Technik

Die *Read-and-look-up-technique* dient der Förderung des freien Sprechens und bildet den behutsamen Übergang zwischen Ablesen und Vortragen von Informationen/Inhalten. Dabei hält der/die präsentierende S die Vorlage in den Händen und liest einen Satz (bei längeren Satzgefügen Teilsatz) still durch, bevor er/sie dann die Klasse anschaut und den Satz aus dem Gedächtnis wiedergibt. Es ist wichtig, dass erst dann gesprochen wird, wenn der Blickkontakt zur Klasse hergestellt ist.
Diese Technik bereitet den freien Vortrag bzw. die Präsentation (auch mithilfe von Stichwortzetteln) vor und unterstützt v.a. unsichere S bei der Darstellung von Inhalten vor dem Plenum.
Zur Einführung kann L die Technik anhand eines beliebigen geschriebenen Textes (z.B. Sätze aus dem SB) demonstrieren. Die S üben danach anhand von geeigneten kurzen Texten/Dialogen aus dem SB, wobei der zuhörende Partner darauf achtet, dass nicht abgelesen, sondern jeweils zunächst der Blickkontakt hergestellt wird.

Right/wrong-cards

Right/wrong cards dienen der nonverbalen Überprüfung des Verständnisses und werden in Verbindung mit *Right/wrong statements* eingesetzt. Der Vorteil besteht darin, dass damit das Verständnis bei der ganzen Klasse überprüft werden kann. Dabei erhält jede/r S eine rote und eine grüne Karte, mit der die vorgelesenen Aussagen als richtig bzw. falsch gekennzeichnet werden. Die Karten werden entweder vom L nach jedem Einsatz wieder eingesammelt oder verbleiben im Besitz der S, wenn diese methodische Vorgehensweise regelmäßig eingesetzt wird. Alternativ können auch rote und grüne Farbestifte verwendet werden.
Umsetzung: L bzw. ein/e S liest eine Aussage vor. Auf ein Signal hin halten die S gleichzeitig die entsprechende Karte in die Höhe. Sollten dabei Differenzen im Verständnis sichtbar werden, so kann beim Leseverstehen anschließend noch einmal konkret am Text gearbeitet und beim Hörverstehen der Text bzw. Textabschnitt erneut präsentiert werden.

Round Robin

►Stummes Schreibgespräch

Schneeball-Methode (*Pyramid discussion*)

Die Schneeball-Methode eignet sich besonders gut dazu, die Ideen, Vorschläge, Positionen oder Meinungen der S zu einem bestimmten Thema zusammenzubringen, diese in mehreren Schritten zu diskutieren und die besten herauszuarbeiten. Dabei müssen die S Entscheidungen treffen, Argumente formulieren, Überzeugungsarbeit leisten und ggf. Gegenargumente akzeptieren. Durch die unterschiedlichen Sozialformen wird eine besonders intensive Spracharbeit gefördert.

Durchführung:

1. Schritt: Jeder S bearbeitet in EA die Aufgabe und notiert sich eine vorgegebene Anzahl von Informationen, Vorschlägen, Meinungen oder Positionen zu einem Thema.

2. Schritt: In PA vergleichen die S ihre Notizen. Gemeinsam erstellen sie eine neue Liste und einigen sich auf eine Rangfolge (z. B. von der wichtigsten bis zur unwichtigsten Information).

3. Schritt: In Vierergruppen überprüfen die S Gemeinsamkeiten, ergänzen ggf. ihre Notizen und einigen sich auf ein neues *Ranking*.

4. Schritt: In Achtergruppen müssen sich die S auf ein neues *Ranking* sowie auf eine vorgegebene Anzahl von Informationen/Vorschlägen/... einigen. Dabei gilt es, die anderen von den eigenen Vorschlägen zu überzeugen. Am Ende dieser Gruppenrunde bestimmen die Gruppen jeweils einen Gruppensprecher, der die Ergebnisse zu Beginn der nächsten Runde präsentiert.

5. Schritt: In der letzten Diskussionsrunde im Plenum müssen die S sich auf eine vorgegebene Anzahl von Informationen oder Vorschlägen einigen.

6. Schritt: Abschließend wird die Methode im Plenum reflektiert.

Schreibkonferenz (*Correcting circle*)

Bei der Schreibkonferenz korrigieren die S ihre Textentwürfe in Kleingruppen. Hierzu sollte vorher ein Kriterienkatalog erarbeitet werden. Jeder S erhält dann ein Spezialgebiet (z. B. *content*, *structure*, *spelling*, *tenses*, *word order* etc.) Dann werden alle Texte reihum so lange weiter getauscht, bis jeder S jeden Text im Hinblick auf seinen speziellen Aspekt bearbeitet und markiert hat.
Idealerweise gibt jedes Gruppenmitglied zunächst eine positive Rückmeldung, bevor in einem zweiten Schritt Verbesserungsvorschläge für den Text gemacht werden. Abschließend fertigt jeder eine Reinschrift an. L sammelt nach dem Zufallsprinzip einige Ergebnisse ein und bewertet sie. Im Sinne des selbstständigen Lernens kann L mit den S vereinbaren, dass sie eine DOs and DON'Ts-Liste anlegen, die sie auch in der Klassenarbeit verwenden dürfen. Dies hilft bei der Selbstkorrektur und motiviert, an den eigenen Fehlern zu arbeiten.

Stammgruppen

►*Jigsaw*

Stummes Schreibgespräch (*Round Robin*)

Bei einem **stummen Schreibgespräch** kommunizieren die Gruppen schriftlich und bei absolutem Schweigen auf einer langen Papierbahn (ca. 1 x 2 Meter) miteinander. Die Gruppenmitglieder benutzen farblich unterschiedliche Stifte.

1 Die S notieren – bei absolutem Schweigen – spontan ihre Gedanken zu einem Thema in Form von Worten, Sätzen, Zeichnungen oder Symbolen.
2 Das eigentliche Schreibgespräch beginnt: Die S notieren ihre Kommentare zu den Äußerungen der anderen Gruppenmitglieder (auch in Form von Symbolen wie z. B. Smileys). Auch hierbei wird geschwiegen.
3 Eine mündliche Nachbesprechung kann, aber muss sich nicht anschließen. Tipp: Für jeden Arbeitsschritt sollte L ein Zeitlimit setzen.

Think-Pair-Share

Bei der Methode *Think-Pair-Share* gelangen die S von einer individuellen zu einer gemeinsamen Lösung:

1 Jede/r S denkt allein über die Aufgabestellung nach und macht sich ggf. Notizen.
2 Die S bilden Paare. Sie vergleichen und diskutieren ihre Lösungen. Bei Bedarf ergänzen sie ihre Notizen.
3 Zwei Paare bilden eine Vierergruppe und besprechen ihre Lösungen. Dann werden die Notizen vervollständigt. Tipp: Für jeden Arbeitsschritt sollte L ein Zeitlimit setzen.

Touch Turn Talk

Die *Touch Turn Talk*-Methode ist eine Methode zur Präsentation von Ergebnissen. Sie kann in PA erfolgen, indem die S zuvor beschriftete Kärtchen oder Kärtchen mit einem Bildimpuls zu einem Teilaspekt des Themas berühren, umdrehen und dann ihrem Partner ihre Ergebnisse präsentieren. Anschließend ergänzt der Partner, bevor er selbst am Zug ist und die nächste Karte präsentiert.

Dient die *Touch Turn Talk*-Methode der Präsentation von Gruppenergebnissen, empfiehlt sich folgende Vorgehensweise: Die S beschriften in Kleingruppen Karten zur jeweiligen Aufgabenstellung. In der folgenden Präsentation wählt jedes Gruppenmitglied mindestens eine Karte aus, pinnt diese an die Tafel, dreht sich zum Plenum um und stellt erst dann seine Karte vor. Die Reihenfolge, in der präsentiert wird, ergibt sich durch Blickkontakt und wird nicht durch L vorgegeben. Es schließt sich der S an, der glaubt, dass sein Beitrag mit der gerade vorgestellten Karte in Zusammenhang steht und platziert seine Karte in der Nähe derselben. Wenn keine Karten mehr mit inhaltlicher Nähe vorzustellen sind, präsentiert ein S eine Karte zu einem neuen Themenaspekt. Nach Vorstellung aller Karten können die Beiträge diskutiert werden

....'s appointment card

From now on you must always bring along your appointment card to our English lessons. So NEVER forget it!!!

	**Morning** (Somebody you usually don't work with)	
	**Noon** (Girls work with boys, boys work with girls)	
	**Afternoon** (Somebody you sometimes work together with)	
	**Evening** (Somebody you know very well)	

....'s appointment card

From now on you must always bring along your appointment card to our English lessons. So NEVER forget it!!!

	**Morning** (Somebody you usually don't work with)	
	**Noon** (Girls work with boys, boys work with girls)	
	**Afternoon** (Somebody you sometimes work together with)	
	**Evening** (Somebody you know very well)	

Step 1:
Partner A: Tell your partner what the weather was like in Newcastle, Liverpool, Weston-super-Mare, Birmingham, London and Southampton yesterday.
Partner B: Write your partner's information about the weather on your map. Use the symbols on the right.

Step 2: Swap roles!

Step 3: Compare your maps. Do you have the same information?

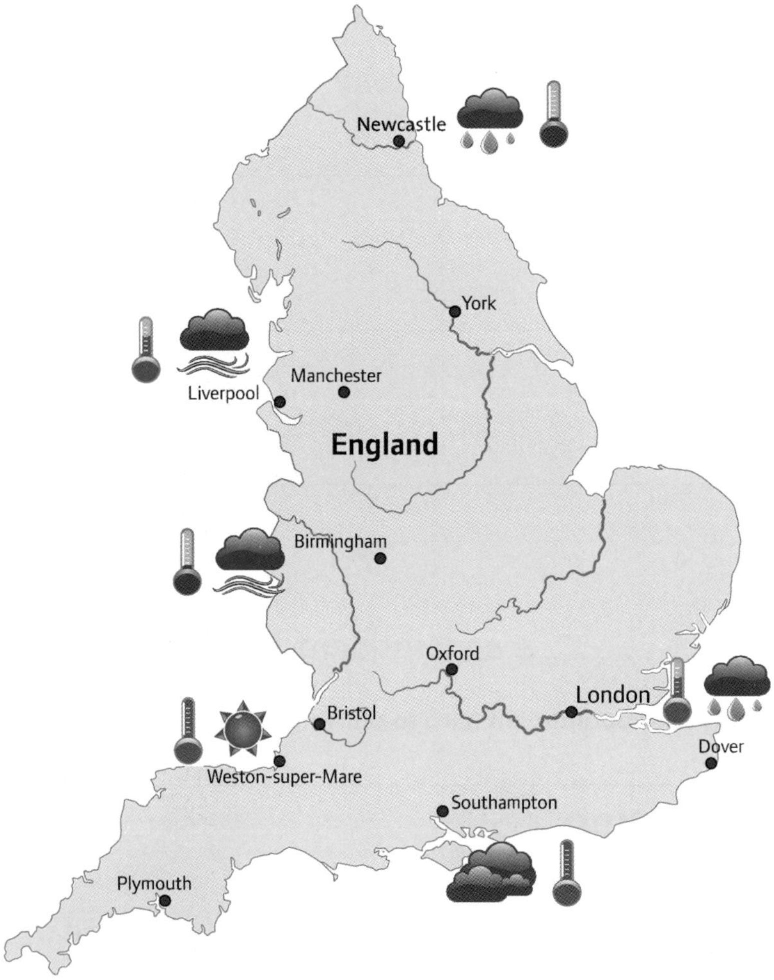

fold here

More help

- Yesterday it was ...
- The weather in ... was ... and ... yesterday.
- In ... the weather was ...
- The map shows that it was ...
- The day was ...
- It was very / really / a little ... in ... yesterday.

fold here

Musterlösung: **1** Yesterday it was rainy and cold in Newcastle. • **2** It was warm and windy in Liverpool. • **3** Yesterday the weather was hot and sunny in Weston-super-Mare. • **4** In Birmingham it was cold and windy yesterday. • **5** The day was warm and rainy in London. • **6** The map shows that it was hot and cloudy in Southampton yesterday.

Step 1:
Partner A: Tell your partner what the weather was like in York, Manchester, Bristol, Plymouth, Oxford and Dover yesterday.
Partner B: Write your partner's information about the weather on your map. Use the symbols on the right.

Step 2: Swap roles!

Step 3: Compare your maps. Do you have the same information?

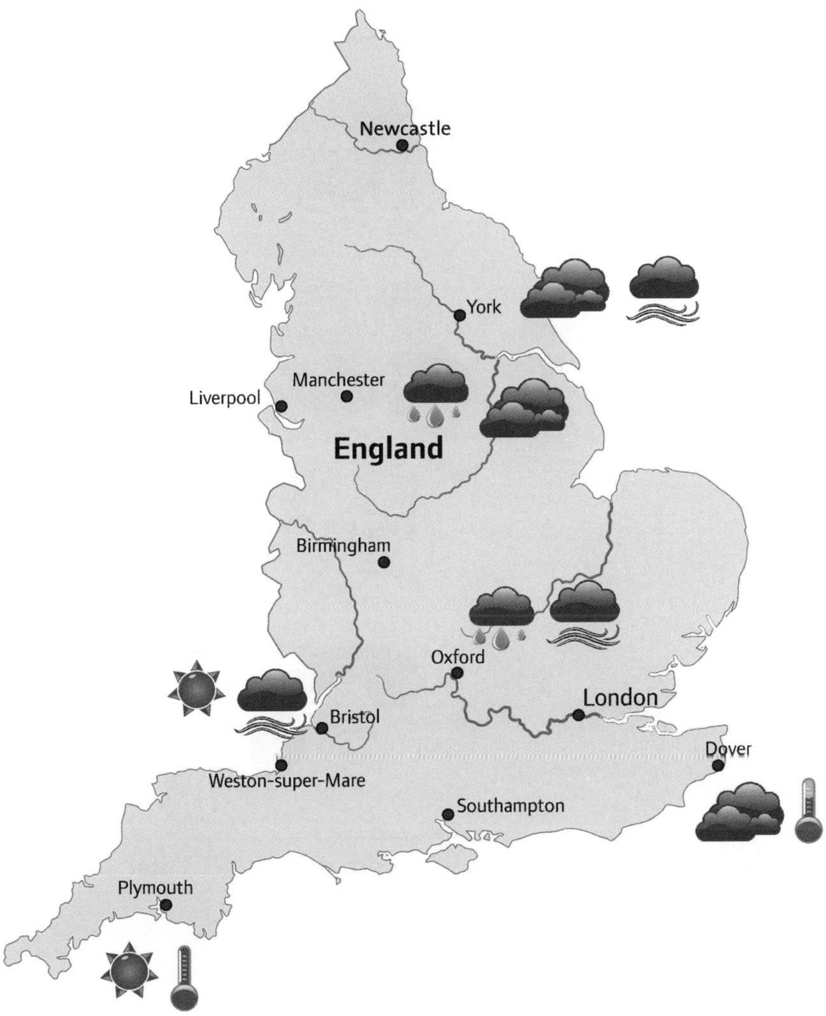

fold here

More help

- Yesterday it was ...
- The weather in ... was ... and ... yesterday.
- In ... the weather was ...
- The map shows that it was ...
- The day was ...
- It was very / really / a little ... in ... yesterday.

fold here

Musterlösung: **1** Yesterday it was rainy and cold in Newcastle. • **2** It was warm and windy in Liverpool. • **3** Yesterday the weather was hot and sunny in Weston-super-Mare. • **4** In Birmingham it was cold and windy yesterday. • **5** The day was warm and rainy in London. • **6** The map shows that it was hot and cloudy in Southampton yesterday.

In groups of three, cut out the cards and put them face down on the table.
Turn over a card. Tell your group why you like or don't like to write emails, use social networking sites, …
You get 1 point for every sentence (max. 3) and 1 point for every correct verb.
Then mix the cards. Take turns.

Name	Sentence points	Verb points	Total

fold here

More help

- I always / never / often / only sometimes use social networking sites / write emails / …
- I like / don't like to make phone calls / read … / send … / use … / write …
- In the morning … / In the evening … / At the weekend … / On holidays I ...
- I like to get / read ... but I don't like to …

a) Look at the picture in b). What do you think you can do at the Eden Project?

b) Watch the first part of Jasper's report on the Eden Project. Then tick (✓) the correct answers.

At the Eden Project you can …	**Yes**	**No**
1 walk through the rainforest.		
2 have a healthy breakfast.		
3 take a ride on the Skyride.		
4 see the mountains on the Skyride.		

c) Look at pictures A–D and answer these questions about each picture.
What can you see in the picture? What part of the Eden Project does it show?
Is it inside or outside? Is it very hot, warm or cold?

A ______________________________

____

____

B ______________________________

____

____

C ______________________________

____

____

D ______________________________

____

____

d) Watch the film again. Make notes about your favourite part. Then talk to your partner about it.

Sam and Justin are going to have a pizza (*going to*-future)

a) Say what everyone is/isn't going to do.

1 Sam and Justin • have a pizza • ~~have fish and chips~~ • after school
Sam and Justin are going to have a pizza after school.
They aren't going to have fish and chips.

2 Leo • do his homework • ~~watch TV~~ • after dinner

____

3 Sam • ~~play basketball~~ • practise kung fu • at 8 pm

____

4 Maya • phone Lucy • ~~phone Abby~~ • this evening

____

5 Morph • ~~read a book~~ • watch a film • this evening

____

b) Listen to three dialogues. Who are the speakers?

____

c) Listen to the dialogues again – one at a time.
Take notes about what the people are/aren't going to do.

Dialogue 1

Who	What

Dialogue 2

Who	What

Dialogue 3

Who	What

fold here

More help
• is going to • are going to • isn't going to • aren't going to

**a) Finish the table with the right forms of the adjectives from 1 on p. 32.
Add five more adjectives if you can.**

 **cold**	 **colder**	 **coldest**
fast		
		longest
big		
	larger	
	easier	easiest

b) Finish the two sentences from your book. Then write two more comparisons just like them.

A bear is bigger ____________ a bird. *(größer als)*

A whale is ____________ big ____________ a house. *(so groß wie)*

A ________________ is ________________ a ________________________.

A ____.

fold here

Early finisher **c) Look at the pictures. Compare these three things. Write at least three sentences.**

year: 1793
high: 14 m

year: 1652
high: 17 m

year: 1992
high: 22 m

____

____

____

fold here

c) Lösung: The castle is older than the big wheel. The Tower is the oldest.
The tower is higher than the castle. The big wheel is the highest.

Reading aloud: Feedback

When you give feedback, you should:

1. be nice.
2. concentrate on the things that you have to work on.
3. tell the other(s) what was good and how they can do better.
   Always say what somebody did well first.

For your feedback you can use these phrases:
I agree / I don't agree … •
I liked / I didn't like ... • In my opinion … •
I think that … • I really liked how … •
What you could do better is … •
Next time you should/could …

	☺		😐	☹	comment
	++	+	–	– –	
The student understood the text.					
The student read the text not too fast and not to slowly.					
The student used his/her voice to show feelings.					
The student used body language.					
The student paid attention to punctuation.					
The student spoke clearly and loudly.					

Are these statements right or wrong? Tick (✓) the right answers. Correct the false statements.

	right	wrong
1 At lunchtime on Friday, Justin and Lucy sat together in the cafeteria. ____		
2 Sam was sad and stuck his fork into an apple. ____		
3 Lucy didn't understand how the boy with sunglasses could see in the disco. ____		
4 Leo wore white jeans and a yellow T-shirt with the words *It's only rock'n'roll.* ____		
5 When Lucy asked Justin to dance, he laughed and went to the dance floor with her. ____		
6 Justin sent Sam a text message with a picture of Leo and Lucy on the dance floor. ____		
7 When the music stopped, Leo stopped dancing like the other kids. ____		
8 Sam's dad talked about Plymstock's phone rule with Sam. ____		
9 In the end, Sam, Justin, Lucy and Leo all danced together. ____		

fold here

Lösung: **1** Wrong. Sam, Justin, Lucy and Leo sat together. • **2** Wrong. Sam stuck his fork into a potato. • **3** Right. • **4** Wrong. Leo's jeans and shirt were black. • **5** Wrong. Justin laughed and shook his head. • **6** Right. • **7** Wrong. He danced until the music started again. • **8** Right. • **9** Wrong. Only Leo and Lucy danced.

9 KV How do you get there?

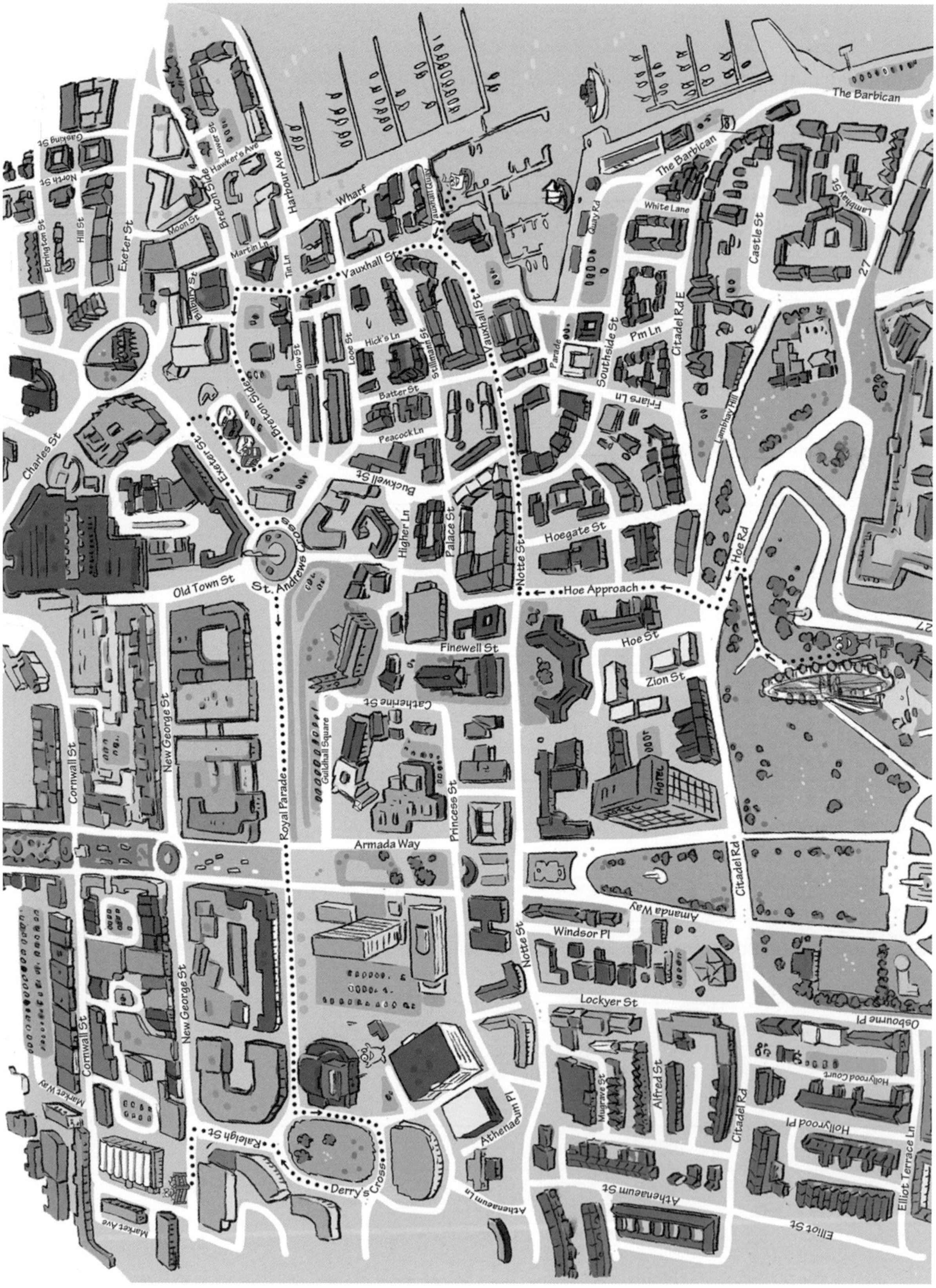

Quiz: What is it?

Partner A: Read the questions to your partner.
Your partner guesses the answer.
(You find the correct answers in the brackets. Don't show them to your partner.)

1 It's something that you have on your head. What is it?	(hair)
2 It's something which sells food and other things. What is it?	(supermarket)
3 It's a big house which was the home of a king. What is it?	(castle)
4 It's someone who helps you to learn maths. Who is it?	(maths teacher)
5 It's a person who sings on stage. Who is it?	(singer)
6 It's something which you wear on your feet. What is it?	(socks)
7 It's a person who helps you when you're ill. Who is it?	(doctor)
8 It's an animal that's very big and grey. What is it?	(elephant)
9 It's a woman who is the sister of your mother. Who is it?	(aunt)

Quiz: What is it?

Partner B: Read the questions to your partner.
Your partner guesses the answer.
(You find the correct answers in the brackets. Don't show them to your partner.)

1 It's something that you listen with. What is it?	(ear)
2 It's something which people often read in the morning. What is it?	(paper)
3 It's the month which comes after July. What is it?	(August)
4 It's someone who takes things without paying for them. Who is it?	(thief)
5 It's a person who catches thieves. Who is it?	(policeman)
6 It's an animal that can fly. What is it?	(bird)
7 It's a person who is nice to you and who helps you. Who is it?	(friend)
8 It's the person who is the father of your mother. Who is it?	(grandfather)
9 It's a thing which shows you what time it is. What is it?	(clock)

a) **Play a shopping game in class: Draw pictures of things that you can sell. Cut out the pictures. Write prices (for example: £ 5.30) on the back of every picture. Put them onto your table, so everyone can see them. Then cut out the £-notes and coins from this worksheet – you will need them to buy and sell the things.**

b) **Divide the class into two groups: Group A sells the things on the table and group B walks through the classroom and buys the things. Ask questions about the things and about the prices before you buy something!**

What are they doing and how are they doing it? Write sentences (1–14) in your exercise book. Use the adverbs from the box.

They can see ...

nervously • hungrily • loudly • clearly • fast • carefully • wildly • happily • quietly • thirstily • slowly • angrily • terribly • well

fold here

Lösung: **2** It is barking wildly. • **3** It is moving slowly. • **4** He is sleeping quietly. • **5** It is singing loudly. • **6** She is walking carefully. • **7** She is riding fast. • **8** He is swimming well. • **9** They can see clearly. • **10** They are dancing happily. • **11** She is shouting angrily. • **12** She is singing terribly. • **13** He is eating hungrily. • **14** She is drinking thirstily.

Plan your own film:

a) **Choose a very old thing as the star of your film. Then think of a story that happens with it in your film.**

b) **Divide[1] the story into four scenes. Give each scene a title.**

c) **Write a short description of the action in each scene.**

d) **Draw a picture for each scene. Make sure that you draw each picture from the right camera angle[2].**

Scene title:

Action:

[1] **divide** [dɪˈvaɪd] = teilen
[2] **angle** [ˈæŋgl] = Winkel, Perspektive

Listen to the text. Tick (✓) the correct answers.

Part 1: *8:59, on the bus to Tavistock*

	right	wrong
1 When Lucy is on the bus, her mum phones her.		
2 The kids have checked the times of the bus back to Plymouth.		
3 Lucy has called her grandma twice this morning.		

Part 2: *9:29, at the Tavistock bus station*

	right	wrong
4 Lucy's grandma picks the kids up from the station.		
5 She has brought scones for everybody.		
6 The girls are hungry, they haven't eaten yet.		

Part 3: *10:30, after tea and scones*

	right	wrong
7 The girls help Lucy's grandpa to feed the rabbits.		
8 Sam and Justin are taking a look around the farm.		

Part 4: *11:45, on the tour of the farm*

	right	wrong
9 The boys are allowed to sit in the tractor.		
10 From the tractor they can see lots of ponies.		
11 The ponies live on the farm until autumn.		
12 After lunch, they will go out onto the moor.		

Now work together with a partner. Read out your answers and correct them if necessary. Take turns.

Compare your answers in class.

EXTRA Listen to the text again. Fill in the correct answers.

13 Lucy's grandma hasn't met Sam and Justin before but she ____________ all about them from Lucy.

14 On the tour of the farm, Sam says that he ______________________ on a tractor before.

fold here

Lösung: **1** wrong (grandma) • **2** right • **3** wrong (Grandma has called Lucy.) • **4** right • **5** wrong (She has made scones at home.) • **6** right • **7** wrong (Maya helps Lucy.) • **8** right • **9** right • **10** wrong (They can see horses.) • **11** wrong (They live out on the moor till autumn.) • **12** right

Lösung EXTRA: **13** has heard • **14** has never been

**a) What will Lucy, Maya and Lucy's grandparents talk about?
Look at the topics. Tick (✓) the things you think they will talk about.
Then listen to the text and check your answers.**

What will Lucy, Maya and Lucy's grandparents talk about?

having breakfast	
going to church	
preparing lunch	
plans for the day	
farm animals	
trainers	
watching TV	

b) Listen to the text again. After you have listened, try to answer the questions.

1 Grandpa has made Lucy's favourite breakfast. What is it? ____________________

2 What does Grandpa call Lucy and Maya? ____________________

3 What does Maya drink for the first time? ____________________

4 Who does not want to go to Tavistock Abbey? ____________________

5 How many little lambs are there in the barn? ____________________

6 Who wants to find an old pair of <u>boots</u>[1] for Maya? ____________________

c) Listen to the text for a third time. Tick (✓) the correct answers.

	right	wrong
1 Lucy wants Maya to help her with the hay because it's so heavy.		
2 The girls forget to check the sheep's water.		
3 Maya sees one lamb drinking its mother's milk.		
4 Lucy wants to take photos.		
5 The barn door is open because Lucy has forgotten to close it.		
6 There are only five lambs.		

[1] **boot** [bu:t] = Stiefel

fold here

Lösung: having breakfast ✓ • going to church ✓ • plans for the day ✓ • farm animals ✓ • trainers ✓
1 bacon and eggs • **2** sleeping beauties/princesses • **3** sheep's milk • **4** Lucy • **5** seven • **6** Grandma
1 right • **2** wrong • **3** right • **4** wrong (Maya) • **5** wrong (Maya) • **6** wrong (six)

a) Add five questions to the questionnaire.

Have you ever …	Me	Partner
tried sheep's milk?		
been on a farm?		
won a prize?		

b) Answer the questions in a) for yourself. Use words or phrases from the box below.

never • once • twice • three times • lots of times • often

c) Ask your partner your questions. Write down their answers.

Have you ever drunk sheep's milk?

Yes, I have. Three times.

d) What interesting things have you found out? Write some sentences.

___

___

___

___

___

___

fold here

More help zu **a)**

win a prize ▪ be in the paper ▪ have a party all night ▪ feed a lamb ▪ live in another country ▪ touch a snake ▪ eat Indian food ▪ fall asleep in a lesson ▪ meet a pop star

a) Cut out the sentences. Then watch part 1 of the film. In what order do these things happen? Put the sentences in the correct order. There is one sentence that you don't need.

1 They put their stamp in the Scary Tor book.

2 Paul finds the letterbox.

3 Sarah shows the others the stamp.

4 Anna reads a letter.

5 The kids arrive at Scary Tor.

6 The kids feed the ponies.

7 They put the Scary Tor stamp in their book.

8 They look for the letterbox.

b) Write your own dialogue for part 2. Then watch part 2 with the sound and compare.

Letterboxing (part 2)

Dialogue

Anna: ____________________

John: ____________________

Anna: ____________________

John: ____________________

Anna (the kid): ____________________

Anna: ____________________

John: ____________________

Anna (reads the letter): ____________________

Paul: ____________________

fold here

Lösung: a) 3 • 5 • 8 • 2 • 1 • 7 • 4

You're a tourist in Plymouth. You're in town with your English friend. You meet a German tourist who has problems understanding. Help her (in German and English).

German tourist: Morgen ist ja der Lord Mayor's Day. Wärst du so gut und fragst deinen Freund, wann die Parade anfängt?

You:

Your English friend: This year the parade will start at 1 pm.

You:

German tourist: Und wann ist sie voraussichtlich zu Ende?

You:

Your English friend: Well, it will take about an hour, so it will be over at 2 pm.

You:

German tourist: Ah, so. Könntest du deinen Freund bitte auch noch fragen, ob vor der Parade in der Stadt schon etwas los ist?

You:

Your English friend: Oh, yes, there will be lots of events in town from 10 am, like live music, for example.

You:

German tourist: Super, dann bin ich morgen ab 10 in der Stadt!

You:

Your English friend: Have a great time then!

You:

German tourist: Ja, ebenfalls. Vielen Dank für all die Informationen!

You:

Your English friend: See you.

You:

fold here

Musterlösung: She asked when the parade will start tomorrow. Do you know? / Er sagt, dass sie dieses Jahr um 13 Uhr anfängt. / And when do you think it will be over? / Er sagt, dass sie so ungefähr eine Stunde dauern wird; also so gegen 14 Uhr. / She wants to know what else will be going on in town before the parade starts. / Er sagt, dass es viele Events ab 10 Uhr morgens geben wird. Live Musik und Ähnliches. / She says she will be there at around 10 then. / Wir wünschen dir viel Spaß morgen. / She wishes us a good time too and says thank you for our help. / Tschüss.

Cut out the cards. Put them face down on your desk. Take turns to pick a card, read it out and complete the sentence.

If I win some money …

If I don't have dinner tonight …

If it's cold and rainy tomorrow …

If I can't see my friends at the weekend …

If the weather is nice tomorrow …

My teacher won't be happy if …

I will be tired if …

If I go to Plymouth …

If I get up early tomorrow …

If you study hard …

If we watch a horror film …

I will go to the beach if …

I'll be very happy if you …

You will be very happy if I …

If you eat lots of sweets …

I will have Indian food if …

1 Read along while your teacher is reading out the nursery rhyme.

Betty Botter

by Carolyn Wells

Betty Botter bought some butter
But she said the butter's bitter,
"If I put it in my batter[1]
It will make my batter bitter,
But a bit of better butter
Will make my batter better."

So she bought some better butter
Better than the bitter butter,
And she put it in her batter
And her batter was not bitter,
So 'twas[2] better Betty Botter
Bought a bit of better butter.

[1] **batter** ['bætə(r)] = Teig
[2] **'twas** = it was

2 Take turns reading out "Betty Botter" as fast as possible and without mistakes.

fold here

Early finisher **Write your own tongue-twister. Write at least one sentence. Look at page 96 in your book again for help.**

21 KV Mr Petrock's tour

1 Listen to Mr Petrock's tour. Take notes on the four men and the places in the photos.

King Henry III	
Prince Richard	
King Arthur	
Merlin the Wizard	
1 Lower Mainland Courtyard	
2 Upper Mainland Courtyard	
3 Island Courtyard	

2 Touch, turn, talk! Cut out the cards below. Put them face down on the table. Turn them and use your notes to compare with your partner what you have learned about the people and places.

King Henry III

Prince Richard

King Arthur

Merlin the Wizard

1 Lower Mainland Courtyard

2 Upper Mainland Courtyard

3 Island Courtyard

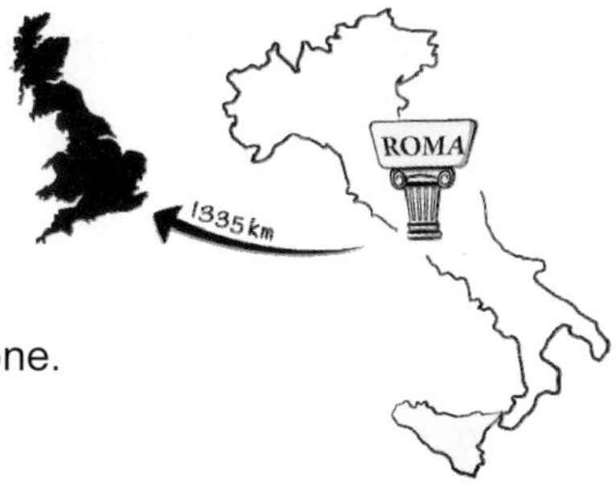

How did the Romans change Britain?
Tick the changes that you learn about in the video.
Be careful: there are three wrong statements.

- [ ] The Romans loved building and they built many houses of stone.
- [ ] The Romans built a lot of castles too.
- [ ] Before the Romans arrived, there were no good roads.
- [ ] Under the Romans, the Britons got very good at building ships.
- [ ] The Roman emperor Hadrian built a wall to keep the Scots out.
- [ ] The Romans brought many old board games to Britain.
- [ ] Britain became richer in the Roman time.
- [ ] Under the Romans, there was no war in Britannia.
- [ ] The Britons got quite bad at fighting.

How did the Romans change Britain?
Tick the changes that you learn about in the video.
Be careful: there are three wrong statements.

- [ ] The Romans loved building and they built many houses of stone.
- [ ] The Romans built a lot of castles too.
- [ ] Before the Romans arrived, there were no good roads.
- [ ] Under the Romans, the Britons got very good at building ships.
- [ ] The Roman emperor Hadrian built a wall to keep the Scots out.
- [ ] The Romans brought many old board games to Britain.
- [ ] Britain became richer in the Roman time.
- [ ] Under the Romans, there was no war in Britannia.
- [ ] The Britons got quite bad at fighting.

The sword in the stone: A checklist

Make groups of five. Follow the checklist to prepare your play. Tick (✓) the boxes when you've finished steps 1–7.

1 ☐ Cast: Choose your roles.

Merlin, a wizard: ____________________ Arthur, Hector's adopted son: ____________________

Sir Hector, a knight: ____________________ Guinevere, a beautiful lady: ____________________

Kay, Hector's first son: ____________________

2 ☐ Think about your roles. Scene 2 takes place 16 years after Scene 1. Have the characters changed? What's different?

____

____

____

3 ☐ Props: What do you need? Make a list. List sounds, light effects, posters too.

Props	Who is bringing/making/doing what?

4 ☐ Costumes: What are the characters wearing?

Costumes	Who is bringing/making what?
Merlin:	
Sir Hector:	
Kay:	
Arthur:	
Guinevere:	

5 ☐ Places: Write down the places. How can you show the different places?

Cave	

6 ☐ Learn your roles and rehearse.

When: ____________________ Where: ____________________

7 ☐ Put on your play for your class/school.

When: ____________________ Where: ____________________

An hour later

Quellenverzeichnis

Illustrationen

Carlos Borrell, Berlin (KV 2A (M), 2B (M))

Tobias Dahmen, Utrecht/NL (HRU-Seite 13 (Morph), KV 6 (Morph), KV 7 (Morph und Katze), KV 9 (Plymouth Karte))

junge meister* (KV 22)

Bernd Kissel, Überherrn-Berus (KV 24 A–C)

Eva Muszynski, Berlin (Tafelbilder HRU-Seiten 56, 58, 75, 84, 169, 170, 177, 193, 200; KV 1, 3, 12, 19, 20)

M.B. Schulz, Düsseldorf (KV 2 A, 2 B, 21)

Jane Smith, London (KV 6 (castle, tower, big wheel))

Bildquellen

Alamy, Abingdon (KV 21, Bilder 1 und 2 (M): P Tomlins, Bild 3: Robert Harding Picture Library); **Trevor Burrows Photography Ltd**, Plymouth (HRU Seite 13, KV 5 (Sam und Justin)); **Corbis**, Düsseldorf (KV 11 (bills): Steve Lupton); **Cornelsen Schulverlage GmbH** (KV 4, 17); **Shutterstock**, New York (KV 5 (fish and chips: ronfromyork, pizza: nilsz; KV 11 (coins): Asaf Eliason)

Titelbild

Trevor Burrows Photography Ltd, Plymouth